EXÁMEN IMPARCIAL

DE LAS DISENSIONES

DE LA AMERICA CON LA ESPAÑA,

DE LOS MEDIOS DE SU RECONCILIACION,

Y DE LA PROSPERIDAD DE TODAS LAS NACIONES.

POR

DON *ALVARO FLOREZ ESTRADA*, PROCURADOR
GENERAL DEL PRINCIPADO DE ASTURIAS.

SEGUNDA IMPRESION

CORREGIDA, Y AUMENTADA CONSIDERABLEMENTE POR SU MISMO AUTOR.

CADIZ:

Imprenta de D. Manuel Ximenez Carreño, calle Ancha.
Año 1812.

Solo lo justo es útil; sola puede ser útil lo que aprovecha á alguno sin perjudicar á nadie.

ADVERTENCIA.

El deseo de contribuir á la reconciliacion de Américanos y Españoles es lo que me movió á escribir muy apresuradamente ésta Obra, y á publicarla el año anterior en Lóndres, sin detenerme á corregirla. Traducida inmediatamente en idioma Inglés por uno de los primeros sabios, que honran en el dia aquella Nacion, el Caballero W Bourdon, y vendida al golpe toda la Edicion Española, he tratado de corregirla, y aumentarla, antes de presentarla por segunda vez al Público.

El amor de los hombres, la prosperidad de todos los países, y el descubrimiento de la verdad en asuntos tan interesantes á todas las Naciones, sin ocuparme en el objeto de agradar ni á los Gobiernos, ni á los Poderosos, ni á los Cuerpos, me han conducido constantemente en este trabajo. Siempre de buena fe en todas mis opiniones, puedo asegurar al Público, que nada digo, que no crea cierto y que no haya meditado. Qualesquiera que puedan ser mis errores, son involuntarios, no son producidos por un interes individual. Este obsequio constante á la verdad, la imparcialidad, con que la presento, y el haber tratado en esta segunda Edicion varias materias, acerca de las quales nada se halla aun escrito en ninguna Nacion, quando no dén algun mérito á mi Obra, á lo menos me hacen acreedor á la indulgencia de todos los hombres, y forzosamente moverá á los Sabios de todas las Naciones á escribir en una materia tan interesante y tan nueva, como es el Tratado del Papel-Moneda tal qual yo la presento, y el Tratado de la extincion de las Deudas Nacionales.

Dos unicamente son los objetos de la Economía política. Primero, establecer principios para hacer á una Nacion rica. Segundo establecer reglas para suministrar, y proporcionar á los Gobiernos con la menor vexacion posible de los Pueblos rentas suficientes á sostener las cargas del Estado. Siendo la principal parte de mi Obra un Tratado de esta interesantísima ciencia, y no diciendo cosa alguna del segundo objeto, sin duda parecerá defectuosa. Asi es pero si este ensayo merece la aprobacion de los hombres juiciosos procuraré muy luego dar al Público un Tratado en que se exâminen las reglas, que todas las Naciones deben establecer para la imposicion de las Contribuciones. La constante prosperidad de la agricultura, artes y comercio depende unicamente de acertar los Gobiernos á adoptar en esto un sistema sabio. No habiendo uno solo en la Europa, que en esta parte haya conseguido el objeto, que debió proponerse, me induce á creer, que todos sus sistemas han sido equivocados, y es un motivo para que los que desean el bien de la humanidad, trabajen en un descubrimiento tan interesante.

INTRODUCCION.

Miéntras haya hombres, tendrán disensiones, y contiendas; miéntras tengan pasiones, habrá entre ellos motivos de quejas, y de injusticias. Para conservarlos en paz basta hacerles justicia; para pacificarlos, sin usar de la fuerza, no es suficiente hacerles justicia; entónces es forzoso convencer á cada uno de lo que esta dicta; y seguramente el que á un partido presenta solo los agravios, que se le hacen, y los derechos, que le asisten, sin recordarle los deberes que tiene, no pretende convencer; no intenta pacificar; trata solo de defender un partido; procura mas bien conservar el gérmen de la discordia, no presentando mas que injusticias por una parte; mas que agravios por la otra. No siendo la justicia otra cosa que el resultado de la razon, qualquiera persona, aunque no tenga instruccion alguna, con tal que se halle dotada con una razon clara, con tal que consulte bien su corazon, sabrá administrarla; conocerá si se administra.

En medio de las calamidades, que afligian la España, quando defendia la causa de todos los hombres, ó bien por la intriga del Enemigo comun de la Europa, ó bien por pasiones y resentimientos de hombres inconsiderados, ó malignos, ó bien por un efecto forzoso de la opresion en que se hallaban los pueblos de la América Española, ó bien por la obscuridad con que todos los hombres, y todas las Naciones vén sus verdaderos intereses, ó mas bien por una concurrencia simultánea de todas estas causas, se originan los disturbios, que devastan aquel hermoso Hemisferio. Este suceso no puede dexar de influir notablemente en la gran lucha que se sostiene en la Europa, y á pesar de eso no se oye un solo hombre verdaderamente imparcial y juicioso, que trate de conciliar los dos partidos ensangrentados en una guerra civil, que si no se termina amistosamente, no puede ménos de exponer los dos Hemisferios á caer baxo la esclavitud, que ámbos detestan. Conducidos todos, los que tu-

vieron precision de mezclarse en tan interesante asunto, ó
los que voluntariamente se pusieron á tratar del, por espíritu de partido, y jamas por lo que dicta la razon, unos
y otros, en vez de apagar la llama de la discordia, no
hicieron sino avivarla mas y mas. Presentar pues los defectos cometidos por una y otra parte en una causa tan mal
manejada con el único objeto de que unos y otros procuren
enmendarlos, y hacer ver los medios que deben contribuir
á la prosperidad de todos, para que procuren adoptarlos,
hé aquí la única causa, que me determinó á escribir el presente Discurso, y el solo objeto que procuraré desempeñar.
Todo Español, amante de su Patria, no puede ménos de
oir con dolor el levantamiento de algunos pueblos de la América en una época, en que sin sus auxilios será muy difícil que la Madre Patria pueda sostener la gran causa que
defiende. Ver devorarse en guerras civiles los individuos de
una misma familia; ver derramar por los Españoles mismos
la sangre Española; y en unas circunstancias en que la Patria tanto la necesita para resistir la opresion mas dura;
verlos finalmente debilitarse, y engrandecer por este medio
al Enemigo implacable del género humano, es lo mas triste,
y sensible para todo Español, que ame de corazon á su Patria. Nada puede haber, que no deba ceder al sacrificio que
exija la salud de esta.

El asunto, de que se va á tratar, no solo interesa á
la España, debe interesar á todos los Gobiernos conducidos
por principios de justicia; debe principalmente interesar á
los Gobiernos, que de buena fe procuren trabajar en favor
de la lucha, que aquella mantiene. La experiencia de los
actuales males que sufre la Europa, demasiado los debiera
desengañar que no debe ser indiferente á ninguna Nacion ver
tranquila la ruina de otra. Toda otra consideracion sería mezquina, é impolítica; su resultado será siempre el mismo que
fué en todos tiempos. Sería sacrificar el mayor interés que
deben defender los hombres de todos los pueblos á los zelos
con que todas las Naciones miran la grandeza de otra, aun
quando de ninguna manera les perjudique. Ocuparse de buena fé en esta pacificacion el Gobierno de la Gran Bretaña,
el fiel Aliado de la España, sería coadyuvar en gran manera al principal objeto, á que deben ceder interéses

secundarios, ó que solo lo pueden ser para quien no prevé; sería cubrirse de gloria ; sería manifestar que obra con sinceridad , y con sabiduría , no pretendiendo conseguir á un mismo tiempo dos objetos incompatibles , y que antepone el principal al que ó solo lo es imaginario , ó si realmente lo es , debe considerarse muy inferior. Sería hacer ver que una política franca , qual conviene á un Gobierno ilustrado no permite que al mismo tiempo que está auxiliando con los esfuerzos posibles á una Nacion que defiende su misma causa , proteja á un pueblo , que justa ó injustamente se empeña en un altercado opuesto á los intereses de aquella. Sería finalmente saber prescindir de la pasion de los zelos tan mezquina , y tan comun á todos los Gobiernos , y de este modo conseguiria reunir los ánimos de los que acordes no harian otra cosa que sostener una causa , que tanto honor haria á todos si la concluyesen como dicta la justicia.

Divido mi Discurso en tres Partes. En la primera y segunda trato de presentar rápidamente , por no ofender á nadie, las injusticias y faltas de unos y otros ; su resultado, y las reformas que debian hacerse. Mis principios en esta Parte creo que son bastante claros , y que á lo menos no podrá tacharseme de parcial, defecto, que aunque no fuese opuesto á mi carácter, procuraria evitar, porque infaliblemente echaria á perder todo el fruto, que me propúse sacar de este trabajo, á saber la reconciliacion, y hacer penetrarse á todos de sus verdaderos intereses. En la tercera Parte, la principal de esta Obra , expongo con sencillez, y con datos ciertos los errores de nuestro Sistema Fiscal , que causó la decadencia de todos los ramos de pública prosperidad haciendo irreconciliables los intereses de las Américas con los de la Península. Por lo que respeta á esta Parte de mi Obra no puedo gloriarme de igual claridad, porque ni mis talentos son tales como se necesitaba para tratar un asunto tan nuevo y delicado, ni lo permitia lo dificil de una materia, en que tan pocos progresos hicieron las luces aun en las Naciones mas sabias ; pero me persuado que presento las materias baxo un aspecto mas nuevo , y mas claro , que las presentaron hasta aquí todos los Economistas. Si no consigo llenar en esta parte el plan de mi Obra, descubro una nueva ruta, y á lo ménos moveré á otros de mas instruccion

que yo á emprender un trabajo , del que les resultária el
mayor honor , y con el que harian un servicio muy importante á su Patria , y á los hombres de todos los paises.

Como mi objeto no es otro que el acierto., y el bien general de la Nacion , y de todos los hombres del Globo , cuido
mas de convencer con la verdad desnuda , que de persuadir por
medio del adorno, con que presento mis ideas. Diré cosas muy
comúnes , pero no debo avergonzarme de decirlas , si expongo
con exâctitud mis ideas, y si estas pueden contribuir á consolidar
una reconciliacion segura. Lo que importa es hacerse entender,
y decir verdades , que es útil practicar. Pensamientos originales
son mucho mas raros de lo que comunmente se juzga , y
tampoco eran de esperar en una obra de la naturaleza de la
mia. Si descubro el camino que se debe seguir., conseguiré
quanto me era posible. Si no lo descubro , y alguno se contempla capaz de manifestarlo , deberá hacerlo descubriendo
los errores, que en parte ó en el todo pueda tener mi Sistema.
Aventuro muy pocas proposiciones , y me ciño á casi solos
principios bastante claros para todos los que quieran hacer
mas uso de su razon que de su prevencion. Me persuado
por lo mismo , que , por mas que mis ideas puedan chocar á
primera vista , no tendrán muchos impugnadores. Tal vez se
contentarán los que lo quieran ser con decir que son buenas en teoría , pero dificiles ó fatales en la práctica ; ¡ miserable efugio! Lo que es bueno de aquel modo no puede dexar de serlo de este ; ni puede ser dificil para el Gobierno la práctica de un sistema que nada le dexa que hacer,
y que solo le persuade á que no se entrometa á hacer.

Como, atendida la política constante y comun de los Gabinetes, los intereses de nuestros Aliados están en contradiccion con los nuestros , finalizo mi obra con una exposicion
breve para manifestar el interés político que tienen en la pacificacion de las Américas , pues que el interés económico en
mi concepto queda demostrado en la tercera Parte. ¡Feliz si
puedo contribuir á establecer un sistema del que resultaría la
tranquilidad y la prosperidad de todas las Naciones!

EXÁMEN IMPARCIAL.⁷

PARTE PRIMERA.

CAPITULO PRIMERO.

DE LA FORMACION DE NUEVAS AUTORIDADES EN *la Península despues de la cautividad del Rey, y de su conducta con respecto á la América.*

Todos los hombres, y todos los países, teniendo un derecho imprescriptible para buscar su felicidad, lo tienen para tratar de remediar sus males, reformar sus abusos, y mejorar sus instituciones. Quanto tenga tendencia á contrariar tan sagrado principio es el apoteosis del despotismo; es el lenguage de la tiranía, ó el extravío de nuestra imaginacion descaminada por unos malos hábitos. Pero creer que, porque conduzcan al intento, se deben adoptar los medios injustos igualmente que los justos, es un delirio. La causa mas buéna se echa á perder, quando la razon no aprueba aquellos.

España oprimida del modo mas pérfido con una usurpacion escandalosa no se detiene un momento á sacudir el yugo ominoso, que ya se jactaba haberle impuesto el tirano mas prócaz, y mas temible que se habia conocido. Ella sola entonces, sin otro apoyo que sus virtudes, arrostra, sin vacilar, todos los riesgos, con que tan de cerca le amenaza la árdua empresa de defender la causa de la humanidad. Desde este momento es acreedora de justicia á los auxilios de todos los individuos de la especie humana. Negarselos, ó con qualquiera pretexto suspender concederselos, dexando escapárse la oportunidad de su salvacion, es todo uno. Si en su apoyo no tiene otro favor que el de una sola Nacion de la Europa; si á su auxilio no acorren todos los hombres, luego que oyen tan generosa resolucion; es porque una sola es la Nacion de toda la Europa, que no se halla sumida en

el abatimiento, y en la esclavitud ; es porque no se sabe
en donde se hallan los hombres , que no estén inficionados
con una educacion viciada , y tal qual era permitido tener
en paises envilecidos con las preocupaciones mas groseras , y
degradados con el despotismo , que solo engendra baxeza , adu-
lacion , y egoismo. Contribuir á tener parte en empresa tan
gloriosa debería ser el voto de todo racional ; debería ser
el único anhelo aun de aquellos , que solo atienden al interés particular , pues que , consultando á él solo , la razon dicta á cada individuo que se reuna á los que tratan
de oponerse al que quiere ser dueño absoluto de todos , y
que solamente lo consigue , porque logra que los demas no
obren de concierto. Conducirse de distinto modo sería una
insensatez en qualquiera hombre , pero despues de la resolucion de la Nacion Española en todo Español es un crímen imperdonable.

España y sus Américas regidas por un Gobierno arbitrario , y corrompido , acababan de sufrir la época mas lastimosa , que ofrece su historia , quando se verificó el levantamiento de la Península. Los trastornos de la Europa desde la revolucion de la Francia , y la necedad de un Privado el mas absoluto pusieron la Nacion al borde del precipicio , y la forzaron á tomar el partido arrojado , que abrazó , y que por último abrazan todos los pueblos quando no
pueden soportar los males , que los oprimen. Los efectos funestos de una mala administracion igualmente se sufrian en
la Península que en las Américas. En una y otra parte los
mismos , que debian contribuir á minorarlos , elegidos por el
favor y por la intriga , sin luces , y sin probidad , en vez
de endulzarlos los aumentaban mas y mas , y si tal vez en
la América por la distancia del Gobierno supremo los empleados obraban con mas arbitrariedad , en la Metrópoli por
la estancia de la Corte los golpes del despotismo eran mas
vehementes , y acaso mas repetidos.

Siendo pues unos mismos los males de los Españoles de
ámbos mundos ; formando un mismo pueblo ; unidos unos y
otros por todos los vínculos naturales , que pueden estrechar
á los hombres , la sangre , el comercio , el idioma , la religion , la amistad , los úsos , y finalmente quantos puede haber , á excepcion de los que mucho ha hubiera debido estable-

cer un Gobierno sabio ; y hallandose unos y otros en el
caso de reconstituirse , no podia ser sino uno mismo el interés de todos. Para conseguirlo era forzoso obrar de concierto. Tratar de separarse en tales circunstancias , era cooperar con las intenciones mismas del Enemigo , cuya fuerza , aun reúnidos todos , no podia resistirse sino á costa de
los mayores sacrificios. Era injusto , porque era exponerse á
no conseguir la libertad. Disculpar un proceder semejante
con el aparente pretexto de que los pueblos levantados trabajan para ser libres es suponer gratuitamente lo que no
se puede dar por concedido ni aun por verosímil. Es presentar la dificultad fuera de su verdadero punto de vista.
Decir igualmente que los pueblos de la América sean primero libres y que despues se reúnan á la Madre Patria , ó
que la sostengan en su lucha , pero que al mismo tiempo se
separen de su dependencia , ó es demasiado malicioso , ó es
no conocer la marcha de las pasiones en el hombre.
Verificada que fué la cautividad del Rey en Bayona , y
que el Encargado del Usurpador se apoderó de la autoridad,
que el jóven Monarca habia nombrado para gobernar en su
ausencia, la Nacion quedó acéfala. La idea de un Rey puramente imaginario , cuyas órdenes se figuraba obedecer , y
el voto unánime de resistir una dominacion odiosa , reunie-
ron como por prestigio las voluntades de todos los Españoles , y conservaron la integridad de los vastos dominios de
la Nacion Española , cuyo edificio político debia quedar des-
moronado , si roto el único vínculo físico , que lo conser-
vaba , en el mismo momento no fuese suplido por otro moral. Así es que debilitar esta idea , que por entónces producia tan felices efectos , aunque manifestaba que los Españoles solo trataban de defender los derechos del Rey , y no los
suyos , debia ser peligroso al que intentase presentarla segun dictaba el buen sentido , y produciría por entónces efectos funestos al Estado. El Pueblo Español en circunstancias
tan apuradas se apresúra á nombrar en cada Provincia una
Autoridad Soberana , que depositó en corporaciones llamadas
Juntas Provinciales. Esta resolucion tan conforme y tan general , tomada sin ningun anterior convenio de las Provincias es la prueba mas clara que existe en la naturaleza un
fundamento poderosísimo para que los pueblos adopten este

B

género de Gobierno. Qualesquiera que pudiesen haber sido las tachas del nombramiento de estas Autoridades, por no haber concurrido á él en las mas de las Provincias sino los vecinos de la Capital, por el pronto todas fuéron subsanadas por el consentimiento espontáneo con que los demas pueblos se prestáron gustosos á obedecerlas, y como debian executar, porque todas las leyes deben ceder á la de salvar á la Patria, para cuyo objeto habian sido creadas aquellas nuevas Autoridades. Esto no es decir que no debiesen ser mejoradas con atribuciones privativas únicamente al objeto que habia dado motivo á su formacion, y tratarse de que todos los pueblos de su distrito concurriesen á la eleccion de sus individuos; pero sí quiero decir que estas corporaciones eran el Gobierno mas conforme á la naturaleza, y á lo que dicta la razon, por mas que chocasen á las ideas, y á los intereses individuales de las antiguas Autoridades, desde un principio enemigos implacables de aquellas, porque debian coartar sus abusos, y arbitrariedades.

En América, ó por no existir el peligro de la invasion del Enemigo, ó mas bien por la oposicion de los empleados civiles y militares, los pueblos siguieron obedeciendo las antiguas Autoridades, sin formar la Soberana, ó mas propiamente sin depositar su exercicio, de que carecian. Si aquellos habitantes se hubiesen penetrado bien de sus derechos, y de la situacion, á que quedaban reducidos, seguramente hubieran tratado desde luego de crear Juntas ó Corporaciones de personas de probidad para depositar en ellas el mando supremo. En toda sociedad es preciso que esté reconocido el exercicio de la Soberanía, pues de otro modo ó quedaria en un verdadero estado de anarquia, ó en un verdadero despotismo, pues es forzoso que una persona ó cuerpo exerza sin interrupcion las funciones de Soberano por mas que no se le dé este dictado. ¿En virtud de qué título ó de qué razon podian los Vireyes ó Audiencias exercer las prerrogativas del Soberano, quando aun en los tiempos mas calamitosos de nuestra esclavitud se miraba como una injusticia chocante y escandálosa el que los Reyes exerciesen las funciones peculiares de los tribunales de justicia? Miéntras toda la Nacion Española no reconociese una Autoridad Suprema, los naturales de la América se hallaban sin tener á quien quejarse de los agravios que las

demas Autoridades les pudiesen hacer, y no querer concederles este remedio sobre ser una injusticia, sería un absurdo, pues era exponerlos á la anarquía, ó á que otro exerciese indebidamente la Soberanía, porque no podia ménos de
ser una verdadera usurpacion no siendo por annuencia de
los Naturales. Fácil cosa sería descubrir el motivo porque
no se verificó un establecimiento tal, que tan felices resultados hubiera traido á toda la Nacion, y mas fácil sería
aun hacer cargos muy graves á las personas á quienes in-
cumbia la pública salud, y que cometieron un descuido de
esta naturaleza, ó que, hablando con mas exáctitud, fueron
sus verdaderos autores.

Los vocales de las nuevas Juntas en España desde los
primeros momentos conocieron la imposibilidad de obrar con
aquella energía, y aquel lleno de poder, que se necesitaba
para salvar la Patria. Si la formacion de estas nuevas Autoridades había sido suficiente para evitar la anarquía individual, con todo no habia impedido la anarquía del Gobierno, esto es, no habia establecido aquella unidad y armonía sin la que ningun Estado puede obrar con vigor, ni
aun existir sin riesgo. Aunque la Nacion Española tantas
pruebas de su virtud habia dado, manteniendo el órden y
la justicia sin mas autoridad y sin mas órgano de la ley
que el de la razon de cada individuo, exemplo singular
en la historia, tratar de salir de este otro género de anarquía, y durante el qual le sería imposible, ó muy dificil
rechazar al enemigo, debia ser por entónces el voto único
que ocupase á todo buen Español, y un deber sacrificar á
él toda consideracion y reparo por esencial que pudiese ser
en diferentes circunstancias. Consiguientes á estos principios
las Juntas Provinciales, desprendiéndose sin la menor dilacion de una autoridad, que tanto suele embelesar al corazon humano, eligieron un Gobierno con el nombre de Junta
Central, y depositaron en él sin limitacion alguna las funciones de la Soberanía. La apurada situacion en que se hallaba la Patria, la falta de una persona bastante autorizada,
y la premúra con que era forzoso obrar no permitieron arreglar, como ni por quien se habian de circular órdenes á todos los puntos ultramarinos de los Domínios Españoles, para que se nombrasen por sus Naturales representantes de las

Provincias de América con aquella igualdad que exigia una rigurosa justicia. Aunque por estas tristes circunstancias se formó la representacion Nacional sin Procuradores Americanos, estos no pudiéron quejarse de los Españoles, á cuyas Juntas Provinciales no se les ocurrió semejante idea, ni, aun quando se les hubiese ocurrido, nada hubieran podido hacer, pues sus órdenes serian desobedecidas. Aunque la Junta Central fué formada con este defecto, por el pronto irremediable, no hubo una sola Provincia en la América, que inmediatamente no hubiese reconocido su autoridad, conducta, que hace el mayor honor á aquellos Naturales, y que manifiesta bien á las claras los sentimientos patrióticos de que eran animados.

CAPITULO II.

DESCRIPCION DEL GOBIERNO DE LA JUNTA
Central, y de sus principales determinaciones con respecto á la América.

Miembros de un mismo cuerpo Españoles, y Americacanos; interesados igualmente en reformar unos mismos abusos; y con igual derecho unos y otros para hacerlo, debian unirse por los vínculos de la ley, ó lo que es lo mismo por los de la justicia é igualdad, como lo estaban por los que hemos anunciado, que aunque tal vez hablan al corazon un lenguage mas tierno, son siempre mucho mas débiles. Como en los males debian ser participantes en los bienes. A proporcion de su poblacion debian tener la cantidad de representacion, que les correspondiese en el Cuerpo Soberano. Así lo exigia el interés recíproco, el único vínculo, que asegura la integridad de todos los Estados; y si por los motivos anunciados no habian podido los Americanos venir desde un principio á exercer las funciones esenciales de todo pueblo libre, luego que variaron las circunstancias, debieron ser llamados á entrar en el goce de tan inagenable exercicio.

Aunque los individuos de la Junta Central estaban muy léjos de hallarse manchados con ninguno de los crímenes, que

les atribuyeron personas mal intencionadas, ó que no necesitan exâminar para decidir, no es posible dexar de ver en
las mas de sus deliberaciones los efectos de un Gobierno ili-
beral, atenido á todas las antiguas preocupaciones, y sin la
energía ni las luces necesarias para comenzar á hacer las
grandes reformas, sin las que era imposible salvar la Nacion. Demasiadamente sometido este Cuerpo á las ideas de
su primer Presidente, el Conde de Florida-Blanca, que, aunque escarmentado personalmente por los golpes del despotismo y por una edad octogenaria, no se habia olvidado de las
máximas arbitrarias que habia observado en su ministerio,
estubo muy léjos de obrar con la liberalidad que debia. No
conociendo la plenitud de los derechos de los pueblos, y que
exercer las funciones de la Soberanía sin tratar de nivelar los poderes de todos ellos con una perfecta igualdad, era una verdadera usurpacion; como si fuese un negocio puramente de
gracia, que dependiese de su voluntad, acordó que cada Vireynato de América nombrase un solo Diputado para ser individuo del Cuerpo Soberano, sin hacerse cargo que era una
injusticia no acordar dos por cada Vireynato, quando cada
Provincia de la Metrópoli habia comisionado este número.

Acostumbradas en España todas las Autoridades á exercer el despotismo subalterno del Monarca, y habituadas á
ver dimanar de este todo el poder, les era muy horrorosa
la idea de que el pueblo tuviese la menor parte en la formacion de ninguna otra, y mucho ménos en la formacion
de unas que debian contener la arbitrariedad del excesivo poder de las antiguas. Conducido por unos principios tan equivocados vimos al Consejo de Castilla opuesto
siempre á toda reforma; opuesto á quanto no fuese acumu-
lar mas y mas facultades; opuesto á quanto pudiese contribuir á ilustrar la Nacion; y opuesto en todas las ocasiones
á que se realizase un Gobierno popular, ó una representacion Nacional. Interesado en la conservacion de todas nuestras añejas instituciones hizo los esfuerzos posibles, á fin de
que no se verificase innovacion alguna, como sucedió constantemente en todas las revoluciones con los cuerpos ó clases
interesadas en mantener los abusos, pues al cabo una revolucion no es otra cosa que una lucha entre los individuos
de una misma sociedad, de los que una parte se empeña

en defender y sostener los males anteriores, ó tal vez el buen
órden que se conocia, y otra parte que se empeña en cor-
regir males reales ó imaginarios. Iguales motivos impeliéron
á algunas Audiencias y Capitanes generales á nada ménos
que á pretender con descaro hacer creer que debian exercer la Soberanía en ausencia del Rey, y casi todas opuestas á la determinacion del pueblo de resistir el yugo de la
esclavitud, sin otra causa que los zelos que les inspiraban
Autoridades nuevamente constituidas, quando ellas estaban
habituadas á que todo cediese á sus órdenes irrevocables. Tal
es la marcha del despotismo en todas las edades, en todas
las Naciones, y en todos los Cuerpos, y que por lo mismo no debiamos extrañar sucediese en España con los Tribunales de justicia, los cuerpos, que á excepcion del Monarca exercian mas facultades.

   La conducta, que en esta parte ofrece la historia de la
Junta Central, es inconcebible, y su impolítica no puede
atribuirse á otra causa que al hábito que habia connaturali-
zado á los Españoles con los abusos, obligandoles á respetar silenciosamente el mayor de todos, qual era la reunion
de un poder desmedido en los Tribunales de justicia, y
aun en solo los Presidentes. La causa principal de casi todos nuestros males provenía de haber sido amalgamadas en
estos Cuerpos las diferentes atribuciones del poder legislati-
vo, judicial, y executivo, cuyas facultades todas no habia
un solo Tribunal de justicia, ni un solo Virey en España
y América, que no las exerciese simultaneaménte. No pudiendo dexar de ser un verdadero déspota el cuerpo ó individuo, que reúna facultades, que tan esencialmente deben
estar separadas, el primer paso, que dictaba la justica tomase el nuevo Gobierno, era disminuir tan monstruoso poder. Sin esto era imposible que la Nacion fuese libre, ni
que viese desaparecer un solo abuso. La Junta Central, para
conseguir tan importante reforma en aquella época, apenas
tenia que trabajar, quando se hallaban en toda la Península nuevas Autoridades establecidas por los mismos pueblos.
Nada mas tenia que hacer que arreglar con tino, y deslin-
dar con claridad las facultades demasiado excesivas de unas
y otras, no concediendo á ninguna las pertenecientes á dos
poderes, el único medio de establecer, y asegurar la liber-

tad de los pueblos. La justicia, la política, y aun, si se quiere, las pasiones mismas de los Centrales debian reclamar altamente en favor de esta medida. Si consultamos los anales de las Naciones, hallarémos que muy raras veces un país cuenta en el número de los usurpadores de su libertad á un Conquistador extraño, ó á un General ambicioso, pero no nos presentarán un solo pueblo, que no se lamente de la arbitrariedad con que los Magistrados declaran la voluntad de las leyes, y de que constantemente se convierten en dueños de ellas, los que no debian ser sino unos méros órganos. Ninguna máxima habia hecho en España tantos perjuicios como la de que el juez debia consultar el espíritu de la ley, é interpretarla. En donde el juez sea árbitro de interpretar la ley, esta nunca será otra cosa que el resultado de su buen ó mal raciocinio, ó el efecto de la violencia de sus pasiones, ó de la debilidad de su carácter, y los ciudadanos serán la víctima de sus falsos, ó malignos raciocinios, y del capricho de los Reyes, que, siendo los que eligen á aquellos, con precision influirán del modo que quieran en sus decisiones. El Consejo de Castilla, habituado á dar una extension sin límites á esta facultad, insultando la Nacion entera; y contra la voluntad general no se intimidó de aspirar á hacer creer que le correspondía exercer la Soberanía. Trató pues de mandar á las Juntas Provinciales, quando estas exercian el mándo supremo. Quando despues se iba á reunir la Junta Central, hizo los esfuerzos posibles para componer parte de aquel Cuerpo Soberano sin nombramiento de la Nacion, y sin mas fundamento que pretender sobre su palabra se debian obedecer ciegamente sus oráculos, como habia sucedido en los tiempos anteriores. Verificada la reunion de la Central, en su tardanza á reconocer este nuevo Gobierno, manifestó que solo la necesidad de no poder resistirse á este acto era el principal fundamento, y motivo, que le obligaba á hacer el reconocimiento. Una repugnancia tal del Consejo al voto unánime de la Nacion, á la salvacion de la Patria, y á lo que tan claramente dictaba la justicia, no podia dexar de ser un indicio manifiesto de que jamas coadyuvaria de buena fé á las ideas de un Gobierno, cuya formacion habia mirado con tanta aversion. La política pues, aunque es bien raro, conformándose en esta parte con lo que parece debian aconsejar las pasiones, exigía que la Junta Central tratase ya de moderar las excesivas facultades, que aquel Tribunal habia logrado aglomerarse en perjuicio de la libertad de los ciudadanos, y que tan peligrosas podian ser á un Gobierno reciente, y al que por otra parte por ninguna consideracion debia contener, para hacer esta reforma; la conducta poco heroica, que el Consejo ofrecia desde que habian comenzado los riesgos de la Patria.

A pesar de todos estos motivos; á pesar de hallarse la Nacion en revolucion, época, en que ningun otro sistema que el popular podia ser el conveniente, y conforme á los deseos de todos los pueblos; á pesar de los relevantes servicios que en un principio habian hecho las Juntas Provinciales; y á pesar finalmente de que la Junta Central les debia su existencia, superando en esta las ideas de terror, de preocupacion, y de espíritu de partido, pues se hallaban varios Togados en esta corporacion, á las de un sano juicio, y aun á los mismos intereses particulares; en vez de disminuir las monstruosas facultades de las antiguas Autoridades, y dexar á las Juntas Provinciales todas las que fuesen compatibles con la pública utilidad, acordando su creacion en la América, confirmó, y aun aumentó las de las primeras, y dexó las de las últimas tan limitadas y subalternas, que sería indecoroso á sus individuos, é inutil á la Patria conservarse exerciéndolas. Desde el momento de su instalacion la Central, faltando á todas las leyes del agradecimiento, y lo que es mas de la justicia, trató de la destruccion de las Provinciales, y si por temor no decretó por el todo su no existencia, á lo ménos acordó limitar del modo mas vergonzoso sus atribuciones, igualmente que el número de sus individuos, para que fuese menor su influencia. Esta conducta del nuevo Gobierno, y el ataque, que desde un principio dió á la libertad de la imprenta, fueron el orígen de los disgustos, y de las oposiciones, que experimentó en todas sus providencias, y lo que por último derribó un edificio tan falsa, y malamente cimentado.

Un proceder tan irregular de parte de la Central con respecto á las Juntas Provinciales provenia de que no podia mirar sin demasiados zelos unas Autoridades, que eran ele-

gidas por los pueblos , y que por lo mismo no se someterian
con facilidad á los caprichos del Gobierno Supremo. Seguramente si hubiesen sido los defectos de estas nuevas Autoridades , á quienes estoy muy léjos de contemplar esentas de ellos,
los que determinaban á la Central á tener con ellas semejante conducta , hubiera tratado de remediar sus vicios , pero no de extinguirlas , quando ninguna providencia habia
tomado contra las antiguas Autoridades mas llenas de defectos , y que no tenian en su favor los méritos notorios que
acababan de contraer las Juntas ; como ridículamente confe-
saba la Central en el mismo reglamento de su verdadera
aunque no aparente abolicion. Consiguiente á estos principios equivocados la Junta Central , en vez de estrechar las
Américas con la Península autorizándolas para formar Juntas compuestas de hombres de probidad , y de la confianza
pública , elegidos por todos sus Naturales , que fuesen los
cuerpos intermedios , que mantuviesen los vínculos de amor
y de union entre el Pueblo , y el Gobierno , y que remedia-
sen las repetidas y notorias injusticias cometidas en aquellos
paises por Empleados que no eran nativos de allí , y que
solo habian sido conducidos para hacer su fortuna , y sin
ninguno de los motivos que tiene un natural para interesar-
se en el bien de su pais natal , estubo muy léjos de establecerlas. Esta sola providencia hubiera llenado de gozo á
los Americanos , y hubiera impedido que se hubiese formado ningun partido de descontentos. Sin duda las pasiones de
los hombres son tantas y tales , que jamas podrán conseguir
un Gobierno sin defectos , pero ciertamente un Gobierno ele-
gido por los mismos Pueblos será siempre el ménos defectuoso , el único legítimo , y el que mas confianza podrá
inspirarles.

Sin embargo que la Junta Central no acertó á realizar
esta idea , que la hubiera cubierto de gloria y consolidado
su autoridad , es necesario hacerle la justicia que merece , y
confesar francamente el bien que hizo á las Américas , y la
parte de acierto que tuvo en las providencias relativas á
aquel Hemisferio. Todas las posesiones ultramarinas no solo
de España , sino tambien de otras Potencias , jamas habian
sido consideradas como parte integrante de la Nacion á que
correspondian. La consideracion , que con ellas habian teni-

do todas las Metrópolis era mantenerlas baxo una dependencia dura, sin permitirles que prosperasen para que por falta de recursos ni pensasen, ni pudiesen sacudir el yugo. Hasta los Gobiernos mas libres habian adoptado estos principios equivocados. España tal vez se puede gloriar, á pesar de su Gobierno despótico, de haber sido de todas las Metrópolis antiguas y modernas la mas indulgente para con sus Colonias; asi es que ningunas otras llegaron á igual grado de prosperidad. Roma y Grecia en sus mas gloriosos dias las tenian en una verdadera esclavitud. Inglaterra, no obstante de ser el Gobierno mas libre é ilustrado de la Europa, nunca las trató con igual blandura y consideracion que España. Los mismos Autores, que habian escrito de derecho público y político, creían que los pueblos baxo el sistema de Colonizacion no debian gozar iguales privilegios que los de la Metrópoli, á la que creían corresponderle de justicia ciertos privilegios por el fondo anticipado de hombres, y de caudales, con que habia contribuido al establecimiento y prosperidad de aquellas. A pesar de una práctica tan constantemente consagrada por el úso, y tan fortificada por la miseria de todas las instituciones conocidas, la Junta Central desde el principio de su instalacion declara que las Américas y todos los Dominios ultramarinos forman una parte integrante de la Nacion; que debian gozar iguales derechos que la Metrópoli; y que cada Provincia de Capitanía general envie un Diputado al Cuerpo Soberano. Aunque esto era hacer justicia á medias y una contradiccion de la misma declaracion, pues no habia tal igualdad miéntras la América no tubiese dos Diputados por cada Provincia, del mismo modo que los tenia la Península, sin embargo, atendidas las preocupaciones anteriores, no era poco haber concedido espontaneamente á las Américas y sin instancia suya esta parte de sus derechos, la que seguramente hubiera sido completada, si aquellos Naturales hubiesen hecho su reclamacion existiendo aquel Gobierno.

Si la Nacion al nombrar y reconocer la autoridad de la Junta Central pospuso toda consideracion á la de formar por el pronto un Gobierno Supremo para uniformar las operaciones contra el invasor exterior, sin embargo no era este el único mal que el nuevo Gobierno tenia que remediar. Salvar la Nacion de un yugo que resistia y detestaba; for-

mar una verdadera Representacion Nacional ; y asegurar su
felicidad futura por medio de una justa Constitucion , que
aboliese los abusos introducidos , y cerrase la puerta para
lo sucesivo á otros , eran los grandes objetos que debian
ocupar toda la atencion de un Gobierno sabio. Toda idea
contraria á estos evidentes principios solo podia abrigarse
en cabezas de personas las mas despreciables por su grosera ignorancia , ó por su detestable corrupcion. A los que
sostengan otra cosa es preciso suponerlos mas degradados que
á las bestias , pues que estas jamas desconocen la gran ley
de la naturaleza , que constantemente las conduce á buscar
su felicidad. No teniendo verdaderamente la Junta Central
todas las facultades necesarias para executar un plan tan
vasto , y por otra parte tan urgente , debia ocuparse en preparar quanto conduxese á reunir los materiales , y el Gobierno , que lo pudiese realizar. No podia diferirse ninguno de
estos dos objetos sin grande riesgo de la Patria. Su primer paso pues para llenar tan santos deberes era declararse
Gobierno provisional , y apresurarse á convocar los Representantes de toda la Nacion. Pero los mas de sus individuos , ó
seducidos con el mando soberano , del que ningun hombre se
desprende voluntariamente sin un cierto grado de heroismo,
ó, ignorando completamente lo que debian hacer , pues los
mas elegidos por intriga ó por favor , y casi todos sin educacion para las circunstancias en que se hallaban , y sin talentos particulares , se conduxeron de un modo muy diferente.
    La reunion de luces era lo primero que un Gobierno sa-
bio hubiera intentado facilitar para dirigir operaciones tan
complicadas como las de gobernar una Nacion en revolucion , y al mismo tiempo con un Enemigo el mas poderoso
contra sí , y para adquirir la confianza, sin la qual ningun
Gebierno puede consolidarse , ni dexar de estar en un peligro eminente , sobre todo en tiempo de revolucion. Arrastrados los mas de las preocupaciones en que habian sido edu-
eados , ó temblando como tiemblan los tiranos de las luces,
apenas fué reconocida su autoridad , quando declararon á estas una guerra abierta , aboliendo en su cuna los primeros
progresos que la imprenta habia hecho durante la revolucion, no por medio de una libertad , de que aun no habia
gozado , sino porque aquella no tenia los jueces del tiempo

del despotismo. Sugetaron pues todo escrito, tal era su temor, ó su estupidez, á la prévia y arbitraria censura de
aquellos mismos jueces, baxo los quales habia gemido la imprenta durante el régimen de Godoy, y que á los vicios, que
entónces podian tener, añadian el de haberse declarado descubiertamente los opositores mas fuertes de todas las novedades actuales, y de consiguiente enemigos acérrimos de todos sus promovedores. Tal era el hábito de preocupacion
que algun individuo de los mas sabios de aquel Cuerpo,
hombre ademas de la mayor probidad, creia de buena fé
que la libertad de la imprenta no debia ser concedida hasta que se reuniesen las Cortes, por no tener la Central facultades, como si qualquiera persona no estubiese suficientemente autorizada para abolir un abuso que se opone directamente á la felicidad general, ó como si no fuese una ri-
diculéz y contradiccion, quando al mismo tiempo aquel Cuerpo abolia hasta las leyes Constitucionales, sin que nadie du-
dase de la facultad que tenia de hacerlo. Una política tan
mezquina formaba los principios poco liberales de que se
resentian las mas de las providencias de este Gobierno. Des-
lumbrados sus individuos con el mándo, ni tratan de convocar las Cortes, ni de manifestar á la Nacion baxo de
que condiciones, ni por quanto tiempo habia de durar su
Gobierno, y lo que es aun mucho mas duro, no quieren
condescender á que sean removidos aquellos individuos, que
habian sido elegidos por un tiempo, cuya época habia ya
espirado. Una conducta de esta naturaleza acabó de desacreditar el Gobierno, y causó un descontento tan general que
la Nacion entera se persuadió que no podia sufrir un mal
tal como el de soportar una Autoridad creada provisional-
mente, y que daba indicios de perpetuarse en el mándo.
Era no conocer el espíritu que reyna en tiempos de revolucion, cuyo fruto se pierde infaliblemente, si las ideas de
libertad no son las principales, que la sostienen. Era no conocer absolutamente lo que es una Nacion civilizada, en la
que, por atrasada que se halle, no pueden faltar hombres,
que tengan dignidad y firmeza para reclamar los derechos del
pueblo. Los clamores pues por las Cortes comenzaron á ser
tan repetidos, y tan á las claras que por último la Junta
Central determina su convocacion. Sin embargo tal era en

sus individuos el deseo de conservar el mándo, que por disfrutar algun tiempo mas de la autoridad que exercian, baxo el pretexto de preparar los trabajos para las Cortes, fixaron su reunion para un periódo demasiado largo.

No era de esperar que la filosofia hubiese podido haber hecho en España, gobernada arbitrariamente durante los tres siglos anteriores, bastantes progresos, para que de repente pudiesemos ver las juiciosas reformas, que son el resultado de la experiencia, de la meditacion, y de las luces. Con todo la Junta Central, excediendo las esperanzas que de ella se habian concebido, manifestó gran sabiduria en el Decreto de convocacion de Cortes, por lo que respeta á la Península, y aunque es susceptible de algunas mejoras muy considerables, no obstante por el todo es digno de los mayores elogios, y por él solo sus autores eran acreedores al amor y respeto de sus conciudadanos, ó quando ménos á que estos mirasen ya con indulgencia sus errores pasados, pues al cabo por él solo reintegraban á la Nacion en el exercicio de todos sus derechos, ó la ponian en situacion de poder recobrarlos, beneficio, que tal vez ningun Gobierno del Mundo se puede gloriar haber hecho á ningun pueblo. En este Decreto la Junta Central, prescindiendo de todas las añejas prácticas del tiempo del feudalismo, que tan generales son aun en toda la Europa, estableció que la Representacion de la Nacion no debia ser el privilegio, ó el patrimonio concedido por los Reyes, ó por una práctica inveterada á ciertas familias, ó á ciertas clases, sino un derecho que igualmente pertenecia á todo Español, que no tuviese alguna de las tachas señaladas por la ley. Determinó pues que la eleccion de Representantes se hiciese por todos los Naturales de la Península sin que la ley favoreciese á clases, porque no perjudicase al mayor número, y sin mas consideracion que la de una igualdad perfecta proporcionada al cálculo de poblacion. Nada sin duda podia determinarse mas sabio, y mas justo, y parecia que un Gobierno, que, para dar una providencia tan benéfica, habia tenido que abolir la antigua, é injusta práctica, por la que casi solamente la primera Nobleza, y el Cléro alto disfrutaban de un derecho, que no debia ser el privilegio de ninguna clase, no podia ignorar que la justicia, y la necesidad exigian otro tanto en la América. Pero por una de aquellas inconseqüencias, que tan comunes son en los hombres, aun quando hacen el bien, si no es con el solo objeto de hacerlo, la Junta Central determinó que la elección de los Representantes Americanos fuese hecha por los Cabildos ó Ayuntamientos, y no por todos los Naturales, determinación que de ninguna manera puede aprobar la razon, por mas que se pretenda alegar algunos motivos, pues nunca será libre el pueblo, cuyos individuos todos no exerzan tan inagenable derecho. La Junta Central tampoco concedió á la América la parte de representacion que le correspondia con arreglo á la poblacion de Indios y de Negros; la concedió solo con respecto á la poblacion de Criollos y Europeos. Seguramente por lo que correspondia á los Indios, los verdaderos y únicos naturales de aquel Hemisferio, la justicia y la política exigian que se les concediesen los derechos de Ciudadanos. Mas atendiendo á su educacion, y á que apenas se les podia considerar como clases de una sociedad civilizada, era necesario que la filosofía hubiese llegado al refinamiento de sus progresos para que de repente se les pusiese en el goce de estos derechos, y por lo mismo nada tiene de extraño que la Junta Central no se hubiese resuelto á hacerlo por sí, y que esperase á que las Cortes resolviesen sobre un punto de tanta delicadeza. Por lo que respeta á los Negros casi todos esclavos, ó hijos de esclavos, ocurrian dificultades que la Central no debia resolver por sí sin exponer las Américas, qualquiera que fuese su resolucion.

Exâminadas con imparcialidad todas estas dificultades no hallo que la América tenga otro motivo justo de queja de la Junta Central que acerca del modo con que esta decretó la calidad de su Representacion. Las leyes que deberian ser pactos de hombres libres dictadas únicamente por la razon, las mas de las veces ó fueron dictadas por las pasiones de los Gobernantes, ó tal vez el que hubiesen sido justas no provino sino de una feliz, y casual necesidad como en el caso presente. Aunque la Junta Central habia acordado que la eleccion de Representantes fuese enteramente popular, no fué sin grandes debates, y al fin mas bien decretada de esta manera por temor á la opinion pública decidida contra los Estamentos ó Clases, que porque los Centrales deseasen acordarla, conforme lo hicieron. No siendo la justicia otra cosa que la aplicacion de la razon á los intereses del mayor número posible de los hombres, hacerla á las Naciones extrangeras, y principalmente á todos sus pueblos es una conveniencia, que no puede desconocer ningun Gobierno sabio, que entienda sus verdaderos intereses. La inobservancia de este principio es la causa de los males que las Naciones se hacen unas á otras, y de la infalible y justa reacion que todas sufren á su vez. Es el único origen de todas las quejas que los pueblos tienen para detestar justamente á sus Gobernantes. Dificil es sin embargo que aquellas obren atenidas á los principios de justicia, porque la penetracion del hombre es muy limitada, y cree ver su felicidad en donde precisamente no halla mas que su ruina, pero es aun mucho mas dificil porque nadie puede ser buen juez en causa propia, y las Naciones hasta ahora no hallaron medio de tener jueces imparciales para decidir sus querellas, empresa que sería la mas benéfica á la humanidad, y que cubriria de gloria á un Príncipe poderoso, que supiese realizarla. Mas no sucede así entre un Gobierno y los pueblos que están baxo de su mando, porque son ménos complicados los motivos de sus disgustos, y sobre todo porque pueden tener siempre jueces imparciales que los decidan segun la ley; sin embargo nada es mas comun que ver los pueblos víctimas de la ignorancia de los Gobiernos, ó de su mala administracion de justicia, sin que pueda haber un solo mal que no provenga de una de estas dos causas. El convencimiento de que la Representacion Nacional debia ser arreglada con una perfecta igualdad entre Americanos y Españoles, debia ser el resultado de la máxima sencilla que hemos asentado; pero como el espíritu de los mas de los Centrales estaba decidido en favor de los Estamentos, y solo por temor de chocar con la opinion pública no habian osado acordarla así en la Península, y con respecto á América no les contenia este motivo, determinaron que aquí se hiciese por los Cabildos. Es tanto mas arbitraria esta determinacion, quanto ninguna práctica ó abuso anterior se podia alegar en favor de estos Cuerpos, quando en España habia Clases, que podian reclamar una posesion inmemorial, y no interrumpida, que aunque siempre es muy despreciable para un Gobierno sabio , quando la razon habla contra ella , para un Gobierno débil , ó sin luces , es el ídolo mas respetable , y al que ménos osa atacar.

CAPITULO III.

DE LA DISOLUCION DE LA JUNTA CENTRAL , Y de la creacion de otro Gobierno , sucesos que apresuran el levantamiento de las Américas.

Jamas trataré de hacer la apología de los errores , é injus‑ ticias de la Junta Central , pero estoy muy léjos de creer á sus individuos criminales como quisieran sus enemigos. Exâminando con imparcialidad su historia hallarémos que sus principales defectos provinieron de las causas ya anunciadas , á saber, de no haber decretado desde un principio la reforma de Au‑ toridades , que acostumbradas á obrar con arbitrariedad , y á no reconocer mas autoridad que la del Rey , naturalmente debian ser los enemigos de todas las nuevamente constitui‑ das , y hácia las quales ya habian manifestado su aversion; de no conceder á las Juntas Provinciales las facultades sufi‑ cientes para evitar y castigar las faltas de los Empleados ; y de no haber determinado desde el primer dia la libertad de la imprenta , sin la que era imposible acertase á dirigir sus operaciones. Por estas razones la Junta Central no podia con‑ solidar su autoridad , ni contar con la execucion de sus ór‑ denes , siendo sus mayores enemigos los mismos que debian darles cumplimiento. Aumentando el poder de las antiguas Autoridades , que creían todo les correspondia de justicia , y disminuyendo todo lo posible el de las Juntas Provinciales, que quedaban expuestas á los resentimientos de los antiguos Tribunales , sin ganarse el amor de estos , se contrae el ódio de aquellas , y en vez de caminar todos á un mismo fin, no se vió ya sino la division , y la desunion mas escanda‑ losa. Desde este momento todos los Cuerpos manifiestan á la Central la rivalidad mas abierta ; pierde esta toda la con‑ fianza pública ; ve desobedecidas sus providencias aun las mas justas ; sus enemigos la insultan á su misma presencia, y de la Nacion entera , echandole en cara con el mayor des‑

caro tanto los defectos que padecia , como los crímenes que
una desmesurada y mal disfrazada ambicion necesitaba su-
ponerle para aniquilarla ; tan lejos de tener energía y honor para vindicarse, no permite que otros lo hagan por
ella ; finalmente todos los reveses que sufre, y sufrio anteriormente la Nacion son atribuidos á ella sola, y no hay
género de oprobio que no la persiga por todas partes. Con
estos antecedentes, y en una época en que el espíritu de
libertad era el dominante, y en la que sufocar este espíritu, ni era justo, ni político, las operaciones todas de la Central eran censuradas con excesiva acrimonía. Es muy dificil
que en una situacion tal el hombre se contenga en sus justos límites ; una imaginacion acalorada , y no un detenido exámen, es la que entónces le dirige. Los rumores pues , y el
descontento contra un Gobierno tan débil cada dia iban en
aumento , y , como casi siempre sucede, eran aun mas exâ-
gerados , y mas temibles, quanto mas distante llegaban. Des-
obedecido, y despreciado hasta un punto tal , la Nacion se
hallaba poco ménos que en un estado de anarquía. El efecto de tan funestos males no era menor en la América, en
donde el Enemigo de la Península trabajaba con incesante
actividad para privarla de los auxilios de aquella , y do-
minarla de este modo con mas facilidad. El Partido de Facciosos y descontentos , cuyo número se aumenta á proporr-
cion que son mas freqüentes las injusticias de los Gobiernos,
ó sus comisionados , nada malograba para realizar sus planes, y hacer la explosion á la primera oportunidad que se
presentase. La Junta Central no solo no habia tomado ninguna medida que pudiese precaver tan fatal novedad , sino
que , ademas de dexar subsistir las causas de los anteriores
abusos y quejas, dió motivo á otros infinitos por hallarse
desacreditada á causa de su conducta orgullosa y rutinera
en un principio, débil y despreciable en su último período.
En esta época ya la Junta Central conocia bien quan triste era su situacion, y deseaba con sinceridad se acercase el
término prefixado para la reunion de Cortes, término que
debia concluirse dentro de un mes. Como sus enemigos nada aborrecian tanto como las reformas, que pudieran verificarse, no se contentaban con deshacerse del Gobierno, necesitaban á todo trance evitar estas , y formar un nuevo

D

Gobierno, que por su naturaleza debiese oponerse á ellas. A trueque de conseguir su intento no reparaban en exponer la Patria al yugo de un Gobierno despótico, ó á una anarquia completa, quando mas se necesitaba la union para contrarrestar un Enemigo poderoso que iba á hacer la presa del último resto libre de la Península. Aun suponiendo que la Junta Central hubiese sido un Gobierno el mas criminal, y el mas estúpido, quando tan próximo se veia el período de su cesacion de un modo legítimo; solo necios, ó delinqüentes podian desear su tumultuaria disolucion ántes que se formase un Gobierno legal. Esta sola reflexion manifiesta que no era el temor de los males, que podria hacer en tan corto tiempo, el que inspiraba una idea tan maligna. La oportunidad pues se presenta al partido enemigo del Gobierno de ver realizados sus planes, y á pesar del riesgo inminente á qué expone la Patria, no la malogra.

La Junta Central, ó por un error nacido de sus cortos conocimientos militares, ó por su debilidad en acallar las preocupaciones del Pueblo Andaluz, y de las Provincias inmediatas á la de su residencia, en vez de emplear las principales fuerzas en el Norte de la Península, para defender desde allí todo el Mediodia, ó, aun en el otro caso, en vez de concentrar en un solo punto fortificado de Sierra Morena las reliquias de su principal exército recien batido y destrozado en la batalla de Ocaña, habia dispuesto la dilatadísima línea de aquella Sierra. Con semejante disposicion en ningun punto dexaba una fuerza capaz de contrarrestar la que pudiese traer el Enemigo, ni podia, si llegaba el caso de la invasion, reunir sus tropas con la prontitud que se requeria. Por uno de los puntos ménos esperado un exército Francés de cinqüenta mil hombres se introduce en Andalucía á tiempo que el Gobierno acababa de enviar dos Vocales con la comision de tomar todas las disposiciones necesarias para evitar esta entrada. Esta misma circunstancia contribuyo en gran manera á que los Facciosos hiciesen creer al pueblo que el Gobierno estaba de acuerdo con el Enemigo. Este con la rapidéz posible se dirige hácia la Capital de Andalucía, residencia de la Junta Central. Los rumores de la novedad se esparcen por el pueblo, y los Faccio-

sos, conociendo que era la ocasion de acabar con el Gobierno, principian á alarmar y conmover la multitud. En
circunstancias tan apuradas la Junta Central trata de trasladarse sin dilacion á la Isla de Leon, el único punto que
aun en aquel caso podia asegurarse de caer en poder del
Enemigo, y á donde por Decreto anterior debia trasladarse
dentro de cinco dias para recibir á los Representantes de
la Nacion, y resignar en ellos el Gobierno. Obrando en esta
ocasion con la debilidad que siempre, en vez de salir reúnida con el decoro que le correspondia, cada individuo sale
clandestinamente, y sin que se atreviesen á permanecer en
Sevilla los Vocales de la Comision Executiva, los que en
cumplimiento de Decreto anterior debian permanecer haciendo las veces de todo el Cuerpo miéntras este se reunia en la
Isla. Aunque el terror, que, á la primera noticia de la invasion de los Enemigos en Andalucia, se apoderó de los Vocales de la Central, su sorpresa, y su misma huida eran
un indicio claro de que ninguna inteligencia tenian con el
Enemigo, con todo los Facciosos al ver la salida precipitada
de la Junta, al ver la misma conducta de la Comision Executiva faltando al deber mas sagrado que se le podia con-
fiar, al ver que no habia ya Autoridad alguna que los contuviese, y conociendo la facilidad de seducir al pueblo,
siempre víctima de su ignorancia, é instrumento pasivo de
los delinqüentes mas osados, logran hacerle creer que el Gobierno era traidor, que habia vendido la Patria, que tenia inteligencia con el Enemigo, y que habia dilapidado los caudales
de la Nacion. A estos rumores inmediatamente se siguió el resultado que era natural. Una multitud amotinada se dirige á la Junta Provincial de Sevilla, y esta gustosa y
apresuradamente se declara Soberana, nombra nuevos Generales para encargarse de los exércitos, y circula órdenes á
todo el Reyno á fin de que cada Provincia envie dos Diputados con poderes limitados para elegir una Regencia, el
Gobierno único que apetecian los enemigos de toda reforma, esto es los que con insulto de sus conciudadanos des-
caradamente solicitaban la conservacion de todos los abusos
que habian llevado la Nacion al precipicio. Restaba á los
Facciosos otro paso que dar para consumar su obra. Nada
conseguian si no evitaban que los Centrales se reúniesen en

la Isla, para reasumir el mándo ó depositarlo interinamente en personas de su confianza. Para este objeto ellos y la Junta de Sevilla, en la que dominaba un gran partido de Facciosos, y enemigos de la Central, envian, sin detenerse un momento, Comisionados á Cadiz, y á los demas puntos en donde presumian que podrian hallarse los Centrales con órdenes verbales y por escrito de que los prendan ó los asesinen, é igualmente á toda otra Autoridad, que trate de protegerlos. El Presidente y vice-Presidente son detenidos y presos en Xerez, y no sin gran riesgo logran salvar la vida. Los que habian llegado á Cadiz tienen que permanecer ocultos de temor de ser asesinados, ó que salir apresurada y clandestinamente para la Isla. Los que llegaron al Puerto de Santa Maria y á otros puntos no tubieron mejor suerte. Finalmente en ninguna parte se ofrecia un asilo seguro á estos infelices, cuyo principal y acaso único crímen era su extremada debilidad, que puso á la Nacion en el mayor apuro de perecer por el todo. Las pasiones de los Facciosos arrastrando la opinion de la multitud, que jamas reflexiona, desencadenaron entónces toda su cólera contra ellos. No hubo insulto con que no se les hubiese denigrado en papeles impresos en Sevilla, y circulados de intento á todas partes. Era tal la influencia de los Facciosos, y tal el ódio que habian inspirado contra este Gobierno, que hubiera pasado por un traidor á la Patria qualquiera persona que quisiese hacer su defensa. Finalmente la irreflexion, con que se obraba, sin prever los funestos resultados del estado de anarquía en que este suceso ponia á la Nacion, era tal, que se celebró aquel horrible dia, que debia ser de luto para la Patria, como se pudiera haber hecho, si se hubiese conseguido la victoria mas completa sobre los enemigos, designándolo en los papeles públicos con el dictado de *El Gran dia de Sevilla*. Tal era el ascendiente de los Facciosos, tal el poder de las pasiones, y tal la estupidez con que se dexan seducir los pueblos.

A costa de grandes riesgos y dificultades los Centrales se reúnen por último en la Isla. Llenos de espanto y sin valor para conservar el mándo los pocos dias que restaban hasta la reunion de las Cortes, en medio de la obscuridad y sin poderes especiales de la Nacion, como necesitaban para este acto, eligen como furtivamente una Regencia de cinco individuos, en cuyo nombramiento mas bien consultaron las preocupaciones de la multitud ignorante que la aptitud que tenian los electos para el desempeño del alto ministerio que se les confiaba. Sin vigor aun para darla á reconocer la ponen á exercer las funciones de la Soberanía, y se apresuran á salirse de aquel punto para evitar el furor popular, que tanto los arredraba. Todo contribuía á hacer creer que esta nueva Autoridad, creada sin poderes bastantes en medio del tumulto y del terror, no era una Autoridad legítima. Sin embargo toda persona juiciosa la debia reconocer, y de ningun modo proponer duda alguna acerca de su legitimidad, pues el peor Gobierno es siempre un mal mucho menor que un estado de anarquía. Mas los descontentos debian hallar sobrados motivos para hacer valer sus iniquos planes, y baxo pretextos justos atacar en su orígen un Gobierno tan ridículamente establecido. El resultado pues, que produxeron en la América estos acaecimientos, obra de las pasiones y de la inreflexion, fué el mas desgraciado y triste.

Consiguientes los Centrales á sus determinaciones anteriores de conceder Representacion á la América, pero no toda la que le correspondia, si es que habia de disfrutar iguales derechos que la Metrópoli, eligen quatro individuos por la Representacion de España, y uno solo por consideracion á la de América. Este nuevo Gobierno Soberano solamente podia ser legitimado por el reconocimiento espontaneo de toda la Nacion, y por lo mismo la idea de señalar un solo Regente por las Américas sobre ser inoportuna de ningun modo justificaba aquel acto. Sin meterme á hacer la exposicion de lo que corresponde á la historia, paso á tratar de las conseqüencias, que produxo en América la noticia del nuevo Gobierno de la Nacion, y la disolucion del antiguo.

PARTE SEGUNDA.

CAPITULO PRIMERO.

DEL LEVANTAMIENTO DE ALGUNAS PROVINCIAS de América.

Las órdenes comunicadas entónces tan imprudentemente á toda la Nacion por la Junta Provincial de Sevilla, titulándose nuevamente Soberana de todos los Dominios Españoles; los avisos de la disolucion del Gobierno circulados á la Península, y remitidos en cartas particulares á las Américas; los papeles denigrativos contra la Junta Central impresos en Sevilla en los dias 24 y 25 de Enero; la novedad de la desastrosa derrota de nuestro Exército en la Batalla de Ocaña; la invasion del Enemigo en toda la Andalucía; el silencio que por algunos dias se observó acerca de la reunion de la Central en la Isla; el aviso en seguida de que la Regencia no era reconocida por las Juntas Provinciales; todas estas noticias comunicadas de diferente modo, y solo acordes en lo que mas podia perjudicar, recibidas á un mismo tiempo en la América, era forzoso que produxesen un efecto muy funesto, y que ofreciesen á los descontentos la oportunidad que tanto deseaban.

Los habitantes de Cadiz para evitar en aquella ocasion los desastres con que los amenazaban la anarquía, y la aproximacion del Enemigo, crearon una nueva Junta. Esta, ó temerosa del pueblo excesivamente prevenido contra la Junta Central, ó mas bien por una política mal entendida, tardó una porcion de dias en reconocer la Regencia, lo que contribuyó en gran manera á agravar los males de la Nacion tanto en la Península como en la América. Al ver que la Autoridad mas inmediata al pueblo en donde residia el nuevo Gobierno, no queria ó retardaba reconocerlo, las Autoridades de las otras Provincias, siempre prontas á exercer todo el poder posible, imitaron su exemplo, y no quisieron reconocer la Regencia hasta pasados muchos dias. La Junta de Cadiz había cerrado el Puerto, á fin de que no pudiese salir embarcacion alguna para la América hasta que los negocios de la Península presentasen un aspecto mas favorable, mas no cuidó, quando llegó el caso de abrírlo, que solo saliesen los barcos Correos sin mas correspondencia que la de oficio para hacer ver que se hallaba establecido un Gobierno legal y reconocido. En el mismo dia en que se despachó el primer Correo á la América se abrió el Puerto á todas las embarcaciones detenidas, sin prevér que podrian llegar estas ántes, como sucedió, y causar el trastorno, por cuyo temor muy prudentemente se les habia prohibido salir ántes.

En efecto el bergantín particular, llamado nuestra Señora del Carmen, llega á Puerto Cabello el 15 de Abril, y al dia siguiente se reciben en Caracas las cartas particulares que había llevado, y se extienden las noticias de los desgraciados sucesos de la Península. Los que se hallaban resentidos de las antiguas Autoridades, y los amigos de novedades, cuyo número en Caracas era abundante, conociendo que aquella era la ocasion de poder impunemente dar principio al plan que mucho tiempo ántes meditaban, baxo el plausible pretexto de atender al bien público tratan de introducir las innovaciones, que les dictaban sus pasiones, y no las reformas que exigian la justicia y la fraternidad. El 17 de Abril por la noche llegó á la Guayra un Correo del Gobierno Español, y el 18 por la mañana todo el pueblo estaba ya enterado del establecimiento de la Regencia, cuya noticia constaba por los papeles de oficio, por las correspondencias particulares, y por la deposicion del Comisionado. A pesar de estas noticias, y de que el motivo, que hasta entónces habian alegado los descontentos para tumultuar el pueblo, era la absoluta ruina y anarquía de la Metrópoli, teniendo aquellos sobornado ó persuadido á entrar en su partido á los principales Gefes de la tropa, esta el 19 por la mañana al tiempo de entrar á los Oficios Divinos en la Catedral el General D. Vicente Emparán, amenazandole con la muerte, si intentaba resistirse, lo conduxo á la casa Consistorial, en donde estaban ya reunidos los Vocales del Cabildo secular, principales Autores de todo lo ocurrido. Allí se le obliga por la fuerza á que renuncie el mando, cuya

renuncia es la prueba mas convincente de la violencia con
que se obraba, y por medio de la qual se procuraba alucinar al pueblo, como practicó Napoleon con las renuncias
de Bayona. O el pueblo había reasumido la Autoridad Soberana, ó no la habia reasumido; si lo primero era superflua, pues que sin exigirla le podia despojar del mándo; era
ademas impolítica pues que no servia mas que para hacer
ver que era necesario precediese este acto contradictorio á las
funciones inagenables de la Soberanía. Si el pueblo no había
reasumido la Soberanía, la renuncia ningun valor daba á lo
que de ella resultase, y era un acto mas de violencia.

Destituidas todas las anteriores Autoridades del mándo, se
depositó este en el Ayuntamiento miéntras toda la Provincia
nombraba Diputados, que formasen el Gobierno. Este remedio se juzgó forzoso para subsanar la ilegitimidad del nuevamente formado, pero que descubria una falta tan esencial,
pues hacia ver que no había intervenido la mayoria de los
que debian establecerlo, circunstancia indispensable desde el
primer momento para que fuese legítimo, á no ser que la
salvacion de la Patria exigiese una medida tan apresurada.
Mas Caracas no conocia esta urgencia, qué no podia ser
otra que la de evitar una anarquía, en cuyo caso no se hallaba, ó la de rechazar un enemigo, que no tenia, ó que
estaba á la distancia de dos mil leguas, y con imposibilidad
de causarle ningun recelo prudente. Sin embargo su nueva
Junta, baxo de este especioso pretexto, preconizaba tomar
todas estas medidas de precaucion para su seguridad, exposicion, que por ser tan notoriamente falsa, no puede servir
mas que para hacer ver que sus determinaciones, en lugar
de descansar sobre datos ciertos y verídicos, reposan sobre
supuestos voluntarios, que nunca pueden ser el fundamento
de la libertad, y de la justicia. Por último en vez de marcar sus primeras decisiones con la única señal, que podia
caracterizar ya que no de legal á lo ménos de justo su Gobierno, y de sinceros sus deseos de libertad, en vez de
marcarlas, repito, con la moderacion, á la que por último
resultado se reducen todas las virtudes, sin mas motivo que
el de poder hacerlo, desde el primer dia, para atraer partidarios á su causa; dió á los militares grados sin economia;
confirió empleos que estaban provistos; creó ministerios mas

por orgullo que por necesidad; finalmente practicó quauto podia contribuir á que fuese un país enteramente independiente, ó que quando ménos retardaría el que aquella Provincia volviese á unirse con la Madre Patria. No son comunes los hombres, que tienen bastante probidad para ceder voluntariamente los honores, y sueldos, que ó justa, ó injustamente una vez adquiriéron, porque no es dificil, baxo apariencias de bien público, disfrazar lo que dictan las pasiones.

No contentos los de Caracas con levantar aquella Capital para separarla de la Madre Patria, trataron de levantar los demas Pueblos y Provincias inmediatas por medio de amenazas, de seducciones, y aun de la misma fuerza. Su conducta en esta parte no puede ser justificada ni aun por los mas prevenidos en su favor. Si aquel Pueblo tenia un derecho para mudar su Gobierno por consentimiento de la mayoria de sus Naturales, y hacer las reformas que creía convenientes, igual derecho debian tener los demas Pueblos para abrazar el partido, que les acomodase. Obligarlos pues por la fuerza, ó por la seduccion á entrar en su causa era una violencia real, y valerse del mismo medio que destruía el fundamento que ellos podian buscar para establecer su libertad. La prueba incontrastable de que obraban contra la mayoria de la voluntad general es el resultado de sus operaciones. La expatriacion voluntaria de varias personas abandonando sus hogares, y familias, sus guerras civiles, y la prision de varios Diputados arrestados en Coro y en otras partes manifiestan tan triste como evidentemente la division que reynaba, y la falta de voluntad de los Pueblos, sin la qual nadie se halla autorizado para forzarlos á ser libres, porque nadie en buenos principios de moral puede hacer una cosa mala, aunque de ella se hubiesen de seguir los mayores bienes. En otro caso todos los Facciosos tendrian un justo título para trastornar un Gobierno justo pretextando abolir un abuso, que no podrá ménos de existir en el Gobierno mas sabio.

Aunque baxo de un aspecto mas franco y generoso, y en un principio con todos los caractéres de justo, al levantamiento de Caracas se siguió el de Buenos-Ayres. Habiéndose sabido en aquella Ciudad por una embarcacion procedente de Málaga, ántes que se recibiese de oficio la ins-

E

talacion de la Regencia, los sucesos de la Península, y que aquella no habia sido reconocida por la Junta de Cadiz, el Cabildo convocó al Pueblo el 22 de Mayo. Despues de una larga discusion se acordó que la autoridad del Virey quedase subrogada en una Junta Provincial de Gobierno, é interin se formaba una elegida por los Diputados que debian ser convocados, y venir de todas las Provincias del Vireynato, exigiendo de sus individuos juramento de subordinacion al futuro Gobierno de la Península, que legítimamente representase á su Rey cautivo. En 8 de Junio se decretó por aquella Junta que se haria el reconocimiento de la Regencia quando llegasen los avisos de oficio de su instalacion. En tales circunstancias nada sin duda podia haberse determinado ni con mas moderacion, ni con mas justicia, pero su resultado fué muy diferente del que correspondia á tan equitativas medidas.

Despues de unas providencias de esta naturaleza parecia consiguiente que no habria la menor dificultad en reconocer á la Regencia luego que llegase el aviso oficial de su instalacion, y que en caso de ocurrir algun motivo de disension, la Junta procuraria arreglarlo amistosamente, y de un modo franco ántes de acudir á un rompimiento precipitado, que jamas podria aprobar la prudencia, ni el verdadero interés de la Patria. Sin embargo el curso de las cosas fué muy diverso, aunque el mismo que debia prevér toda persona, que detenidamente meditase la marcha de las pasiones, y el encono que reynaba en las diferentes clases de los habitantes de aquellos paises. Quanto mas se aumenta el mándo, mas se aviva el deseo de aumentarlo, y conservarlo. El lógro de las primeras solicitudes nunca o rara vez contribuye á satisfacer esta pasion, que si alguna vez suele ser momentanea en un individuo, es siempre obstinada, é inextinguible en un cuerpo, y cada dia aspira con mas vehemencia á la consecucion de otros sucesos mas extraordinarios, y por último de los mas insensatos. Llegó pues el caso de venir el oficio del establecimiento de la Regencia, quando ya se habian aficionado al mándo los Vocales de aquella Junta, porque muy corto tiempo basta para esto, y se suscitaron dudas sobre la legitimidad de este nuevo Gobierno, únicamente porque se deseaba un pretexto, pues que no podia dudarse que qualquiera defecto que en esta parte pudiese tener, se subsanaba completamente con solo el reconocimiento. La Junta entónces, obrando ya sin ninguna generosidad, prescindió de las circunstancias aciagas, y forzosas en que habia sido formada la Regencia. Sin atender á los favores, que sus individuos y ascendientes habian recibido de la Metrópoli, y á los lazos que los debian unir con ella, no recordó mas que los agravios é injusticias que el Gobierno de la Península habia hecho en todos tiempos á los Americanos. Sin consideracion al estado afligido y de desolacion en que se hallaba la Madre Patria, olvidando todos los sentimientos que la grandeza de ánimo inspira, para no poder irritarse contra personas, ó cuerpos quando se ven en una situacion muy angustiada, se entregó solo á ideas de rencor y de venganza. No tuvo la menor consideracion á que los Españoles actuales ninguna culpa tenian de los males que los anteriores Gobiernos les habian hecho sufrir, y que por el contrario se sacrificaban por defender la causa de su Patria y la libertad de todos los ciudadanos. Por último conducidos los de uno y otro partido de resentimiento en resentimiento, y escuchando únicamente lo que dictan las pasiones mas fuertes, la venganza, la ambicion, y el despotismo; faltando los unos á las promesas mas solemnes, ignorando los otros los medios de que debia echarse mano, que eran los de una verdadera reconciliacion; y obrando todos con la mayor imprudencia, en vez de aplacar las primeras chispas de la discordia, lo que tan fácil entónces hubiera sido, las avivaron mas y mas, y excitaron una guerra civil, en que ya no se vé otra cosa que asesinatos, y horrores cometidos por ámbas partes, y los sucesos ulteriores no presentan mas que un texido de calamidades espantosas, que demuestran demasiado la precipitacion, el acaloramiento, y la injusticia de los dos Partidos.

CAPITULO II.

CONDUCTA IMPOLITICA DE LA REGENCIA CON respecto á las Provincias levantadas de la América.

El gérmen de los males producidos por la estupidéz y arbitrariedad de nuestros Reyes, y por la iniquidad, é ineptitud de los empleados subsistía como el primer dia en toda la Nacion, y por una conseqüencia forzosa un ódio implacable entre Gobernantes y Gobernados fermentaba en todos los rincones de la América. No habiéndose tomado por la Junta Central ninguna medida para impedir las causas del descontento, cuyos efectos debian ser mas prontos y mas temibles en una época de turbulencia, qual era la de la Metrópoli, hizo su explosion casi general y simultaneamente. Si en un principio estas alteraciones no presentaban mas que la apariencia de reformas, por las que clamaba la justicia, y el interes bien entendido del Estado, por las imprudentes determinaciones de la Regencia inmediatamente tomaron el rumbo de una revolucion sanguinaria, y de una independencia absoluta, tal qual deseaba nuestro Enemigo, á fin de que quedasemos privados de los recursos que de allí nos venian, y sin los que en la actualidad será poco ménos que imposible salvarse la Patria.

Es preciso echar una rápida ojeada sobre las disposiciones que tomó la Regencia al recibir la noticia del levantamiento de varias Provincias, y nos convenceremos de la verdad de mi asercion. Si la Junta Central es culpable de no haber establecido en América Gobiernos populares elegidos por todos los habitantes con facultades superiores á los Capitanes generales y Audiencias, de cuyo despotismo provenian todas las quejas y vexaciones de aquellos Pueblos, la Regencia es criminal por haberse opuesto abiertamente á la existencia de aquellas corporaciones formadas ya por el Pueblo. Aquella no evitó, es cierto, el mal que existia aun oculto, pero esta lo aumentó, y exâsperó mas y mas quando ya habia descubierto la cabeza. Si aquella no acertó á adoptar una medida para impedir la desunion de las Américas, á lo ménos no se negó á ninguna demanda de los Americanos, y quando mas no hizo sino dexar subsistir la causa del mal ; pero esta no solo se negó á las solicitudes de aquellos habitantes, sino que contrarió todas las disposiciones que habian tomado, y obró en un sentido absolutamente opuesto á lo que dictaba la prudencia y la justicia. Si se puede decir que la Junta Central concedió á los Americanos una Representacion Nacional defectuosa, de la Regencia se puede asegurar que no hizo mas que tomar providencias de intento para irritarlos.

La Regencia desde el primer dia de su instalacion hasta el último en que exerció su autoridad, conduciendose con poco tino, ni una sola providencia tomó en que no manifestase ó parcialidad, ó imprudencia. A pesar de la triste leccion, que le ofrecia la Junta Central, en nada mas pensó que en conservar el mándo, y diferir la época de su resignacion, y de consiguiente fué opuesta á toda idea liberal. Conducida ciegamente por Ministros incapaces de conocer la delicadeza del negocio y de las circunstancias, y por el Consejo de Castilla, el Cuerpo de la Nacion mas interesado en conservar los antiguos abusos, y por lo mismo el mas constantemente opuesto á toda clase de reformas, sobre todo á las que tenian tendencia á un sistema popular, no solo no procura establecer las reformas que exigia el bien de la Nacion, sino que trata de hacer desaparecer las que felizmente las circunstancias habian ocasionado casualmente, y que solo necesitaban perfeccionarse. La Regencia en vez de executar inmediatamente, como habia jurado, las disposiciones de la Junta Central relativas á que se verificase quanto ántes la Representacion Nacional, olvidándose de dar cumplimiento á tan sagrado deber, ninguna órden á este intento remite á la América. Seguramente si, como debia, las hubiera remitido por el primer correo, que llevó la noticia de su instalacion, hubiera evitado la insurreccion de Caracas, y de Buenos-Ayres, y de consiguiente la de toda la América. La noticia de las novedades ocurridas en Caracas se recibe por la Regencia, y en lugar de precaver la guerra civil accediendo á las justisimas proposiciones que los Vocales de aquella Junta hacian en su carta de 20 de Mayo dirigida al Marques de las Hormazas, Ministro de Hacienda, sin atender á lo que dictaba la justicia en todo tiem-

po , y sin consideracion al estado en que se hallaba la Península, decreta reducirlos por la fuerza, y hacerles sufrir
la ley, que les quisiese dictar. No tomando otras disposiciones que las que dictaba una venganza impotente, declara el Puerto de la Guayra en estado de bloqueo, y comi-
siona un Consejero, y otra porcion de Ministros con facultades ámplias para precisarlos á entrar en lo que los Gobiernos despóticos suelen llamar deberes de los súbditos, y
para esto adopta los mismos medios que adoptaría un Gobierno de esta clase, quando se hallase en el caso de poder realizarlos, pero que en otro caso desecharia, á no ser
que al despotismo reuniese la irreflexion. A la noticia de
las alteraciones de Caracas se sigue muy luego la de Buenos-Ayres, y no obstante de ser cada vez mucho mas im-
practicables las disposiciones adoptadas para contener los progresos de la revolucion, la Regencia no varía de plan,
y determina con respecto á la América del Sur iguales medidas á las que habia adoptado para la América Septentrional.

Semejantes providencias, quando ademas de no aprobar-
las la justicia, la Regencia no tenia facultades para reali-
zarlas, no podian servir sino para exasperar mas y mas los
ánimos de los descontentos, y darles nuevos y justos motivos de queja para empeñarse en una empresa, de que no
se suele desistir facilmente. Por desgracia á esto se agregó
una circunstancia la mas escandalosa, que descubriendo ó
la debilidad, ó la inaudita y vergonzosa inconseqüencia de
la Regencia, debia aumentar extraordinariamente los motivos
de disgusto, y de desconfianza de los Americanos. Habiéndose dado curso á un expediente formado en tiempo de la
Junta Central, y que habia sido detenido por los funestos
sucesos de la Península, la Regencia acordó el libre comercio de la América, ó á lo ménos en su nombre se expidió
la correspondiente órden firmada por el Secretario de Hacienda. La Junta de Cadiz compuesta en la mayor parte de comerciantes interesados en que subsistiese el monopolio, que
aislaba en casi ellos solos todas las producciones, y comercio de la América, se alarma al saber el Decreto, y sin
perder un momento nombra una Comision, la que repre-
sentó con el mayor calor á fin de que no se diese curso á

la órden. Era tal el horror con que se miraba esta libertad,
que pasaria por un reo de Estado el ciudadano amante de
su Patria que se atreviese hacer la menor apologia en favor del libre comercio, y aun se supondria que sería delinqüente y traydor á la Patria el Gobierno que tratase de abolir
tan injusto y perjudicial estancamiento. La Regencia, que
siempre habia temido á la Junta, manifestó en esta ocasion
la debilidad mas vergonzosa de que hay exemplar en Gobierno alguno. Por mejor decir, sorprendida y arredrada de
la influencia de la Junta observó la conducta mas ridícula, y mas injusta que jamas se oyó. Niega que haya man-
dado expedir la tal órden, y dispone que se hagan pesqui-
sas para descubrir sus Autores, quando no podian ser otros
que ellos o el Ministro, pues que este no negaba su firma,
que autorizaba la órden. Quando hubiese alguna obscuridad
en el asunto era por demas nombrar un juez, pues que las
pocas personas que habian manejado el negocio se hallaban
todas presentes; mas si se ha de decir la verdad, el nombramiento del juez era para que permaneciese en las tinieblas un hecho que solo se podia ocultar á personas sin la menor reflexion. Un proceder tan vergonzoso, y que tan altamente desacreditaba al Gobierno, era un obstáculo mas para la reconciliacion de los Americanos. Aun quando ninguna parte hubiera tenido el Gobierno en aquel hecho, si este obrase con energía, en circunstancias tan apuradas hubiera disimulado la falsificacion de la órden por no exâsperar
los Americanos. Un punto tan capital, tan justamente sus-
pirado por estos, y tan mal manejado, no podia dexar de
irritarlos y de hacerles mirar como vanas las promesas del
Gobierno Español, que tan groseramente negaba un hecho
tan esencial, al mismo tiempo que se burlaba de una ley,
en cuyo favor clamaban altamente la razon, y las circunstancias mismas en que habia sido promulgada.

CAPITULO III.

EXÁMEN POLITICO IMPARCIAL DEL OBJETO Y
operaciones de los Americanos levantados.

Entrémos en el exâmén de la conducta de los Americanos, y presentémos la qüestion tal qual exige la imparcialidad, esto es, sin que repose sobre supuestos voluntarios, y sin que nos dexemos conducir por el espíritu de partido. Para poder graduar la conducta de los Americanos levantados, deberémos primeramente averiguar si *su insurreccion tuvo por objeto el bien, ó, lo que es lo mismo, la libertad de aquellos pueblos*, como sin exâmen anterior se supone por sus partidarios. En seguida deberémos exâminar si *esta felicidad se deberá buscar valiendonos de medios fixos y dictados por la razon, ó si es permitido adoptar todos los que conduzcan á conseguirla, sean los que fueren*, y en el caso, de que solo lo primero deba practicárse, tratárémos de averiguar *si los Americanos obraron de este modo*. Por último para formar un juicio imparcial del carácter de la revolucion de las Américas deberémos exâminar *si son ciertos los motivos alegados por los Americanos*.

Para decidir la primera qüestion, no siendo posible conocer las interioridades del hombre á no ser por el resultado de sus acciones, es necesario atenernos á juzgar por estas. Las noticias funestas de la Península, que dieron motivo al levantamiento de Caracas y Buenos-Ayres, son recibidas en estas dos Capitales, y en el mismo momento vemos formarse en aquel dia nuevas Autoridades, elegidas, si se quiere así, por el mayor número de sus habitantes. Inmediatamente se apoderan de la fuerza, y sin que hubiesen recibido poderes de los demas pueblos, y sin esperar á ser reconocidas libremente por el resto de los demas Naturales de aquellas Provincias, quando ningún riesgo amenazaba la salvacion de aquellos paises, entónces mismo promulgan las leyes que se les antoja, y hacen todas las reformas que sus pasiones les dictan. Si el Gobierno y la Soberanía no pueden establecerse á no ser por una convencion tácita, ó expresa entre Gobernantes y Gobernados, y cuyo

convenio sea recíproco, esto es aceptado por una y otra parte, ¿cómo, faltando una circunstancia tan precisa, se puede asegurar por los partidarios de los Americanos levantados que su insurreccion tuvo por objeto la libertad y la dicha de sus conciudadanos? ¿Baxo de qué principio, ántes
que se verificase el consentimiento universal de aquellas nuevas sociedades, podia la voluntad de un corto número de
individuos imponer pena de la vida á los que no habian
convenido en obedecer sus leyes, ni en reconocer su autoridad?
Si la libertad es la facultad de hacer todo lo que la ley
no prohibe, y si esta no puede dexar de ser la expresion
de la voluntad general declarada por la mayoria de los asociados, ó de sus representantes legítimamente apoderados por
todos, ¿cómo puede caber en la cabeza de un hombre de
razon afirmar que un Gobierno formado sin este consentimiento trata de hacer la felicidad de sus conciudadanos y
de darles la libertad, miéntras no procura establecerse baxo
principios tan esenciales para ser libre? ¿Por ventura se podrá decir que el Pueblo de Constantinopla, quando una multitud de aquellos esclavos irritados de su miseria es conducida por un ambicioso eloqüente, que supo hacerle afectarse
de sus males, busca su libertad porque desobedece las órdenes de su Señor, y porque le impone la pena capital para
substituir en su lugar á otro mas astuto, pero que no obra
con arreglo á mas ley que á su capricho? ¿Por qué pues
habrémos de decir otra cosa de los Americanos, miéntras los
vemos conducidos por los mismos principios, ó quando no
pusiéron otros en execucion? Las facciones no se forman de
otro modo que se formaron en la América los nuevos Gobiernos que hay en la actualidad. Tampoco sirve decir que
en la América no se derramó sangre para establecer las nuevas Autoridades. Napoleon no tuvo que derramarla para
apoderarse del Consejo de los Quinientos, y para usurpar su
autoridad. La Soberanía verdadera no puede exercerse sino
es quando hay la annuencia espontanea de la mayor parte
de los asociados, miéntras tanto es una verdadera usurpacion, y los Gobernantes son unos verdaderos Facciosos.
Los Americanos, á pesar de reconocer desde el primer
dia la necesidad de este consentimiento, ni lo habian obte-
nido, ni, miéntras lo obtenian, se retraxeron de hacer leyes

F

para ligar á personas, que jamas habian dado su consentimiento ni expreso, ni tácito. Si el principal derecho, que alegan los Americanos para justificar su levantamiento contra la Metrópoli, es la Soberanía del Pueblo, ó la voluntad general, ¿qué es lo que se puede alegar para justificar su conducta quando tratan de someter por la fuerza la voluntad de los Pueblos, que no quieren seguir su partido? Si un Gobierno semejante no es un verdadero estado de violencia, y de faccion, no sé qual podrá caracterizarse de tal. En buenhora los amantes de la libertad deseen que los Americanos, y todos los Pueblos del mundo sean libres; en buenhora se diga que vivian en la opresion, como yo tambien diré; en buen hora se crea que ya era justo tratasen de mejorar sus instituciones, y que debian aprovecharse de la primera oportunidad; pero no por eso se diga que son libres, ó que solo trabajan para serlo. Quando Napoleon se apoderó del mando, los Franceses, al ver las injusticias del Directorio, tambien se gloriaban de buena fe de aquella novedad, porque atendian á los males pasados, y no á los futuros, pero no por eso se engañaban ménos. Si la libertad de los Pueblos, como ya diximos, no depende de otra cosa que de hacer sus individuos todo lo que no esté prohibido por una justa ley anteriormente promulgada, solo una parcialidad conocida, ó una ignorancia grosera podrán asegurar que la reunion de un corto número de familias de Caracas y de Buenos-Ayres no es una verdadera conjuracion, y que pudo dictar leyes al gran número de sus conciudadanos, y mudar la forma de Gobierno sin consultar otra voluntad que la suya. Ni aun quando las leyes sean en sí buenas dexan de ser dictadas por tiranos, quando los que las sancionan no tienen facultades legítimas para hacerlas. Napoleon mismo en Francia, y en España dictó varias muy benéficas, y tales como podia desear el hombre de mayor probidad, é ilustracion, y á pesar de eso no dexaba de ser un tirano, y los ciudadanos solo les prestarian obediencia precisados de la violencia, y opresion que padecian. Tampoco es cierto que estas nuevas Autoridades con la voluntad presunta de los Pueblos, quando, no produciendo sus manifiestos, y las persuasiones de sus Comisionados el efecto que deseaban, desde un principio determinaron en-

viar fuerza armada á someterlos. Un tirano el mas violento
no puede obrar de un modo mas opuesto á la libertad. Nada es mas común en todas las épocas y principalmente en
una de revolución que profanar las voces mas halagüeñas.
*Libertad de los Pueblos , reforma de sus abusos , y regeneración
de sus instituciones*, hé aquí el lenguage que se oye en boca
de buenos igualmente que de pícaros , de filosófos de todas
las edades que de Tiranos , y Facciosos de todos los tiempos.
En aquellos para descubrir á los hombres el verdadero camino de su felicidad ; en estos para fascinarlos con apariencias seductoras á fin de apoderarse de ellos. Si se hubiese
de dar crédito á solo voces , pronto las Naciones serían víctima del Faccioso mas eloqüente. Es preciso pues atenernos
á hechos para no equivocarnos en nuestros juicios , y adoptando este medio para juzgar el carácter de la revolución
de las Américas , es forzoso convenir que *no tuvo por objeto
el bien, ó lo que es lo mismo la libertad de aquellos Pueblos.*
Pasemos ya á la segunda qüestion , á saber, *si la felicidad pública se deberá buscar valiendonos de medios fixos , y
dictados por la razon , ó si es permitido adoptar los que conduzcan á conseguirla , sean los que fueren.* La primera ley , que
el Autor de la naturaleza impuso al hombre, es la de la propia conservacion, ó lo que es lo mismo la de su felicidad.
Por esta ley, superior á quantas pueden existir , todas las
sociedades tienen la facultad inamisible de variar la forma
de su gobierno, de elegir sus Gobernantes , y de deponerlos. Pero esta ley debe ser cumplida igualmente por las Naciones en cuerpo que por los individuos ; por los Governados todos que por los depositarios de la Soberanía. Ni admite excepcion alguna , ni jamas puede ser dispensada. Quanto en contra de ella pueda executar igualmente una Nacion
que un individuo , es ilegal , nulo , y violento. La ley pues
de la conveniencia debe ser siempre la base , en que estribe toda sociedad civil. Por esta razon los mismos Pueblos
no tienen facultad para hacer innovacion en su Gobierno,
quando en sus reformas no llevan por objeto principal la dicha general de un Estado. Si la libertad y la justicia no
son mas que meras palabras para los hombres, es evidente
que no habrá necesidad de circunscribirse á ninguna regla,
pero si una y otra no pueden dexar de estar sugetas á lo

que dicta la razon, ó lo que es lo mismo el interés individual; bien entendido, entónces es necesario confesar, que la pública felicidad no se debe buscar por los medios, que dicten el capricho, ú las pasiones, y sí por medios fixos y determinados por la razon.

Toda sociedad supone un contrato entre Gobernantes y Gobernados, y no puede haber contrato alguno válido, y subsistente sin obligaciones mútuas. La obediencia de parte de estos, y la execucion de las leyes, quales deben ser de parte de aquellos; subvenir los ciudadanos á todas las necesidades del Estado, y destinar el Príncipe con religiosidad estas subvenciones, hé aquí las relaciones, que existen entre el Gobernante y los Gobernados, y los deberes á que están precisados unos y otros; hé aquí lo que constituye toda la fuerza de un Estado, y de lo que depende su felicidad; hé aquí las reglas de que no pueden apartarse tanto los Gobiernos establecidos, como los que tratan de establecerse sin convertirse en despóticos. Aquella misma ley de conveniencia, tan superior á todas, que para que tenga entero cumplimiento, dicta establecer un Gobierno y una Autoridad Suprema sometida á ciertas condiciones, y que igualmente dicta mudar ó reformar este Gobierno y esta Autoridad quando no llenan tales condiciones, precisa tal vez con mas fuerte razon á que este Gobierno y esta Autoridad sean establos. Digo con mas fuerte razon, porque ménos desgraciados serán siempre los hombres baxo el Gobierno mas despótico que en estado de anarquía. Si los Pueblos solo por capricho, y sin ningun justo motivo pudiesen variar la forma de Gobierno, y deponer á sus Autoridades, serían aun mas infelices que viviendo baxo el despotismo mas duro. Sería aniquilar todo Gobierno hacerle depender de la inconstancia de los Pueblos. Sería imposible que el Estado pudiese tomar una consistencia fixa en medio de continuas revoluciones, y vayvenes, que si no lo hiciesen perecer, lo debilitarian precisandolo á cada paso á variar de plan. Toda persona pues ó todo Pueblo, que se levante contra el Soberano y aténte á su persona, ó á su autoridad se hace delinqüente del mayor crímen que puede cometer el hombre, porque ataca los primeros fundamentos de la dicha pública, en la que es comprendida la de todos los individuos. Pero hallándose siempre los Pueblos con derecho á resistir al mismo Príncipe, y deponerlo del exercicio de la Soberanía, quando esta abiertamente degenera en tiranía, ó quando manifiestamente contribuye á la ruína de la Patria, es necesario que, para que ni uno ni otro partido perezca víctima de uno de los dos extremos, haya una regla invariable y segura, que los dirija en tan árduo negocio. Por una parte es un deber de los ciudadanos sufrir las faltas soportables del Príncipe, y tener consideracion á la fragilidad humana; al empléo penoso y difícil que tiene que desempeñar; y á que sin él de ninguna manera podria verificarse la felicidad de la Nacion. Ademas en todas las sociedades se encuentran personas descontentas, y sediciosas, que pretenden hacer pasar por injusticias hasta las acciones mas inocentes del Gefe del Estado; en sus disposiciones no vén mas que los males, que producen, pero nunca los que evitan; el pueblo murmura casi siempre de los impuestos mas necesarios; muchos hombres ambiciosos, ó corrompidos, que procuran vivir en el ócio y en la molicie á costa de sus conciudadanos, hacen los esfuerzos posibles por desacreditar y trastornar el Gobierno, solo porque no tienen parte en él; en una palabra, si fuese posible leer el corazon del hombre, veriamos que cada uno de nosotros quisiera que las leyes, que ligan á nuestros conciudadanos, no se entendiesen con nosotros; todos propendemos con facilidad á arrancar del depósito soberano aquella porcion de libertad, que el hombre social debió sacrificar, y colocar allí para asegurar el resto. Por otra parte nada es mas comun que ver los Gobiernos abusar de su poder, y con el pretexto de la pública utilidad satisfacer sus caprichos y pasiones á costa de los sacrificios mas escandalosos de los ciudadanos. En tales circunstancias ¿quál es el deber, que la razon propone? ¿Quál es el medio que adoptarian todos los hombres si conociesen su dignidad y sus derechos? No hay otro justo, no hay otro legal que el de que la mayor y mas sana parte de la sociedad, ó sus apoderados sean los que resuelvan, y determinen toda reforma. Quanto se practíque sin este previo ó subsiguiente consenso no puede calificarse sino de faccion, violencia, ó injusticia. Pero aun quando se exija este consentimiento, si es con las armas en la mano, no puede ser

legal , ni libre ; no es sino el resultado de la fuerza , con
la que solo los tiranos , pueden adquirir sus derechos , y pretextando abolir ciertos abusos, decir que así recobran los Pueblos, su libertad. Los, Americanos levantados hasta ahora no
se valieron de otros medios , ni pueden presentar mejores
títulos. Un corto número de individuos de las Capitales levantadas dictó leyes á tres partes de poblacion de Indios,
á una tercera parte de Negros , y á una porcion aun muy
excesiva á ellos de Europeos , ¡y á pesar de un absurdo ta-
maño aun se pretenderá hacer su apología , porque digan,
como Napoleon decia , que van á dar la libertad á sus
conciudadanos !

Pero prescindamos de la esencialisima falta de verdera
Representacion , sin la que todo es violencia , y extorsion, medios los mas contrarios á la libertad , y supongamos que los
innovadores hayan obrado con plenos poderes de todos los
habitantes ; aun en este caso sería injusta del modo mas feo
su conducta. La ley natural exige que el hombre sea fiel á
lo que ofreció en sus obligaciones y contratos , y será tanto mas criminal el que falte á ellos , quanto mayor sea el
perjucio , que se siga al agraviado. La Península determina
resistirse al yugo vergonzoso que quiere imponerle el Gefe
inexôrable de la Francia , y ni un solo Pueblo del Nuevo
Mundo dexa de celebrar tan generosa resolucion. No hubo
uno solo , que no hubiese manifestado tan nobles sentimientos ; todos los individuos agotan sus discursos para buscar
voces , que puedan descubrir el interés , el entusiasmo , y
la parte que toman en su suerte y en sus trabajos. Todos
los Pueblos , todos los individuos se esfuerzan á dar socorros á sus hermanos de España , que impelidos solo de la virtud , y del heroismo arrostraban la muerte por no sufrir
una esclavitud , cuya ignominia , debiendo ser transcendental
á toda su familia, lo debia ser á los Americanos, que no podrian buscar otro orígen miéntras no se perdiese en la multitud de los siglos el recuerdo de la historia de América, y
el de la revolucion actual de España. No hubo una sola
Provincia de aquel Hemisferio , que no hubiese animado á
los Españoles á seguir en tan heroyca y penosa lucha, ase-
gurandoles que nada les faltaría que pudiesen ofrecer las
Américas ; que serian inseparables de la Metrópoli miéntras

hubiese un solo rincon en la Península, en donde se reconociese el Gobierno Español; finalmente que en el último apuro la América sería la Patria de los Españoles igualmente que la Península, y que, quando los reveses de la guerra les fuesen tan contrarios que no pudiesen resistir, allí se hallarian con quanto puede desear el hombre, reunida la familia que las necesidades y las circunstancias habian separado, de cuyo modo podrian todos ser aun mas felices que divididos. La justicia y la conveniencia general, que son inseparables, dictaban que así se obrase; mas esta oferta anunciada generalmente sin que se exigiese, porque el corazon del hombre no puede dexar de rebosar un sentimiento, quando es demasiado grande, y quando le ocupa demasiado, al mismo tiempo que inspira sensaciones las mas filantrópicas, y las mas tiernas, ¡qué obligaciones tan santas no recuerda!

Prescindamos de los vínculos, que ántes de la revolucion de la Península unian las Américas con aquella, y concedamos, como es evidente, que por el hecho solo de la cautividad del Monarca Español, y de toda su familia el pacto social de los Dominios Españoles hubiese quedado roto por el todo; pero en el momento en que los Americanos se enteran de lo ocurrido; en el momento en que aprueban la determinacion de la Metropoli; en el momento en que tan espontaneamente ofrecen socorrerla y permanecer unidos á ella, ¿en ese mismo momento no renuevan el pacto que ántes los reunía con la Península, ó, por mejor decir, no hacen uno nuevo y del modo mas fuerte que lo podian hacer? ¿Qué historia nos ofrece el exemplo de una Nacion, que lo haya establecido baxo condiciones mas expresas, mas espontaneas, mas justas, y mas obligatorias? Pero veamos mas por menor qué especie de contrato es este, quales las condiciones que envuelve, y si se observó, ó quienes faltaron á las obligaciones que imponia. En el hecho solo de haber las Américas reconocido voluntariamente al Gobierno de la Metrópoli, es indudable que renovaron el pacto que las unia con esta, ó que lo formaron de nuevo, esto es convinieron en ser miembros de una misma familia política, ó de componer una sola sociedad; *primer contrato.* Mas las reiteradas promesas, que, para estimular á los Españoles á defender su libertad, y la de todos los hombres, hiciéron entónces de

auxiliarlos en qualquier evento , envuelven otra obligacion del
todo diferente ; *segundo contrato.*

Por lo que mira *al primero* sus condiciones no podian ser
otras que las mismas que debian entenderse siempre en contratos de esta especie , ya sean expresas , ya sean tácitas , á
saber la de procurar los Gobernantes toda la felicidad posible á los Gobernados , y la de prestar estos obediencia , miéntras el Gobierno sea una Autoridad benéfica. El pacto comenzó pues en el momento de haber reconocido las Américas al nuevo Gobierno de la Metrópoli. Una vez renovado
libremente , la opresion , y vexaciones , que los Americanos
habian sufrido hasta entónces , no podian en adelante alegarse como un justo motivo para disolverlo. Demasiado ciertos
son los abusos de nuestro Gobierno con sus Colonias ; demasiado escandalosas fuéron en todos tiempos las arbitrariedades , y las injusticias cometidas en aquellos Dominios por los
Empleados en todos los ramos , y principalmente durante la
infeliz época de Godoy. La humanidad se estremecería , si se
pudiese escribir la historia de las calamidades ocasionadas por
el despotismo de los Vireyes , y de los Ministros de justicia , colocados en tan importantes destinos sin mas mérito
tal vez que haber coadyuvado á las torpezas de aquel detestable Favorito , ó quando mas el de haber logrado su proteccion. Todo Español juicioso hubiera entónces deseado que
los Americanos hubiesen sabido apreciar su dignidad de hombres
libres , sacudiendo el yugo de unos Reyes tan disipados , que
sin utilidad propia los abrumaban solo por condescender con
un Privado , que ninguna virtud ni prenda laudable poseía.
La causa de la libertad es de tal naturaleza que no solo interesa á los hombres del país en donde se disfruta , sino que
debe interesar á los hombres de los demas paises. Jamas una
Nacion libre puede dexar de ofrecer un asilo á los infelices
perseguidos por los enemigos de los virtuosos. Jamas hombres libres pueden ser los viles instrumentos del despotismo,
como lo son actualmente los Franceses del de su Opresor,
cuyos estragos tan vivamente afectan hoy á los Españoles.
Pero alegar ahora los Americanos , para justificar su levantamiento , las injusticias de entónces , es reclamar agravios de quien no los cometió. Es barrenar el contrato , que
tan solemnemente acababan de hacer , por faltas , que no ha-

bian cometido las Partes actualmente contratantes, Suponer
este un motivo justo para anularlo sería suponer que ningun contrato puede ser jamas válido, pues que semejante
causa, siempre que se quiera, se podrá alegar en quantos se hagan. Que el Gobierno Español no había dado motivo á los Americanos para una resolucion tan precipitada,
es pues evidente.

Por lo que respeta á la Junta Central seré el primero á
confesar, como ya tengo hecho, que no llenó sus deberes
con respecto á los Americanos, pero sus faltas todas fueron de omision, y no habiéndo los Americanos reclamado
contra ninguna no podia rescindirse el contrato sin faltar á
la justicia mas notoria. Hablando pues con rigor la Junta
Central no hizo injusticias á los Americanos, dexó de hacerles la justicia, que les correspondia; no se negó á administrarla, solo faltó en prevenir, que no tuviesen necesidad de reclamarla. No veo pues ninguna causa suficiente,
no digo para un rompimiento sin mas ni mas para separarse de la Metrópoli, pero ni aun para formar una queja
ántes de reclamar el reparo de sus agravios. El acreedor,
que apremiase á su deudor sin ninguna anterior reconven-
cion no obraría ni dignamente, ni como exige la caridad.
¿Con quánta ménos atencion y justicia obran los Pueblos,
que no tienen esta consideracion con su Gobierno? Por lo que
respeta á la Regencia ninguna queja pueden formar los Americanos, que sea anterior á su levantamiento, pues no llegaron á reconocerla, ni á recibir ninguna órden suya de que
pudiesen quejarse. ¿Quales son pues los motivos justos que
los Americanos podrán alegar para justificar su conducta á
la faz del mundo? Yo no veo otros que los de la fuerza,
mas aunque su ley es la que siempre rige entre los hombres, no por eso puede decirse que es la que debe regirlos.

El *segundo contrato* entre Americanos y Españoles es de
algun modo de una nueva especie. Es una alianza en que
aquellos se obligan de un modo explícito y el mas solemne á sostener á estos en la guerra contra la esclavitud. La
historia no ofrece, á mi entender, un exemplo de igual
alianza entre individuos de una misma Nacion; por este motivo digo que de algun modo es de una nueva especie. Los
sentimientos del patriotismo exâltado, y la voz de la justi-
G

cia, que es uniforme en los hombres de todos los paises, quando las pasiones callan, hicieron que todos los Americanos expresasen un mismo grito, como habia sucedido á los Españoles en su simultánea revolucion al ver los insultos, y la usurpacion mas abominable. Para dar mas fuerza, si era posible, al pacto social, y á la obligacion que existe entre los individuos de una misma Nacion, una parte, qual eran los Americanos, declaró ayudar en las calamidades públicas á la otra parte, los Españoles de la Península. Quando una Potencia sin causa anterior falta á otra, que se halla apurada, en un Tratado de socorros, comete una infamia de la mayor importancia; y dexa manchados por mucho tiempo su pundonor, y su reputacion. A pesar de lo freqüentes que son las injusticias, que las Naciones se hacen mútuamente, y de lo comun que es entre los que las gobiernan burlarse de los Tratados mas solemnes, y reducir su política á no obedecer, ni consultar otra ley que la de la conveniencia aislada, sin embargo, si no siempre cumplen los de esta especie, á lo ménos aparentan observarlos, tal es el rubor, que les causa el ser infieles á sus palabras en semejantes ocasiones. Los Americanos al levantarse en esta época, prescindiendo de toda otra obligacion que la que resultaba de este expreso contrato, faltaron del modo mas feo á una doble alianza formada por los vínculos mas sagrados; la mas generalmente aprobada, de que hay memoria, y la mas justa que jamas se conoció. El patriotismo y la razon con aplauso general, y con honor de la especie humana la habian formado en los dias de tranquilidad, y de entusiasmo por la virtud; las pasiones, y la irreflexion, á costa de sangre, y de horrores, la rompieron en los dias de agitacion y de venganza con vergüenza y dolor de los verdaderos amantes de la Patria, que solo lo son los que saben prescindir de resentimientos privados, quando es forzoso para atender á los riesgos públicos. En esta alianza los Americanos habian contraido una obligacion con todos los Españoles, y con cada uno en particular, mas bien que con el Gobierno. Hablo de la promesa que los primeros hicieron de auxiliar á los segundos en su empresa. En el momento en que aquellos se levantaron, se pusieron en la imposibilidad de dar cumplimiento á tan solemne oferta para cuya violacion ningun mo-

tivo justo podia alegarse, miéntras la Península mantuviese
su lucha. Una conducta tan poco generosa, y al mismo tiempo de tan forzosas y feas conseqüencias es otra prueba nada equívoca de la mala causa, que abrazaron los Americanos.

Entremos ya en el exâmen del tercer punto, á saber si
son ciertos los motivos alegados por los Americanos para justificar su determinacion, pues la justicia y la buena causa no
necesitan ni deben reposar sino sobre datos ciertos. El único motivo, que supusieron para lograr hacer la insurreccion,
apoya sobre un hecho notoriamente falso, y que descubre
su mala fé. Supusieron, que el Gobierno habia sido disuelto
quedando la Nacion en una anarquía completa, y que toda
la Península era dominada por los Franceses. Esta suposicion
era tan gratuita que no podia ser creida ni aun por sus
Autores. Los buques que llevaron las noticias con licencias
de Autoridades Españolas no podian haber salido de Puertos
de la Península ocupados ya por el Enemigo. Aun quando
en la América se presumiese que estos caerian en poder de
los Franceses, no era lo mismo que haber ya caido. Era
pues una suposicion de mala fé, y aun quando fuese de
buena fé de ninguna manera los autorizaba para levantarse.
En tal caso mejor hubiera sido haber hecho desde un principio la separacion de la Metrópoli, diciendo que los Españoles no podrian resistir un Enemigo tan fuerte y no esperar á una época en que la Península se hallaba en la
mayor afliccion. Una conducta tan poco generosa y tan injusta solo puede ser aprobada por personas corrompidas, que
prostituyen la razon á las pasiones mas mezquinas. Es pues
claro que ni aun groseramente pudieron los Facciosos haber padecido una equivocacion de esta naturaleza, que solo podia ser hija de la intríga, y de la mala fé, ó de la
seduccion de los Partidarios de Napoleon.

Otro motivo de los que despues de la insurreccion ale-
garon los Americanos para seguir en ella, y con el que sus
partidarios se persuaden triunfan completamente, es por no
habérseles concedido toda la Representacion Nacional que les
correspondia. Aquí se explayan con gran satisfaccion todos
los que aparentan defender los derechos de los Pueblos, el
bien de la humanidad, y la libertad de todos los hombres.

Un momento de reflexion nos convencerá que de ninguna manera los impelen estos deseos. Si el Gobierno de la Junta
Central hubiera sido tan sabio, y tan justo en todas sus
providencias, como lo fué en el Decreto relativo á determinar el número de Representantes que señaló tanto para la
Península como para la América, ciertamente serian infun-
dadas todas las quejas que de él quisiesemos formar, por
mas que los que predican en favor de la insurreccion de
las Américas nos digan que este Gobierno solo con palabras les concedia la libertad, que negaba con las obras.
¿Qué son, dicen, veintiquatro Representantes concedidos á
la América, que tiene doce millones de habitantes, quando á la
Metrópoli se le concede uno por cada cinqüenta mil á lo mas?
¿Es esta la igualdad, la independencia, y lo que le correspondia, siendo aquellos Dominios una parte integrante de la Nacion? ¿Quién ha tratado de dar á los Americanos la libertad
que merecen? Todo esto á primera vista parece que satisface, y que no puede ser anunciado sino por hombres llenos
de sentimientos filantrópicos, y amantes de la justicia; pero
entremos en exámen, y veremos quan débil es la fuerza de
sus raciocinios, quan equivocados los datos que suponen,
y quan delicada la resolucion que habia que tomar en esta
materia.

Si los clamores contra el Gobierno de la Central se re-
duxesen á manifestar su gran debilidad; á decir que no osó
disminuir el monstruoso poder de las antiguas Autoridades;
á que no estableció en América Gobiernos populares; á que
difirió la convocacion de las Cortes; á que en vez de extender la libertad de la imprenta practicada en parte por las
circunstancias de la Revolucion, nuevamente la coartó; á que
no trató de hacer una Constitucion interina, sin la qual
toda autoridad seria arbitraria; y por último á que por su
debilidad no aprestó el armamento, que se necesitaba para
salvar á la Nacion; serían demasiado justos y fundados. Pero no por eso se le deben atribuir injusticias que no cometió, ni defectos que solo pueden ser quando se decide sin
exámen, ó quando este es parcial. Las Américas, cuya poblacion se regula en quince millones escasos, tienen ocho
millones de Indios, quatro de Negros, y el resto de Criollos y Europeos. Los Indios y Negros se hallan en un es-

tado tal de incivilizacion, que seguramente se les puede contemplar incapaces de hacer buen uso del derecho de Representacion. Sin educacion, sin cultivo alguno de sus facultades intelectuales, y, lo que es aun mas, sin costumbres, quando ménos era muy dudoso si se les debería conceder desde luego la facultad de tener Representacion Nacional, que no podria servir sino para que todo el beneficio recayese en los Criollos, y Europeos, pues seguramente ni ellos harian la eleccion de Representantes de individuos de su clase, ni aun quando los eligiesen podrian sus luces utilizar á la Nacion. Seguramente los que aparentan amor á la libertad no tienen motivo de lamentarse de la falta de estos Representantes para que creamos sincéros sus votos. Por otra parte, aun quando á estas clases se les debiese conceder el derecho de Representacion, que, por lo que respeta á los Indios, hombres libres, y los verdaderos Naturales de aquel pais, siempre creeré que se les debe conceder, la resolucion de un acuerdo tan delicado no podia pertenecer á un Gobierno provisional, qual era la Junta. Por lo que respeta á los Negros, casi todos esclavos, concediendoseles este derecho, por el mismo acto se les sacaba del estado de esclavitud en perjuicio de sus dueños. Aunque creo que esta es obra del abuso mayor, que pudo inventar el hombre, sin embargo júzgo que no podria abolirse de este modo sin exponer las Américas á un trastórno, y sin dar motivo á una porcion de quejas justas de parte de los propietarios de esclavos, que hubieran dicho no se les respetaba una propiedad adquirida del modo que autorizaban las leyes, que no pueden tener un efecto retroactivo en perjuicio de tercero, como forzosamente lo causaría esta determinacion. Era necesario abolir la esclavitud no permitiendo que en lo sucesivo se hiciese el tráfico de esclavos, de cuyo modo á nadie se le hacia perjuicio. Ademas siendo todos los Negros de órigen extrangero, y no habiendo concedido jamas ninguna Nacion este derecho á los extrangeros, ni á sus hijos, exigir que el Gobierno Español lo concediese absolutamente á los Negros, alegando que obraba con mas despotismo y dureza que los demas es una parcialidad manifiesta, y despreciable. Por lo que respeta á los Criollos y Europeos la Junta Central no faltó á la justicia en la cantidad de Representacion que les asignó ; faltó solo en el modo , acordando, que la eleccion de Representantes fuese hecha por los Cabildos, y no por los Pueblos como en la Península. Los Européos por el decreto de la Central quedaban excluidos de ser elegidos en la América por no ser el lugar de su naturaleza , de lo que no podian quejarse, pues que lo mismo se prevenia con respecto á los Españoles de la Península. A los Criollos, que formaban la única clase capaz de hacer buen uso de este derecho , se les concedió por la Central el número no de veinte y quatro Representantes sino de veinte y siete , y no ascendiendo su número á millon y medio , correspondía su Representacion á la misma que se habia concedido á la Península á razon de un Representante por cada cinqüenta mil almas.

Por mas que otras Naciones del Continente se jacten de su ilustracion, y de su libertad, el Gobieroo Español fué el primero á romper la valla que separaba á las Colonias de sus Metrópolis manteniéndolas sin ninguna consideracion política. La Junta Central no solo se contenta con declarar que las suyas forman una parte integrante de la Nacion, sino que espontáneamente concede á todos los Naturales , que contempla en estado de capacidad, igual cantidad de Representacion que á los de la Metrópoli. ¡Y que haya descaro para preguntar *quién ha tratado de dar á los Americanos la libertad que merecen*! ¡Y porque la Junta Central no haya concedido derecho de Representacion á hombres que padecian todas las tachas, y aun otras mayores que en todos los Pueblos civilizados se consideraron como motivos suficientes para no concederla, será posible que se diga por varios Autores Ingleses, con el fin de promover la insurreccion de las Américas, *que se debe dar por otra Nacion á aquellos Naturales la libertad, pues que el Gobierno Español supersticioso y despótico no trata sino de tenerlos en la dependencia, y en la opresion*! ¡Y se podrá creer la buena fé de estos Autores Ingleses, que tan benéficos sentimientos aparentan , quando tanto se mortifican por los males agenos , al mismo tiempo que no cuidan de reparar los propios, que tan notorios son en su Representacion tan defectuosa en su cantidad y calidad! ¡Será posible que echen en cara al Gobierno Español un defecto aquellos mismos Ingleses que observan el mas

profundo silencio acerca de su monstruosa Representacion
apoyada únicamente en las ideas del feudalismo! ¡Y será
creible que tanto se incomoden por un defecto de esta naturaleza aquellos Escritores Ingleses, en cuya sociedad hay
poblacion de mas de ciento y veinte mil almas privada de
elegir Representante alguno, al mismo tiempo que otra poblacion de cinqüenta vecinos ó ménos nombra un Representante! ¡Se puede creer dictado por la justicia este lenguage en boca de aquellos mismos Ingleses, cuya Constitucion,
á pesar de su tolerancia religiosa, excluye de toda Representacion pasiva á casi una quarta parte de sus Naturales,
solo porque son católicos! ¡Y sobre todo no es ridículo que
hablen de este modo aquellos mismos Ingleses, que perdie-
ron sus grandes Colonias por no haber querido conceder este derecho á los Naturales de ellas, á pesar de ser estos
tan ilustrados como ellos mismos, á pesar de tener un mismo orígen, y una misma religion, y que en el dia tampoco la conceden á las Colonias que están baxo su Gobierno! Tal es siempre el hombre, quando no es conducido por
la justicia y por la razon.

Pero supongamos ahora que los Americanos se hallasen
provistos con poderes suficientes de todos sus conciudadanos
para tomar el partido que abrazaron; supongamos que el
Gobierno de la Metrópoli les hubiese dado sobrados motivos para separarse de su union; y supongamos por último
que despues de haber ántes buscado los medios posibles de
reconciliacion para hacerle entrar en un partido justo, no
lo hubiesen podido conseguir, y que llegado este caso fué
quando trataron de hacerse independientes para cumplir con
aquella gran ley de la naturaleza, de que nadie debe prescindir, y que á todos los seres inspira buscar siempre su
mejor estar. Aun suponiendo todo esto, ¡podrán los amantes
de la libertad gloriarse de las operaciones de los innovadores Americanos! Seamos justos, y seamos consiguientes con
nuestros mismos principios. Atacar al déspota y no al despotismo es dexar subsistir la raiz del mal; es querer á costa de sacrificios muy costosos abolir el despotismo baxo de
una forma para consolidarlo baxo de otra tal vez mas funesta. El amante de la genuina libertad no tiene motivos
para gloriarse de la conducta de los Americanos, quienes

hasta ahora ningun paso dieron hácia su libertad. No nos engañemos; para ser libres no basta derribar el déspota que nos oprimia; es necesario derrotar el mismo despotismo; pero cimentar las nuevas reformas por actos, que lo constituyen, es el medio mas opuesto al intento. No nos dexemos seducir de una imaginacion acalorada por los sentimientos mismos de libertad y de justicia contra los horrores cometidos por los actuales déspotas, creyéndolos los únicos hombres capaces de cometerlos. Convenzamonos ya que todos los hombres son déspotas, quando lo pueden ser impunemente. La conducta de los Americanos hasta el presente no fué otra, que atacar déspotas á déspotas. Esa misma Francia, cuya revolucion debe ser una escuela para nosotros, si queremos acertar á dirigir diferentemente la nuestra, debe hacernos palpar esta triste verdad. No tuviera hoy que llorar su suerte, si de antemano estubiese convencida que nada adelantaba con evitar la arbitrariedad del Directorio Executivo, si ántes no limitaba y circunscribia las facultades del nuevo Géfe, que se queria poner al frente del Gobierno. Este suceso nos enseña quanto debemos desconfiar de aquellas personas, á quienes ciegamente se entregan las riendas del Gobierno. Nos hace ver que el remedio no debe buscarse en la calidad del Gobernante, sino en la calidad del Gobierno. Debe convencernos de quan peligroso suele ser echar mano para el mándo político de personas osadas, astutas, y de gran reputacion militar, cuya educacion nunca fué otra que ó obedecer ciegamente, ó mandar sin mas regla que su capricho. Por último debe hacernos ver quan fácil es que hombres de estas calidades, buscados de intento para ser los defensores de la Patria, se conviertan en Señores de ella. Caracas sobre todo, á quien tanto pueden convenir estas reflexiones, no debe echar en olvido ninguna, y que, aunque en la actualidad progresen, puede que algun dia se arrepientan, no conociendo, sino para llorarlo, que es muy comun que semejantes aventureros sean los únicos que lleven todo el fruto de una revolucion costosa, convirtiéndose en opresores los que poco ántes pretextaban defender la libertad.

CAPITULO IV.

VOTOS QUE TODO ESPAÑOL SENSATO DEBERIA
hacer á los Americanos.

Abandonémos ya el lenguage severo de la justicia, que, no pudiendo dexar de presentar á todos sus deberes., y sus faltas, gusta á pocos, y es raro el que tiene valor para darle oidos, y mas raro aun el que tiene sinceridad para confesarlo. Prescindamos ya de todo contrato y obligaciones, materia árida, y desconocida para la multitud del Pueblo, que jamas entenderá su idioma por mas claro que sea presentado. Reclamemos solo aquellas leyes que no puede desconocer ninguna persona dotada de razon., el honor, la generosidad, y el amor propio, cuyo lenguage sentimental es entendido de la multitud, y á ninguno incomoda.

Quando un ciudadano, que injustamente fué vexado, y oprimido por el Gobierno, resuelve abandonar su Patria, si á esta en aquel momento la invade un Enemigo poderoso, al que no puede resistir sin el auxilio de esté individuo, á quien llama entónces á su socorro, ¿ podrá abandonarla en tal situacion? ¡Si conoce el honor, si tiene algun rasgo de generosidad, si posée alguna virtud patriótica, dudará por un momento olvidar sus resentimientos para volar á prestarle sus socorros! A los ojos de todos, los que conocen á lo que obligan los sagrados deberes de *Patria*, ¿ no pasaría por un verdadero desertor, y por un hombre indigno ? ¡ Qué persona sensible dexará de admirar, y de apreciar al virtuoso Temístocles pronto á tragar un veneno por evitar la dura alternativa de no ser ingrato á su bienhechor, reúsando el mándo de General de sus exércitos, ó de tener que combatir contra una Patria injusta, que acababa de arrojarlo de su seno sin mas causa que la de ser virtuoso y sabio! ¡Y Caracas, y Buenos-Ayres tendrán tan poca virtud, que léjos de imitar este heroismo, qualesquiera que pudiesen ser los motivos de sus quejas, abandonáran su Patria para convertirse en sus mayores enemigos quando aquella lucha por defender la causa de todos los hombres! Quando estos dos Pueblos hubiesen expuesto francamente sus quejas; quando estas

H

hubiesen sido malamente desatendidas ; quando por último la
justicia los autorizase ya para establecer su independencia ;
aun en este caso la generosidad ¡ no exigia que suspendie-
sen el hacerlo, y aguardar á que la Madre Patria se hallase libre de un Enemigo el mas temible, que pueden tener
los amantes de la libertad ! ¡ La verdadera política, la virtud, y la razon podrán jamas dictar que la conducta de
Pueblos, que quieren ser libres, se conforme con las operaciones mismas que medita un tirano para esclavizar estos
Pueblos ! Aun suponiendo que la justicia estuviese de parte
de los Americanos, y aun quando sus verdaderos intereses
fuesen incompatibles con la union de la España, separarse
de ella en semejantes circunstancias ¡ no sería una conducta
igual á la de aquel que al ver naufragar á su enemigo en
vez de darle el auxilio que le reclama, recordando solo resentimientos y venganza, le clavase un puñal! ¡ Y será posible que una conducta tan baxa y abominable sea practicada por individuos, que se glorían de traer su orígen de
aquel infeliz naufrago ; que por ingratos que sean no pueden dexar de reconocer que le deben quanto disfrutan ; y
por último que profesan su misma religion reducida á hacer
todo el bien posible á su semejante sin exceptuar al mayor
enemigo, quando aun entre las Naciones bárbaras dexa de
ser considerado como tal el que se halla en un conflicto, y
clama por auxilio! El Político podrá hallar sofismas para
abultar motivos de conveniencia, pero el hombre filantrópi-
co no puede ménos de horrorizarse al considerar estas circunstancias. El ratero intrigante podrá aprobar una determinacion tal; pero el hombre generoso, una alma grande no
puede ménos de detestar tan baxos sentimientos.

Sobre todo, Americanos, os dicen vuestros hermanos los
de España: ¿qué es lo que pretendeis? ¿Nada mas deseais
que ser libres? Esos mismos son nuestros votos. ¿Deseais serlo pero separados de nosotros, y sin tomar parte en la causa de la libertad de una Nacion, á quien tanto debeis, y
á la que todas, las que no sean esclavas, deben auxiliar por
conveniencia y por justicia? No lo creemos por mas que os
haya impulsado á decir otra cosa un momento de irreflexion,
y de acaloramiento contra unos hombres que no tuvieron
mas culpa en vuestros males que haber sufrido silenciosa-

mente otros tan graves. Olvidemos todo lo pasado ; un nuevo órden de cosas con precision debe variar todo nuestro
sistema. Olvidemos para siempre un lenguage que nos ofen-
da ; adoptemos el mas conforme al interes de todos, que no
puede dexar de ser el de la razon, y todas nuestras operaciones sean únicamente aquellas, que no pueden dexar de
merecer la aprobacion general, pues que esta es la marca
de las que son dictadas por la justicia. La fraternidad y la
concordia á nadie pueden venir mal. Abracemos pues el partido de una sincéra reconciliacion, por cuyo medio deben
calmarse quantas disensiones puedan ocurrir en una familia
virtuosa, y cubierta de afliccion, á la qual por lo mismo
debe convenirle estar mas reúnida que nunca. No os dexeis
seducir por aquellos, que, interesados en la ruina de todos nosotros, y para dominarnos, ó para sacar el partido
que nos quieran dictar, haciendo nuestra situacion mas
precaria, solo os presentan los agravios, é injusticias, que
os hizo nuestro anterior Gobierno ; solo os hablan de felicidades
imaginarias, que os resultarian de nuestra desunion, y baxo el
hermoso velo de libertad aprueban toda vuestra conducta, y
olvidan recordaros vuestras obligaciones, y advertiros los
horrores que en un momento de extravío os hicieron cometer vuestras pasiones. El verdadero amigo del bien es el
que solo se irrita contra el mal ; es el que ataca la injusticia en donde quiera que la vea ; pero, el que solo es severo para un partido, é indulgente para otro, ese obra por
espíritu de parcialidad ; ese aunque diga la verdad, la dice disfrazada, ó solo la parte de ella, que le acomoda decir ; ese aunque aparente amar vuestra libertad, ama solo
nuestra separacion, porque cree ver en ella su interés mal
entendido.

Americanos: ¡ sereis tan poco generosos que despues de
haber sufrido por espacio de trescientos años todos los males, con que os quiso abrumar el despotismo, sin resultar-
nos de vuestra tranquilidad otra ventaja que hacer mayor
el orgullo de nuestros Reyes, y mas implacable para con
nosotros la enemistad de las demas Naciones, trateis de se-
pararos de nosotros en la única ocasion, en que todos debiamos trabajar unidos para conseguir nuestra libertad! ¡ En el
momento en que ibais á ser Nacion con nosotros ; en el mo-

mento en que el Gobierno espontaneamente os habia concedido ya derechos, que ninguna Nacion recobró jamas sin derramar mucha sangre; en el momento en que habiais ofrecido permanecer reunidos para llevar al cabo la empresa mas gloriosa, que los hombres vieron; en el momento, en que todos ibamos á gozar por primera vez del privilegio de hombres libres, y á formar el Imperio mas poderoso del Globo; en el momento en que para lograr todos estos grandes objetos nada mas necesitabamos que trabajar de concierto; en ese mismo momento os separareis de nosotros, para que divididos, y sin fuerza seamos todos presa de uno ó de muchos tiranos! ¡Ninguna consideracion tendrá para vosotros el ser deudores de esa Patria, que disfrutais, á aquellos mismos Españoles, cuyos nietos están ahora en la Península derramando su sangre por conseguir la libertad, que no podrán obtener sin vuestro auxilio! ¡Tan poca generosidad será la vuestra que nos abandoneis en situacion tan deplorable, quando sin nuestra lucha no hubierais evitado las cadenas, con que os hubiera aherrojado infaliblemente el astuto Opresor de la Europa, ántes que hubieseis tenido noticia de nuestra subyugacion, si vilmente hubieramos asentido á ella, y las quales no hubierais entónces roto sin grandes dificultades? Nosotros no os queremos esclavos; os queremos libres; os queremos iguales á nosotros; queremos que tengais igual interés en ser libres y permanecer unidos, porque sabemos que los vínculos, que estrechan á los Pueblos, solo son fuertes y seguros, quando el interés de formar una sola sociedad es igualmente recíproco á todos. No son tiranos los que os hablan, para que podais desconfiar de sus promesas; son vuestros hermanos: son vuestros mismos compañeros de fortuna, cuyas desgracias no podeis desatender sin mancillar vuestra reputacion.

Por último, Americanos, olvidad, si es posible, vuestros deberes, y desconoced todo germen de virtudes, pero exâminad sin prevencion lo que dicta vuestro interés, y vuestra conveniencia, aquel único móvil, de que jamas puede desentenderse ningun hombre, una vez lo llegue á conocer, y estamos seguros que no vacilareis en permanecer unidos á nosotros, y en hacer sacrificios para sostener nuestra terrible lucha. Sin dexaros arrastrar de persuasiones de personas

seductoras , y sin haceros víctimas de errores de personas
necias , que sin mas fundamento que sus dichos , quieren aun
conservar el sistema opresor de monopolio , que despues de
tres siglos causa la infelicidad de todos , pesad las razones,
que se os van á presentar en el resto de esta obra , y estamos seguros que palpareis la causa de vuestros males , la
misma que de los nuestros , y que al mismo tiempo descu-
brireis el medio de repararlos , y el convencimiento de que
es conveniente á todos formar una sola sociedad. Los intereses de todos los hombres del mismo modo que los intereses de todas las Naciones no solo no están en oposicion, sino, que no pueden ménos de estar en armonía , y en una dependencia mútua. El hombre , cuya vista corta no alcanza á
percibir los medios de esta armonía , de esta trabazon , y
de esta dependencia , que existe en las sociedades igualmente
que entre todos los seres fisicos , es el único que de buena
fe negará esta verdad eterna , porque es desconocida á su
débil prevision. Pero el hombre que conozca el modo de
proporcionar esta armonía , y esta trabazon ; el hombre, que
á lo ménos está convencido de esta verdad indicada por la
naturaleza misma , que formó del Globo entero una sola cadena de seres animados é inanimados , que no podrian dexar de estar en contacto recíproco sin que quedasen en un
estado de disolucion inerte , y perjudicial á todos , no puede ménos de buscar igualmente la felicidad de las sociedades en su misma extension , procurando que la cadena de sus
individuos , de sus intereses , y de sus felicidades no sea interrumpida por las trabas y obstáculos insuperables de comunicacion , que continuamente tratan de ponerse todas las diferentes sociedades , y que tratarán de ponerse , miéntras el
orgullo , la envidia y los zelos sean el patrimonio de los
hombres. A la manera que solo en sociedades corrompidas un
padre de familia podrá creer que es una desdicha tener una
prole numerosa , porque le es dificil soportar los gastos de
una educacion luxosa , ó porque no es capaz de atender por
sí á los cuidados que aquella exige , aumentandose estos en
su concepto en la misma proporcion que se aumenta el número
de hijos , porque desprecia consultar su razon , y lo que la naturaleza indica , que es hacer la felicidad de los unos con
la felicidad de los otros ; del mismo modo el Político mio-

pe , que pretende gobernar cada Pueblo con leyes diferentes, y que no conoce que la felicidad general depende de la trabazon de todos los ciudadanos y de sus intereses , aumentando todo lo posible su cadena, cree un mal la formacion de grandes sociedades , pero su opinion no es ménos absurda , ni de diferente naturaleza que la de aquel padre ignorante.

Antes de hacer ver los males , que produxo á la prosperidad de la España y de las Américas el sistema errado de economía , y ántes de presentar los medios de reconciliacion y de prosperidad comun á los dos paises , que mas bien se puede llamar *Sistema de Economía para todas las Naciones,* haré una breve exposicion del resultado que se seguirá de la union , ó desunion de las Américas, y de la Península.

CAPITULO V.

RESULTADOS DE LA UNION, Ó DE LA SEPARACION de las Américas.

Si consultamos la historia de los Gobiernos hallarémos que las inconseqüencias , y contradicciones de su conducta vacilante son tan freqüentes como las de los individuos , y que no tienen otro orígen que haberse desconocido los principios de justicia y de verdad , siempre uniformes , y consiguientes. Hallarémos tambien que estas inconseqüencias causaron siempre los mas perniciosos efectos en los intereses de las sociedades. Sus resultados forzosos , aunque en un principio aparezcan otros , son disminuir el patriotismo, disponer á los Pueblos á todas las vicisitudes , promover el ódio y la desconfianza de los ciudadanos hácia sus Gobernantes , y por último obligarlos á adoptar hoy una forma de Gobierno , y mañana otra , preparandolos de este modo á la sumision unas veces , otras al extremo opuesto , esto es á la anarquía , y despues de muchos sacrificios rara vez á la libertad. Los hombres públicos son entónces la clase mas inmoral de la sociedad , y no se avergüenzan de creer que la virtud , la justicia , y los deberes de unas Naciones para con otras no son mas que puros nombres, y que todo lo que no sea un sórdido interés de conquista, de comercio, ó de mándo es ridículo y despreciable. Los Americanos sufrieron por espacio de trescientos años la opresion de un Gobierno tan inepto como arbitrario, sin pensar jamas en separarse de la Metrópoli para salir de aquel estado miserable, á pesar del exemplo que les ofrecian las Colonias Inglesas. Toda reforma, que entonces hubiesen intentado, no podia ménos de ser dictada por la razon, y la conveniencia general, motivos que hubieran contribuido en gran manera á facilitar su empresa. Sobrevienen los sucesos actuales de la Península, que la conducen á tratar de recobrar su libertad, y la de la América. La determinacion parece, y es tan justa, que merece la aprobacion de todos aquellos Pueblos, y es la vez primera que el interés general reúne las opiniones, y los sentimientos de hombres mas divididos, y separados por las injusticias, que sufrian, que por la distancia de los lugares, en que residian. Nada tenia de extraño que en aquella época, sin Monarca, ni otra Autoridad alguna reconocida en toda la Nacion, los Americanos hubiesen tratado de hacerse independientes. Se establece despues una Autoridad Soberana de todos los Dominios Españoles, y es reconocida tranquilamente en todas partes; se declara la igualdad de derechos á los Americanos; se les concede la facultad de enviar Representantes al Congreso Nacional, que debe reúnirse á formar la Constitucion, que asegure los derechos despreciados de aquellos Pueblos; se aproximaba ya la época, en que se iba á dar principio á tamaña obra; la conveniencia, y la justicia dictaban entónces que Americanos y Españoles se estrechasen mas que nunca, pues que era la vez primera que trabajaban de acuerdo para conseguir lo que á todos convenia. Mas en ésta misma época, por una de aquellas inconseqüencias, que tan comunes son á las Naciones, es quando las Américas forman su levantamiento, y tratan de separarse de la Metrópoli.

Era de esperar que la Constitucion se hubiese formado tranquilamente, pues que el Rey se hallaba ausente, y las demas personas interesadas en oponerse á las reformas, que desease hacer la Nacion, no tendrian bastante poder faltándoles aquel apoyo. Aunque los Españoles no consultasen mas que á su conveniencia, y prescindiesen de todos los vínculos de amistad, y de justicia, que los unían con los Americanos, tenian un interés igual al de estos en que la América quedase libre, y les ofreciese una Patria, en donde pudiesen ser felices, en caso que la Península fuese sojuzgada. Los temores mismos que los Españoles podian tener que esto se verificase, y la necesidad en que se hallaban de pedir socorros á los Americanos para llevar adelante la lucha, que tanto les interesaba, eran otros tantos motivos para hacer desaparecer qualesquiera recelos, que estos pudiesen tener de la conducta de aquellos. Todo esto debia infundir en los Americanos esperanzas muy lisongeras, y estrecharlos cada vez mas con los Españoles, cuya revolucion hacía apresurarse el periódo de la libertad de la America, permaneciendo sosegada. Su desunion ofrece un resultado muy triste, porque quando menos aleja tan bellas perspectivas, cuyo fruto, aun quando se logre por medio de la separacion, no puede dexar de ser mas tardo, mas costoso, ménos digno, y ménos completo. Los Americanos con permanecer expectadores tranquilos, y sin que tubiesen que hacer por su parte ningun sacrificio, iban á lograr por un accidente feliz, y bien raro, las reformas que podian apetecer. Pero seducidos ó por los agentes de Napoleon, ó mas bien por falta de prevision, se separan inoportunamente de la Madre Patria para abrazar un partido, cuyos primeros efectos son una prueba demasiado clara de los resultados infaustos, que nos debemos prometer de su determinacion.

La felicidad de una Nacion puede peligrar ó por la invasion de un Enemigo exterior, ó por un mal Gobierno. Al primer riesgo se hallan expuestos todos los pequeños Estados. Las mas sábias leyes, y las mas severas virtudes no son suficientes las mas de las veces á precaverlos de las injusticias y de las usurpaciones de un vecino poderoso, si en su favor no pueden reclamar el auxilio de otro igualmente fuerte. Es lo que constantemente sucede, y lo que constantemente sucederá. Por desgracia de la humanidad demasiado sabido es que la riqueza en el individuo, la fuerza y el poder en una Nacion, es á lo que aspiran los hombres, y los Gobiernos de todos los tiempos, y de todos los paises, y á lo que dan mayor consideracion. De aquí es que aquellos suspiran siempre por ser mas ricos; estos ambicionan, y trabajan incesantemente en extender sus posesiones. La ley de la propia seguridad, y conveniencia, de cuyos principios no puede apartarse ninguna sociedad sin faltar á sus intereses, y obligacion, es la que inspira la idea de conservar toda su grandeza, y el deseo aun de aumentarla. El amor y el deber, que tiene todo hombre de buscar esta misma conveniencia, puede alguna vez inspirar á una parte de la sociedad el deseo de separarse del resto, y tratar de formar una nueva sociedad, lo que será justo, siempre que sus individuos no la puedan disfrutar reunidos á causa de un Gobierno despótico. Este motivo es el que justifica la conducta de aquellos Pueblos, que, viendo sus quejas desatendidas, tratan de sacudir el yugo, que los regia, y formar otro gobierno distinto. Mejoraron su situacion, pues obraron con justicia y con acierto. Sin embargo aquella misma mejora de ninguna manera puede considerarse como tal con respecto á los enemigos exteriores; solo puede considerarse útil con respecto á la libertad interior. Quiero decir, con un mismo Gobierno unidos ó separados, no hay duda que las ventajas todas estarian en favor de la union. El poder, y la fuerza con precision serían mas grandes; de consiguiente mas segura estaría la sociedad de los ataques de un enemigo exterior, ó ménos motivos tendria para temerlo. Su tranquilidad ménos veces sería turbada, porque menor sería el número de sus enemigos exteriores, pues que un Estado cuenta el número de estos por el número de las demas Naciones. Su mismo poder y su fuerza serian tambien ménos costosos á los ciudadanos, porque mayor sería el número de contribuyentes á formarla, no pudiendo ninguna Nacion contentarse con tener una fuerza á su arbitrio para estar segura sino á proporcion de la que tengan los Estados vecinos. Las Naciones no solo lisongean su orgullo en ser grandes; tienen una verdadera conveniencia en serlo si no abusan de su poder. Es pues evidente, que, por lo que mira á todas estas consideraciones, los Americanos tienen desventajas en haberse separado de la España. Veamos quales puedan calcularse que sean estas desventajas.

Supongamos por un momento, de lo que estoy muy léjos, que todos los Dominios de la América Española se reú-

nan amistosamente , y convengan en formar un solo Imperio , de cuyo modo es como podrán ser mas fuertes para
resistir los ataques de un enemigo exterior. Su población,
según el cómputo que se cree mas exâcto , apenas llega á
quince millones ; de los que tres escasos componen la tota-
lidad de Europeos y Criollos , el resto lo forman Indios , y
Negros , es decir gente sin educacion , sin virtudes y sin
cultura , de consiguiente poco apta para la agricultura , y
para las artes , y aun ménos para la guerra. Convendré en
que un Gobierno libre contribuirá á que se aumente pronto la poblacion , y á que las luces se fomenten rápidamente. Sin embargo deberán pasar muchos años ántes que en
estos ramos pueda estar el nuevo Imperio al nivel de la Francia , para que pueda resistir los ataques que esta intentase hacerle. Deberán pasar muchas centurias ántes que se halle en estado de competir con la Europa , ni evitar las usurpaciones que esta le quiera hacer , y que seguramente in-
tentará. La América es poseedora de producciones muy ricas ; es casi el único país del Mundo , que disfruta exclusivamente las que siempre fueron mas codiciadas de los Pueblos civilizados. Estas calidades demasiado conocidas la ponen en situacion de tener siempre por enemigos á todas
las Naciones de la Europa , miéntras esta sea mas fuerte , y
mas poblada , miéntras no desconozca las necesidades , que
hoy conoce , y miéntras aquella posea con mas abundancia el oro , y la plata. Es decir la América no está en disposicion de aspirar hoy á ser libre por sí. Es necesario que,
si trata de serlo , lo sea incorporada á una Potencia Euro-
péa de las de primer órden. Su conservacion política , su
tranquilidad , y su interés así lo exigen. Sus mismas riquezas no servirán para libertarla de enemigos sino ántes bien
para excitarle muchos , y para inspirar tentaciones mas fuertes á los que siempre las hallan en donde hay oro , y plata.
Es un niño cargado de joyas , á quien no se le puede abandonar sin riesgo de ser robado ; será infaliblemente presa del
primer aventurero ; dará fuertes tentaciones al hombre aun
de mas probidad. España por su localidad es el antemural,
que con un buen Gobierno podrá contener facilmente toda
invasion contra el Nuevo Mundo. Por la abundancia de azo-
gues y fierros , artículos de que tanto necesita la América,

aun prescindiendo de otros vínculos, es la Nacion Europea, cuya union mas debe interesar á aquella Parte del Mundo. Atendidas todas estas consideraciones es evidente, que la América, en vez de ganar lo que se figuran muchos, pierde conocidamente mucho en separarse de la España, pues que unida á esta con un Gobierno igualmente justo sería una Potencia mas fuerte, mas rica, y con ménos enemigos.

Si consideramos la felicidad futura de la América por lo que mira á conseguir su libertad interior, y establecer un Gobierno que asegure esta, creo que su separacion de la Madre Patria no le es favorable, y todas las congeturas ofrecen un resultado melancolico. La Nacion iba á formar la Constitucion; Representantes Americanos debian asistir al Congreso Soberano. La España no puede salvarse sin una Constitucion muy libre, ó, lo que es lo mismo, muy justa. Habia motivos muy fundados para esperar que la hiciese así; atendidos los principios, que ya se habian adoptado. Los Americanos, por la distancia del Enemigo, y por la imposibilidad en que este se halla de incomodarlos, iban á disfrutar desde luego el fruto de ella, y á verse libres de la opresion, que habia impedido su prosperidad. Por algun accidente imprevisto no se formaba una Constitucion, tal qual conviniese á los Americanos, entónces estos se hallaban en el caso de deber separarse de los Españoles. La ocasion no podia escaparseles, ni podia haber un fundamento para recelar de que el Gobierno Español pudiese entregar las Americas á Napoleon, como falsamente se quiso suponer por algunos para justificar la insurreccion de las Provincias levantadas. No esperar los Americanos el que llegase la época de reunirse el Congreso Nacional era alargar el periódo de su libertad, pues, como la experiencia tristemente lo acredita, no era posible que se separasen de los Españoles sin sufrir todos los horrores de una guerra civil, tanto mas temible, quanto era mayor y mas inveterado el ódio, que reyna entre las diferentes razas de sus habitantes. Esta misma heterogeneidad de individuos, mayor que en ninguna otra parte del Globo, contribuye en gran manera á hacer mas obscuros sus derechos, mas dificiles sus transacciones, mas encarnizada la guerra civil, y mas dificultosa la reconciliacion, y establecimiento de un Gobierno sólido. Si la opo-

sicion de las clases es la que en los países mas civilizados
hace malograrse las mas de las revoluciones, y sobre todo
quando se pretende formar un grande Imperio, es muy pro-
bable que en la América Española, en donde aquella es tan
marcada, y la extension de terreno y la despoblacion tan
formidables, sea poco ménos que imposible se pueda formar
un Estado ni aun de los de tercer órden de la Europa. El
ódio implacable entre todas las clases, nacido de un sistema
arbitrario, que los hacia á todos ó opresores, ó oprimidos;
la ambicion y los resentimientos de los innovadores; los
agravios, que con precision se cometerán; y una multitud
de víctimas inocentes; serán otros tantos manantiales del fue-
go de la discordia, que dará pábulo á sus guerras civiles, y
otros tantos obstáculos, que imposibilitarán que se reconsti-
tuyan, sin que se verifique la desolacion de un país tan
despoblado, y de tan pocas luces, cuya falta caracteriza
todas sus determinaciones. Una prueba de esta asercion se
vé en los sucesos ocurridos. Aun los que parece deberian
tener mas instruccion, se distinguieron asesinando, aun sin
oir, á los que no tenian otro delito, que no haber reconocido las nuevas Autoridades, como si todo hombre no fuese
dueño de someterse ó no á un Gobierno nuevamente establecido, y de entrar ó no en un pacto social recientemente formado. Su ignorancia es tal, que no conocen que á
nadie se le puede obligar por la fuerza á admitir un contrato, sea el que sea, y que, aunque un solo individuo haga armas para no reconocer un Gobierno, no comete un
crímen, aunque cometa un acto de hostilidad, el que jamas
puede autorizar para imponer la pena de muerte á su autor, á quien solo personas ignorantes ó sanguinarias dexarán de considerar como un prisionero de guerra.

Estas consideraciones, y otras infinitas, á que dan lugar
la conducta de Napoleon, y el resentimiento, que por muchos años conservarán los Españoles, dán suficientes fundamentos para congeturas muy tristes, y para prever que sus
guerras civiles serán muy obstinadas, y sangrientas. Los Anglo-
Americanos á pesar de tener en su auxilio el favor de la
Francia, y de la España; á pesar de no conocer las infinitas razas que existen entre los Americanos Españoles; y á
pesar de hallarse mucho mas reconcentrados, y mucho mas

ilustrados, tuvieron que sufrir por nueve años una guerra cruel, ántes que hubiesen pcdido asegurar su libertad. Los Americanos Españoles seguramente no podrán reconstituirse en mucho tiempo, á ménos que enmienden sus errores haciendo en union con la Metrópoli una Constitucion, que nunca podrá ser buena ó mala para los unos sin serlo para todos. Jamas la sana filosofía podrá dictar, que lo que es injusto pueda convenir á una Nacion, ni á un individuo. Toda persona imparcial, y que no sea dirigida por un espiritu de partido debe confesar que la América con un paso tan imprudente se atraerá infaliblemente males incalculables, y que su insurreccion no puede ménos de haber alargado el período de su libertad. Qualquiera persona, que exâmine el asunto con la serenidad que merece, confesará que, en igual grado de probabilidad de conseguir su libertad los Americanos, unidos ó separados de la Metrópoli, todos van á perder en que se consiga por medio de la separacion. Los Españoles para quedar libres y resistir su invasion, tendrán que hacer los mayores sacrificios, y aun así se verán exhaustos de medios. Los Americanos tendrán que sufrir una guerra civil; tendrán que hacer los crecidisimos gastos extraordinarios, que con precision exige el establecimiento de Gobiernos nuevos; y tendrán que levantar desde ahora exércitos muy desproporcionados á su poblacion, si es que han de ser suficientes para afianzar su nueva, y no consolidada Autoridad, con lo que acabarán de arruinar su agricultura é industria tan atrasadas. El interés de todos es uno mismo. Establecer una Constitucion, que asegure la libertad civil de unos y otros, y por la que iguales derechos de propiedad disfruten Americanos y Españoles; establecer un sistema de comercio y de administracion el mas libre, y el ménos dispendioso posible; y abolir las principales causas, que impidieron hasta ahora los progresos de la prosperidad Nacional; hé aquí lo que conviene á todos, y lo que, si se exâmina desprevenidamente, se verá que no está en contradiccion.

Como el objeto de mi Obra no es otro que la reconciliacion de Americanos y Españoles, y como para conseguirla el único medio es hacer ver que sus intereses no están en oposicion, me ceñiré á hablar solo de las causas, que contribúyeron á dividirlos; ó por mejor decir del sistema que los puso en contradiccion; y que por un efecto forzoso produxo la ruina de todos. No me detendré á examinar los males causados por un Gobierno arbitrario, y por unas Instituciones viciadas en su origen, y en su curso, porque sus efectos son conocidos de todos, para que dexen de enmendárse por falta de conocerse. Hablaré solo de aquellas causas, que las personas aun de mas probidad y luces no conocen tan comunmente, esto es, de aquel sistema restrictivó, por el que, para conservar las Américas baxo nuestro Dominio, se monopolizó la agricultura, comercio, é industria de tan ricas Posesiones, cuyo descubrimiento, y conquista por este motivo, en vez de enriquecer, no sirvió sino para empobrecer y deteriorar la Península. Aunque mis ideas fuesen equivocadas, el asunto es demasiado interesante, para que no merezcan un exámen muy detenido de parte de los Padres de la Patria, quando tratan de abolir los males que la afligen. Aunque mis opiniones aparezcan á primera vista extrañas, y contrarias á todo lo que por desgracia escribieron hasta el presente nuestros mas alabados Economistas, por quanto la materia de que se vá á tratar interesa acaso mas que ninguna otra á todo hombre, espero que no serán desechadas ligeramente, y que, si por los errores que contengan, ó á que puedan inducir, no merecesen la aprobacion de los Sabios, á lo ménos estos no desprecien refutar seriamente opiniones, que podrian ser perjudiciales en otro caso á la prosperidad de la Nacion, por la que anhelo tanto como el Español mas amante de su Patria. Semejante refutacion nunca puede ser temible al que solo escribe con el objeto de descubrir la verdad. Es lo que me propongo desempeñar en la siguiente Parte de esta Obra.

PARTE TERCERA.

CAPITULO PRIMERO.

EL GOBIERNO ESPAÑOL DESDE LA CONQUISTA DE
las Américas es dirigido por un sistema errado de Economía,
que es la principal causa de la decadencia de la
Nacion Española.

Si la América en lo sucesivo hubiese de ser regida baxo un sistema tan ruinoso como lo fué hasta aquí, con justicia debería desde ahora tratar de separarse de la Metrópoli. Si la España no hubiese de sacar en adelante mas ventajas de la América que las que ha sacado hasta el presente, seguramente sería un bien para los Españoles no haber hecho su conquista, y no conservar por mas tiempo su posesion. Si la Europa no hubiese de reportar de la América otras utilidades que las que reportó hasta la actualidad, sin duda sería una locura felicitarse del descubrimiento de aquel Nuevo Mundo. Su oro, su plata, y un grande número de producciones indigenas en vez de servir para satisfacer las necesidades conocidas en el antiguo Mundo, y otras que se conociesen, no sirvieron sino para producir nuevas calamidades, y para hacer mas dificil la satisfaccion de las comodidades que anteriormente se disfrutaban. Concedido el comercio de tan vastos Dominios á solo una porcion muy corta de comerciantes de la Península, de ninguna manera sus producciones podian adquirir el valor, y el aumento, que dá á todos los artículos comerciables el mayor número de compradores, número que solo es proporcionado por la libre concurrencia, y el resultado fué ó quedar las producciones sepultadas en la tierra, ó vendidas al ínfimo precio, á que siempre las pagan los compradores, quando su número es muy limitado. El Gobierno Español creyó que su felicidad estaba vinculada á disfrutarlas él solo exclusivaménte, pero esta medida no sirvió mas que para no tener tantas como debía, y para excitar la envidia, y los zelos de las demas

Naciones. Sin hacerse cargo que las verdaderas riquezas de un país son solo sus producciones, ó las que estas proporcionen por medio de un cambio recíprocamente ventajoso á los paises, que lo hagan; y sin hacerse tampoco cargo, que este cambio sería tanto mas grande, quanto mayor fuese el consumo recíproco de las Naciones, y la libertad que tuviesen de comerciar, prohibió por el todo esta libertad en el Nuevo Mundo, cuya falta causó la decadencia de la Península, al mismo tiempo que impedia el progreso de las artes en un país, que las desconocia por el todo. Ocupado del delirio de que toda la felicidad debia nacer de poseér mucho dinero, solo pensó en traer de sus nuevos Dominios el oro, y la plata, que le ofrecian con abundancia, y con cuyos metales se figuraba ser rico, porque representaban todas las cosas. Atenido á estos principios, que aun en el dia están causando la desolacion del Globo, estableció un sistema, que llevó al último grado de decadencia la agricultura, artes, y comercio de la España, que por la fertilidad de su terreno, por la bondad de su clima, por su misma localidad, y por la excelencia de sus frutos, deberia ser por sí sola la primera Nacion de la Europa, pero que, poseedora de la América, debería ser el mayor Imperio conocido, si la extension de sus conocimientos políticos, y económicos hubiese sido igual á la extension de sus Dominios, y producciones. En vez de extender entónces sus relaciones amistosas, y mercantiles con las otras Potencias para dar mayor salida á la mayor cantidad de producciones de sus nuevos Dominios, permitiendo el libre comercio, el único distribuidor capaz de dar el verdadero valor á todas las cosas, se aisló mas que nunca, y le sucedió lo contrario de lo que se figuró, y de lo que debia apetecer.

Las demas Naciones, siempre rutineras, sin escarmentar en los males, que causaba á la España la superabundancia del dinero, y de frutos inútiles, porque no era permitido su libre cambio, se conduxeron por los mismos principios. No contentas con la suerte desgraciada de aquella, todas se convirtieron en sus enemigos implacables para arrancarle la porcion de presa que cada una pudo, y para cometer en la parte, que les era posible, iguales errores, que los que España estaba cometiendo. De este modo en vez de servir las producciones del Nuevo Mundo para hacer un cambio continuo, y mayor de trabajos ventajoso á todas, fué la manzana de la discordia, y un manantial inagotable de guerras. Desde esta época, en que todas las Naciones debian dar una extension mucho mayor al comercio á causa del descubrimiento del Nuevo Mundo, y de los grandes progresos, que entónces mismo habia hecho la ciencia de la Navegacion, fué quando todos los Gobiernos de la Europa adoptaron ponerle cada dia nuevas trabas, y restricciones, creyendo de este modo reportar cada uno solo todo el beneficio, ó á lo ménos la mayor parte. Tan escasos de generosidad como de luces desconocieron la naturaleza del comercio, y se persuadieron inventar un sistema de hacerlo, por el qual cada uno recibiese mas de lo que diese, esto es vendiendo caro el producto de su trabajo, y comprando barato el del extrangero, ó arruinando por el todo la industria de las otras Naciones para quedar siempre con un exceso de oro, y plata, figurándose así lograr ventajas, que son del todo imaginarias, y tener á su favor lo que llaman *balanza del comercio.*

En conseqüencia de estos errados principios, y de la tendencia que los Gobiernos tienen al despotismo, se hicieron los reguladores no solo de los trabajos de los Pueblos, que estaban baxo su mando, sino tambien de los trabajos de las otras Naciones. En vez de fomentar con la absoluta libertad del comercio el trabajo de todos los paises, á fin de gozar por medio de un cambio equitativo, y recíprocamente útil las producciones de todos ellos, semejante sistema, no produxo otra cosa que minorar considerablemente las producciones de unos y otros, hacer difícil, ó imposible la satisfaccion de comodidades, que en otro caso era fácil disfrutar, disminuir la poblacion disminuyendo la facilidad de las subsistencias; precisar á todas las Naciones á contraer gastos enormes para sostener este mismo proyecto, y por último obligarlas á devorarse en continuos zelos, y guerras. Como pudieran practicar Pueblos bárbaros, ya no veian su prosperidad sino en los despojos de sus vecinos, ó en sacrificar una gran parte de su riqueza sin mas objeto que privar de otra igual ó menor á su rival. No hay una sola, que no quisiera acabar con el comercio de todas las demas.

K

Desde entónces su principal política se reduce no á aumentar su verdadero poder, sino á disminuir el de las demas, y por una contradiccion inconcebible y absurda, á enriquecerse á costa de las que sin utilidad propia ó habian empobrecido, ó trataban de empobrecer. Así es que no hay una, que deba su engrandecimiento al descubrimiento del Nuevo Mundo, quando él solo con sus producciones, y un comercio absolutamente libre debería bastar á enriquecerlas á todas. Tampoco hay una, que pueda contarse en la actualidad mas rica, ó con mas recursos, porque en vez de muebles de fierro y de cobre, que tenian antes sus naturales, se sirvan hoy de muebles de oro y de plata. ¡Quándo nos podrémos prometer que los Pueblos abran los ojos, y que en donde se persuaden encontrar su dicha, no hallen sino precisamente su ruina!

Las Naciones decian nuestros Gobernantes, y aun aseguraban nuestros mas estimados Economistas, solo son ricas, y poderosas, quando poseen mucho oro, y mucha plata. Los Militares mas sabios, cuyos dichos pasaban por axiomas, apoyaban igualmente tan perjudicial error afirmando, que solo con dinero se hace bien la guerra. En fin no contándose ya para todo con otra cosa que con el dinero, solo en él se procuraba buscar la prosperidad de los Pueblos. "La España, discurrian nuestros mas ilustrados Escritores, es la cosechera casi única de estos metales; si cierra sus Puertos á las otras Potencias, ó si solo los abre con tales restricciones, que no se permita extraer por ningun motivo estos metales, será rica y poderosa." Los Gobiernos de las demas Naciones, conducidos por iguales principios, decian á su vez: "privados nosotros de primeras materias tan varias y tan preciosas, como son todas las producciones de las Américas, miéntras estas sean poseidas exclusivamente por la España, nuestra industria, y nuestro comercio no podrán progresar. Es necesario conquistar á la España toda la parte posible de las Américas, ó en su defecto debemos tratar de hacerlas independientes para entablar un comercio directo con ellas." Hé aquí el gérmen de casi todas las guerras, que desde entónces desolaron la Europa, y los principales fundamentos del ruinoso sistema de un comercio lleno de trabas, que todas las Naciones han abrazado, y que tarde ó temprano causará su ruina, por mas que algunas hayan hecho progresos muy momentáneos, debidos á otras causas.

Los Gobiernos todos por un efecto de sus zelos, y rivalidades, quando tratan de negocios de Nacion á Nacion, obran siempre en un sentido inverso al que deberian adoptar. Quando se trata de negocios interiores no sucede siempre así; la Inglaterra ofrece seguramente un modélo de sabiduría en esta parte, digno de que lo imitasen las otras Naciones, pero por desgracia la España estubo siempre muy léjos de adoptar uno igual. Para conservar las Américas sometidas el Gobierno Español adoptó la máxima favorita, de que se valen los Conquistadores, á saber prohibir todo medio de prosperar, á fin de que los Pueblos no tengan recursos con que contar, si tratan de levantarse. Ademas de las trabas, que puso á la libertad de su comercio, no permitió á los Americanos ninguna fábrica, ni manufactura conocida en Europa, ni tampoco les permitió cultivar ninguna de las producciones que se les podian llevar de la Península. En política era sin duda un sistema muy errado; el interés recíproco, y general de los individuos, y de los Pueblos es lo único, que puede inspirarles amor á la conservacion del Estado, y lo que les obligará á hacer esfuerzos para mantener la prosperidad una vez la lleguen á gozar. Lo contrario es un estado de violencia, que nunca puede ser subsistente por mas tiempo que aquel, en que se les presente oportunidad para salir de la opresion, y miseria, que aborrece todo hombre. En Economía era igualmente un sistema del todo opuesto á lo que convenia al Estado. Un Gobierno jamas podrá ser rico quando los ciudadanos sean pobres, ni quando estos sean ricos podrá él ser pobre. Quanto mas prosperasen la agricultura, industria, y comercio de los Americanos, mas felices, y ricos serían; mas poderoso sería de consiguiente el Gobierno Español; mas contentos y tranquilos estarian aquellos; mas seguro podría este contar con su union. Detenerme á manifestar verdades, de que ninguna persona de juicio, y de buena fe puede dudar, sería inútil, quando yo solo escribo para estas. Mas el Gobierno Español no solo se apartó de unos principios tan sencillos, sino que, temiendo el que los ciudadanos pudiesen prosperar, no solo excluyó á todo Extrangero de hacer el comercio con la América, sino que excluyó á mas de la mitad de los mismos Españoles, y á la otra mitad solo les concedió el hacerlo baxo tales restricciones, que ocasionó la ruina tanto de la América como de la Península.

Es indudable que la concurrencia simultánea de una multitud de causas, que no son el objeto de mi asunto, contribuyó en gran manera á la decadencia de la Nacion Española, pero me persuado que todas juntas no produxeron tantos males, como produxo el errado Sistema de Economia adoptado con la América. Convendré sin dificultad en confesar, que tambien contribuyeron á aumentar este mal las varias causas, que reconocen nuestros mejores Escritores; pero de ningun modo convendré con ellos en reconocerlas como las únicas, ni las principales; las reconoceré como concausas las unas, y las otras como efectos. Tales son la expulsion del Reyno de un millon de Judios en tiempo de los Reyes Católicos; la expulsion de dos millones de Moros en tiempo de Felipe III; las guerras exteriores, é internas, que desde el reynado de Carlos I. hasta el año de 1715 sufrió la España enviando continuos exércitos, y tesoros para su manutencion á Italia, Holanda, Flandes, y Portugal; la emigracion, que hicieron los Españoles por espacio de 200 años á Italia y Flandes; las continuas correrías de los piratas de toda la costa de Berbería durante 300 años, cuyo número de prisioneros Españoles segun el cálculo del Conde de Campomanes no baxaba annualmente de treinta mil; nuevas instituciones, que atacando la seguridad personal alejaban del seno de la España á una porcion de Naturales, é inspiraban horror á los Extrangeros, á quienes podria convidar un país dotado por la naturaleza con ventajas muy superiores á todos los demas de la Europa, y cuya connaturalizacion tanto bien nos debia producir; el aumento considerable de Conventos despues de la muerte de los Reyes Católicos; la multiplicidad de dias festivos; el establecimiento de las Vinculaciones, traido de Alemania por Carlos I.; los privilegios de la Mesta; los estancamientos, ó monopolios del Gobierno; la complicidad de una mulittud de pequeños impuestos; las Compañías privilegiadas; y sobre todo las Contribuciones sobre la industria, y sobre los comestibles. No pretenderé hacer

ver el mal , que produxeron estas causas. No podrian ser materia de un Discurso, ni son tampoco las que yo me he propuesto exâminar. Me atendré solo á hablar del plan Económico adoptado con la América , plan, que puso en contradiccion
los intereses de Americanos y Españoles , y que él solo contribuyó mas que todas las otras causas , de que se acaba
de hacer mencion , á la decadencia de todos los ramos de
prosperidad de la Nacion Española.

CAPITULO II.

BREVE EXPOSICION DE LOS PRINCIPIOS , QUE DEBEN
formar la ciencia de la Economía Política.

Para poder presentar mis ideas con mas claridad es necesario , que ante todas cosas exprése con la posible exâctitud,
qué debemos entender por comercio ; qué por riquezas ; de
donde provienen estas ; qué ventajas produce aquel ; y como se puede aumentar la prosperidad de una Nacion. De
este modo será mas fácil , que el lector se penetre , y conven-
za de mis ideas , quando se haga la aplicacion de estos principios sin necesidad de hacer su explicacion en todos los
casos , en que se hace uso de ellos en el resto de mi Discurso , y de este modo evitaré algun tanto las repeticiones,
que sin embargo algunas veces serán precisas en este Escrito,
como es forzoso que suceda en toda Obra Didáctica , y mas
reduciendo todo mi Sistema á un solo principio , á saber : *La*
prosperidad de las Naciones depende siempre de emplear el mayor
número posible de brazos en la agricultura , artes , y comercio.
El comercio es el cambio de un género por otro. Supone siempre dos cosas ; produccion superabundante de una parte , porque nadie vende sino lo que no le hace falta ; y
consumo por otra , porque nadie compra sino lo que necesita consumir. De esto se infiere , que en los efectos comerciables de todos los países se puede asegurar , que solamente entran los géneros superabundantes , porque aunque algunas veces se venda un género, de que se tiene necesidad,
solo sucede quando hay precision de proporcionar por su

medio otro, que hace mayor falta. Por este cambio se logra una cosa útil por una que es inútil, ó á lo ménos una mas útil por otra menos útil. Es pues evidente, que el comercio es recíprocamente ventajoso á los que lo hacen, y que el estorbarlo, ó prohibirlo es lo mismo que empeñarse en que no nos deshagamos de artículos, que nos son inútiles, por otros, que nos serian útiles. Para facilitar estos cambios entre los productores de diferentes paises, á quienes sería imposible hacerlos cada uno por sí, no hay otro medio que admitir el comercio, y la libre concurrencia de las personas, que los quieren proporcionar. De otro modo los productores ó no podrian pasar á los mercados á hacer estos cambios, ó si pasasen sería perdiéndose el trabajo de muchos brazos, cuya falta haría escasear las producciones, y en igual proporcion el número de comodidades, que se pudiesen satisfacer, y la cantidad de subsistencias, que se pudiesen proporcionar, y por un efecto forzoso en razon de esta disminucion sería la dificultad de reproducirse la Especie humana. Todos estos inconvenientes se evitan por medio de los comerciantes, que son entre los productores y consumidores otros tantos canales de comunicacion, por donde se transportan, y facilitan las materias de estos cambios, sin los que un país abundaría infructiferamente de un género, cuya cantidad sería inútil, quando no pudiese consumirse, al mismo tiempo que carecería de otro, que le sería muy útil, y que podría adquirir por medio de un cambio recíprocamente ventajoso. Por la libre concurrencia de las personas dedicadas á hacer estos cambios se logra con la mayor economía, y ahorro, el que los productores de diferentes paises comuniquen entre sí, pues que un corto número de comerciantes transporta con facilidad las producciones de muchos Pueblos. Las producciones de un país sin comercio se pueden comparar exâctamente con las aguas perdidas de un arroyo, pero que por medio de un aqüeducto se pudieran aprovechar en fertilizar un terreno; y las producciones de un país con comercio se pueden comparar con aquellas mismas aguas, quando un prudente labrador las conduce por una acequia para fertilizar su heredad. Las producciones son las aguas, y el comercio es el aqüeducto, que las transporta al parage, en donde se convierten en verdaderas riquezas. Tales son las utilidades que proporciona el comercio, utilidades, que se conseguirán con tanta mas ventaja, y complemento, quanto mas libre sea transportar á los mercados de un país las producciones de otros, y quanto mas permitido sea á toda persona exportar las que abunden. En razon únicamente de esta mayor libertad mas abundará el mercado de artículos extrangeros, y nacionales, porque las producciones no pueden dexar de ser en razon de los consumos; mayor será el número de comodidades, que se proporcionen, y mayor el número de necesidades, que se satisfagan, pues que en último análisis nadie compra una cosa á no ser para disfrutar una comodidad, ó para satisfacer una necesidad. En una sociedad, en donde la ley no autorice, ni permita los monopolios, no puede haber individuo, á quien no interese esta libertad. Veamos si interesa igualmente á una Nacion en masa.

Las riquezas de los individuos son las riquezas de una Nacion, y, por mas sumas con que el Fisco ó el Gobierno cuente, será miserable, y pobre, si los ciudadanos lo son. Unas y otras consisten en la abundancia de cosas, que sirven para nuestro alimento, nuestra defensa, nuestras habitaciones, nuestras comodidades, nuestros placeres, y finalmente para nuestros usos. Todas son producciones de la tierra; ella sola es la madre de todas. Pero, por mas fecunda que esta sea, no las presenta ni con la abundancia que las necesita el hombre en sociedad, ni de la calidad que él las apetece. Es necesario que este la fuerce á producir las que él únicamente quiera, y es preciso que con continuo trabajo la prepare, á que las ofrezca con la abundancia que él las necesita. El labrador, en cuyo sentido comprendo todo el que saca inmediatamente de la tierra algun producto, multiplica las materias, que tienen un valor, y hace la abundancia, de lo que se forman las riquezas. A él solo debemos aquella abundancia. Mas esta tendria ó muy poco, ó ningun valor, á no ser que la adquiriese por medio de los cambios, en los que, considerados aisladamente, jamas se da un valor igual por otro igual, sino uno menor por otro mayor, porque teniendo todas las cosas un valor respectivo á nuestras necesidades, y no un valor absoluto, lo que es mas para uno es siempre ménos para otro, que se halla con diferentes necesidades. Nos deshacemos de lo que nos es inútil, ó ménos útil, para adquirir lo que nos es necesario ó mas útil. En conclusion siendo la superabundancia del producto de los labradores lo único, que constituye todo el fondo del comercio, y no convirtiéndose esta superabundancia en verdadera riqueza hasta que aquellos la cambian por otros artículos, que tengan mas valor para sí, sin la concurrencia de la produccion, y del cambio no hay verdadera riqueza. ¿De qué serviría al labrador amontonado en sus troxes aquel exceso de trigo, que no pudiese consumir, quando no pudiese hacer su cambio? Al año siguiente ó no trabajaria la tierra para adquirir otra cosecha de la misma simiente, ó la trabajaria para adquirir solo una cantidad en razon de su consumo. El comercio pues es el que dispierta la industria de todos los individuos de una sociedad. Sin comercio los consumos serán arreglados por las producciones; con comercio las producciones se arreglarán por los consumos; quiero decir, sin comercio las producciones serán mucho mas escasas, y precarias. Quando el comercio sea perfectamente libre, y sin trabas; quando el labrador esté seguro de que el producto de su trabajo le ha de proporcionar todas las ventajas posibles; entónces es quando aplicará toda su industria en trabajar la tierra, para que ésta se las produzca; entónces es finalmente quando la agricultura, y el comercio progresarán rápidamente.

Los comerciantes pues son los que hacen adquirir un valor á todas las cosas pasándolas del lugar, en donde no tienen estimacion, al lugar, en donde la tienen, y en donde vienen á ser una verdadera riqueza. De este modo, aunque el comerciante no trabaja la tierra, hace que la trabajen. Estimula al labrador á que saque de ella todas las producciones posibles, sin temor de que vengan á serle inútiles, pues que se las ha de convertir en otras diferentes riquezas, que le sean útiles. De esta manera concurriendo el comerciante con el labrador se logra una abundancia útil, aumentándose siempre los consumos á proporcion de las producciones, porque los comerciantes, que son los grandes consumidores, las van á buscar, siempre que les sea permitido, á donde mas abundan; y las producciones á proporcion de los consumos, porque entónces es únicamente

quando los labradores tienen un interés conoc:do en aumen-
tarlas , y en otro caso tienen tal vez un interés en disminuirlas. De este modo es tan estrecho el enlace entre la agricultura y el comercio , que no puede resentirse la una sin
que se resienta el otro. Si faltasen las primeras materias no
habria de que hacerse el comercio. Si no hubiese comercio
de nada serviria la superabundancia de primeras materias
que pudiese tener una Nacion. Del mismo modo no podrá
jamas prosperar el uno sin que prospere el otro , y esta
progresion , que tendrá lugar miéntras al labrador no le falte
una cantidad suficiente de terreno para emplear un trabajo
continuo , será en razon de la seguridad que tenga de gozar del fruto de su sudor , y en razon de la libertad y proporcion que disfrute para convertirlo en las cosas , que mas
le puedan acomodar.

Estas primeras materias , que forman la masa de todas
las riquezas , adquieren igualmente un valor mucho mayor
por medio de las artes , que dándoles nuevas formas las hacen propias para una infinidad de usos , que eran descono-
cidos. Si el labrador trabaja con continuacion y conocimiento , multiplica , y mejora las primeras materias. Si el comerciante concurre á sacarlas del país , en donde abundan , hace que tomen un aumento de precio , que no tenian. Si el
artesano trabaja con inteligencia , dá tambien un gran aumento de valor con su trabajo á las primeras materias. A
la industria pues , y al trabajo del labrador , del artesano , y
del artista , y al auxilio del comercio las sociedades son deu-
doras de todas sus riquezas. Todas estas clases concurren
igualmente á aumentar la abundancia , y el valor de todas
las cosas , que sirven para algun uso del hombre. Si las primeras riquezas consisten en las producciones segun el labrador las hace salir de la tierra , en sus manos tendrian poco ó ningun valor , si no pasasen á las del comerciante para transportarlas á los lugares , en donde hiciesen falta , ó si
no pasasen á las del artesano para darles nueva forma , y
hacerles servir en diferentes usos. Con cada nuevo descubrimiento de un arte , ó con cada progreso , que este haga , el
labrador , y el comerciante adquieren una nueva riqueza , porque logran un nuevo cambio. Las artes , la agricultura , y
el comercio se sostienen , y fomentan mútuamente. Sin prime-

L

ras materias no podria haber artes ni comercio ; sin comercio el labrador ningun interés tendria en sacar de la tierra mas producciones , de las que él mismo pudiese consumir;
y sin artes las primeras materias no podrian ser ellas mismas producidas, porque faltarian los instrumentos de la agricultura ; el comercio decaería considerablemente , porque se
vería sin el principal fondo de artículos manufacturados , que
le ofrecen las artes. La sociedad sin artes ó sería arruinada
por el todo , ó reducida á un estado muy miserable. De este modo se hallan enlazadas la agricultura , el comercio y
la industria , de cuyos ramos resultan todas las riquezas de
una Nacion.

De todo lo dicho se deduce por último resultado, que la
Nacion , en donde con proporcion á su poblacion haya
mas brazos empleados en todo género de trabajos , será la mas
rica. Por el contrario aquella , por cuyo sistema ya político,
ya económico, ya religioso se prive á mayor número de ciudadanos de emplearse en estos trabajos , esto es , por cuyo
sistema se dé subsistencia en el ócio , ó en ocupaciones
de otros destinos , por interesantes que sean , á mayor porcion de individuos , ménos necesidades podrá satisfacer ;
menor cantidad de producciones podrá tener ; y mas pobre
será infaliblemente. Se deduce que todos los paises producen á proporcion que consumen ; que consumen, y producen
á proporcion que comercian ; que consumen , producen , y
comercian á proporcion que tienen libertad de hacerlo ; que
á proporcion de esto aumentan su poblacion , y riquezas ; y
que á proporcion de su poblacion y de sus riquezas ofrecen , y toman de las otras Naciones mayor cantidad de artículos comerciables. Se deduce finalmente que toda Nacion,
que se empeñe en ser solo productora , y no consumidora , no
entiende sus verdaderos intereses ; que por haber adoptado
todas un sistema tan absurdo , y obrando en razon inversa
de sus intereses , sostienen continuas guerras , y se devoran
mútuamente para convertir todos sus trabajos en oro y plata,
y para privarse mútuamente de la posibilidad de hacer un
continuo cambio de sus géneros sobrantes á fin de adquirir los
que les faltan , ó que escasean. Su política y su ambicion están en contradiccion manifiesta , pues por una parte cada
una quisiera dominar y esclavizar á las demas , y por

otra parte cada una quisiera trabajar para las demas , y mantenerlas en el ócio; exigiendo , como pudiera exigir un criado
de su amo , un salario en dinero. Despues de poner todas
ellas sus conatos en privarse mútuamente de tener producciones , y en hacer inútiles muchos brazos arrancados á la
industria , agricultura , y comercio para destinarlos en establecimientos , cuyo objeto es la ruina de las demas Naciones , se hacen los mayores encomios del sistema de los que
opinan que la tierra no puede producir lo bastante, esto es,
que los hombres se reproducen , en mayor proporcion que los
frutos de que se sustentan , como si se conociese un solo
Pueblo, que no hubiese adoptado medidas para que no se
saquen de la tierra todas las producciones, de que es capaz.
Semejantes absurdos , y contradicciones se ven, se oyen , y se
respetan , porque el hombre , que no se conduce ó por la
preocupacion , ó por las pasiones , es un fenómeno. Basta
que un abuso este establecido para que se tenga por una
regla infalible.

Contrayéndonos á lo dicho fácil es ver , que el Gobierno
Español desde el descubrimiento de la América abrazó un
sistema económico el mas opuesto á los principios sencillos
que quedan asentados , sistema , que con precision debia causar la decadencia de la Nacion. No me contraeré á decla-
mar contra el abuso , ó insoportable despotismo de no permitir á los Americanos dedicarse al cultivo de muchas , y necesarias producciones , y al establecimiento de fábricas aun
de artículos de los mas ordinarios , y de mayor consumo. No
creo que se halle una sola persona tan ignorante , ó de tan
mala fé, que se atreva aun en el dia á sostener , que las
Américas pueden prosperar con tales prohibiciones. Un absurdo tal es demasiado notorio para que yo me detenga en
hacerlo ver , á fin de que se procure reparar ; sus conseqüencias son ademas demasiado tristes , para que me complazca en
llorar sus funestos resultados. Me ceñiré á manifestar , que
esta prohibicion debia causar la decadencia de la Península,
y á descubrir los errores y perjuicios , que se seguian de no
permitir al Extrangero hacer directamente el comercio en aquellos Dominios , errores , que aun en el dia son sostenidos con
el mayor calor por una porcion de Españoles , que aunque
pocos en número , tienen sobrada influencia para impedir el

que se adopten las medidas, que á todos serían benéficas, y sin las quales la prosperidad será tan quimérica como lo fué desde el descubrimiento de la América.

CAPITULO III.

CAUSAS, QUE PRINCIPALMENTE CONTRIBUYERON á la decadencia de la Nacion Española. Exámen de la primera, á saber: el gran rédito, que producia á los Españoles el comercio del Nuevo Mundo.

Tres causas, en las que el Gobierno Español creía de buena fé ver la prosperidad de la Nacion, son las mismas, que en mi concepto principalmente ocasionaron la decadencia de su agricultura, industria y comercio, contribuyendo al mismo tiempo á hacer odiosa á los Americanos la dominacion Española. Primera. *El gran rédito, que producia á los Españoles el comercio del Nuevo Mundo.* Segunda. *Las restricciones fuertes que sufrió este comercio no solo por la exclusion de una gran parte de los Españoles, sino por la de los Extrangeros.* Tercera. *La grande cantidad de plata traída de América á España.* Serian necesarios algunos volúmenes para tratar de una materia tan vasta, que se hizo tan complicada, y que tan opuesta es á las ideas generalmente admitidas, mas creo decir lo suficiente para demostrar estas verdades. España poseedora en dos Continentes de un suelo feraz, que produce exclusivamente, sin excepcion de uno solo, los artículos mas preciosos, que constituyen las riquezas de las Naciones, se dixo ya sin mas exámen; "para que " sea la mas rica de todas, no necesita otra cosa que cer- " rar sus puertas, y no admitir de paises extrangeros pro- " ducciones, que puede tener con abundancia, ni artículos " manufacturados, que fabricará forzosamente si prohibe la " extraccion de sus primeras materias, y abrirlas solo para " recibir los instrumentos de su agricultura, y de sus artes, " ó para admitir algunas primeras materias, que ademas de " las suyas, pueden ser manufacturadas en sus fábricas." A este raciocinio se reduce únicamente el célebre sistema de *Puertas abiertas*, y *Puertas cerradas*, tan delirante como elo-

giado. Dificil empresa es convencer contra lo que estamos
habituados á respetar como una sentencia. Sin embargo quando el hombre se dispone á escuchar de buena fe, se con-
vence facilmente si se le presenta la verdad. Con esta confianza diré lo suficiente para hacer conocer, que un sistema
tal debió producir males terribles, y que solo una absoluta libertad de comerciar, manufacturar, y trabajar podrá
elevar la Nacion al grado de prosperidad, de que es capaz,
y restituir á los Españoles el nivel interior y exterior des-
truido por el crecido rédito del Nuevo Mundo, y sin el
qual toda prosperidad es puramente imaginaria.

Veamos como pùdo influir este rédito en la decadencia
de la agricultura, industria, y comercio de la España. Es
innegable que el comercio de la América producia un rédito excesivo. Bastaría saber, que hasta el reynado de Carlos III. muy pocos lo podian hacer, y que era un monopolio concedido á personas determinadas por la Corte, para
conocer que sus ganancias debian ser muy crecidas. Los Españoles interesados en este monopolio, aun no abolido por el
todo, todavia pretenden hacer creer lo contrario, pero es
fácil demostrar la falsedad de sus aserciones. El valor de
las cosas crece siempre á proporcion de la escasez real, ó
aparente del género, y segun el juicio que formamos de
su mayor utilidad; y disminuye á proporcion que es mayor
su abundancia, y que creemos menor su utilidad. Quanto
menor sea el número de vendedores, mas escaseará el género, y mas fácilmente impondrán la ley á los compradores;
mayor será la ganancia, y mayor la desigualdad de intereses entre estos comerciantes y los de aquellos artículos,
cuyo comercio y concurrencia es libre absólutamente. Siendo
un número muy corto el de comerciantes Españoles, á quienes era permitido hacer el comercio de la América, el producto, que tuviesen, debia ser proporcionado al mayor
monopolio; el desnivel, que resultase entre el lucro de éste comercio, y el de los otros artículos libres, debia ser
en razon de esta mayor restriccion; y el desórden, que
forzosamente habia de causar, debia ser en la misma proporcion. Así es que los comerciantes de Sevilla, miéntras
aquel Puerto fué el único habilitado para hacer el comercio
de América, despues los comerciantes de Cadiz, quando es-

te Puerto substituyó á Sevilla, y por último los comerciantes de los otros Puertos habilitados en el reynado de Carlos III. adeudaron ellos solos mas derechos que todos los demas comerciantes de la Península, segun resulta del Estado
de nuestras Aduanas. Así es que desde entónces principiaron á decaer rápidamente la agricultura, industria, y comercio de la España, sin que por entónces esta decadencia
pudiese ser efecto de otra nueva causa desconocida que de
este desnivel, cuyo resultado forzoso será siempre reducir á
la miseria y mendicidad al mayor número, poniendo en la
opulencia al corto número de ciudadanos, en cuyo favor está la causa que produce el desnivel.

El exceso de lucro que se hacía en este comercio no podia ménos de perjudicar todos los otros ramos de prosperidad, y de producir los mismos efectos, que produce todo
monopolio, esto es reducir el beneficio al corto número de
los que lo disfrutaban, y conducir á los otros ciudadanos á
la mendicidad imposibilitandolos de prosperar en los demas
ramos. El comercio guarda un nivel tan exâcto con el mismo comercio, con la agricultura, é industria, que no es
posible se incline mas la balanza en favor de uno que de
otro, sin que se trastorne aquel justo equilibrio, de que depende la prosperidad general. Este nivel es tan necesario en
todos los ramos, de que resulta la riqueza de una Nacion,
como lo es en aquel fluido eléctrico que conservado en una
justa proporcion vivifica todos los seres de la naturaleza, pero que alterado los descompone, ó aniquila. Su trastorno en
vez de aprovechar á aquellos mismos necios, que lo procuran desconcertar en su favor, no servirá sino para destruir-
los, destruyendo al mismo tiempo quanto se aproxima en su
circunferencia. Al fin resultará aquella explosion ruinosa, con
que se anuncia al romper los obstáculos, que algunos cuerpos oponen á su libre circulacion, y los efectos de su explosion serán tan terribles en un caso como en otro. El rayo y la muerte en el uno; la opresion, la miseria, y la
insurreccion de los Pueblos en el otro. Para que se conserve
este nivel, es necesario que todos los ciudadanos gocen de
igual libertad. Conocido que fué de los Españoles el grande beneficio, que se reportaba del comercio de la América, sucedió lo que era natural. Deseando los hombres im-

poner sus capitales en donde reditúen mas, desde aquel momento ningun Español trató de emplearlos en la agricultura, ni en manufacturas, cuyo producto, sobre ser mas tardo, era infinitamente mas baxo. El rédito excesivo del dinero, que, á pesar de la ley, ofrecian los que buscaban capitales para hacer el comercio de la América, era mucho mas crecido que el que producian la agricultura, y las manufacturas: á fines del Reynado de Felipe II. no se hallaba el dinero en España á un 30 por 100, quando en todas las demas Naciones de la Europa no se pagaba ni 3 por 100. ¿Como era ya posible que ningun Capitalista Español pensase emplear su caudal en mejoras de agricultura, ni en establecimientos de fábricas, que no le redituaban una décima parte de lo que redituaba el comercio del Nuevo Mundo? La decadencia pues de los otros ramos era una conseqüencia forzosa de este desnivel, y este un resultado preciso de haber monopolizado el Gobierno en un corto número de individuos el comercio de América.

Este exceso de rédito perjudicaba igualmente de otra manera muy sensible á la agricultura, é industria de la Península. Fortunas excesivas, y muy desiguales en todas la sociedades producen males incalculables, pero sus efectos deben ser tanto mas funestos, quanto mas repentinamente se adquieran aquellas. A proporcion de la mayor facilidad, y prontitud, con que se adquieren, con esa misma proporcion se disipan, y trastornan los precios de todas las cosas impidiendo á la multitud de ciudadanos la adquisicion de una porcion de articulos necesarios para su subsistencia, porque se encarecen repentinamente, esto es sin guardar aquella proporcion y aquel nivel, que solo es efecto de la libertad, con la que ni las desigualdades son tan comunes, ni los efectos tan perniciosos, porque entónces todo sube y baxa en una misma proporcion para todas las clases, en cuyo caso no hay carestía, ni baratez. Por otra parte quanto mayores sean estas desigualdades de fortunas, y mas repentinamente se adquieran, mas pronto sus poseedores, y descendientes son otros tantos brazos perdidos para la agricultura, artes, y comercio, de cuyo mayor número posible depende unicamente la verdadera prosperidad de una Nacion. Este desnivel permanente cada dia arrancaba de la agricultura, y de las artes una porcion de brazos, y un mal tan grave no podia ménos de causar por sí solo la decadencia de una Nacion, cuya falta de trabajo no puede repararse con otra cosa que con el trabajo. Por esta razon no es en las riquezas consideradas aisladamente, ni en la suma de capitales que absorvía este comercio, en donde veo el orígen del mal; es solo en el exceso de rédito que ofrecia con respecto al de todos los otros ramos de prosperidad, porque el desnivel, y no la suma, era lo que perjudicaba. Si todos los individuos pudiesen vender su trabajo en una igualdad aproximada, ningun inconveniente resultaría, porque entónces todos podrian subsistir comodamente. Pero desde que en una sociedad algunas clases, ó familias llegan á adquirir una fortuna muy desigual á la de la multitud, dexan de ser trabajadores, para pasar á la clase que se mantiene en el ócio. Si una Nacion puede mantener un número muy limitado de individuos pertenecièntes á estas clases, sin que dexe de prosperar, de ninguna manera podrá dexar subsistir una causa permanente, que los conduzca á aquella clase, sin que se siga la infalible decadencia de todas las fuentes de su verdadera riqueza. Miéntras en una sociedad haya un sólo ramo, que ofrezca á sus naturales mas ventajas que los demas, infaliblemente causará el desórden, y llegará á trastornar por el todo aquel nivel tan preciso, arruinando todos los otros ramos, que no ofrezcan iguales ventajas, porque inmediatamente serán abandonados por los que se dedicaban á ellos, á fin de abrazar los que ofrecen mas utilidad. Si una causa por exemplo hiciese que en un país con igual talento, aprendizage, y capital ganase mas un herrero que los demas artesanos, todos querrian allí ser herreros, y ninguno aprendería otro oficio, ó todos serían unos estúpidos. Bastaba solo que los Españoles se prometiesen poder emplear su capital en aquel ramo de comercio, que les redituaba mas, para que dexasen de emplearlo en el que les producia ménos. Aunque el comercio de América en un principio no era tan extensivo que absorviese los capitales, que tenia la Nacion, sin embargo la esperanza, que todos debieron concebir de emplearlos en él, fué motivo suficiente para que se retraxesen de emplearlos en otros ramos, que por lo tanto quedaron descuidados, y de aquí se debia seguir, como se siguió, la decadencia de la agricultura, é industria Nacional. Este desórden ó desnivel jamas se verá quando á todos los ciudadanos les esté abierto el camino para poder obtener las ventajas, que ofrezcan todos los ramos de prosperidad. Entonces correrán igual suerte la agricultura, industria, y comercio; esto es lo que la experiencia manifiesta constantemente en todas las Naciones, cuyos individuos gozan de una proteccion igual en todos los trabajos.

Como las tres causas, á que atribuyo la decadencia de la España, tienen tal trabazon entre sí, que los fundamentos, que demuestran la una, sirven para demostrar las otras, por no verme en la precision de repetir una misma cosa, paso á tratar de la segunda causa, en donde mas bien descubriremos los males, que produxo el crecido rédito del comercio del Nuevo Mundo introduciendo el desnivel no solo entre los Españoles, sino entre Españoles, y Extrangeros. El comercio de Nacion á Nacion, igualmente que el comercio de Provincia á Provincia, ó de individuo á individuo, no admite diferencia ni variacion alguna esencial. Semejante á la naturaleza se alimenta de sí mismo; como ella recibe la materia baxo de una forma para devolverla, ó combinarla en otra forma; y por esta razon, para que reciba mucho, es preciso que dé mucho. Inmediatamente que una Nacion, ó un individuo pretenda disfrutarlo de otro modo, se desconcierta aquel nivel, con cuyo equilibrio se vivifica, y anima la agricultura, la industria, y el comercio. ¡Quándo los Gobiernos se llegarán á desengañar que se necesitan muchos ménos sacrificios para que los Pueblos sean verdaderamente felices, que para que sean infelices, ó para que obtengan las soñadas felicidades, que ellos se figuran, y cuyo resultado son zelos, odios, rivalidades, guerras, y por remate la ruina recíproca de los Imperios!

EXAMEN DE LA SEGUNDA CAUSA DE LA DECA-
dencia de la Nacion Española, á saber : las restricciones fuertes que sufrió el comercio de la América, no solo por la
exclusion de una gran parte de los Españoles, sino por
la exclusion de los Extrangeros.

Conviniendo en el principio ya asentado de que el comercio no puede dexar de dar un aumento de valor á todas las cosas, que el hombre apetece, y que, dando este
aumento de valor, no puede dexar de estimular al trabajo,
debemos consiguientemente convenir en que quanto ménos permitiese el Gobierno Español hacer el comercio de América,
ménos valor tendrian sus producciones, y cada vez sería
menor la cantidad de ellas, porque nadie quiere trabajar
inútilmente para ver perdido su trabajo, ó para no disponer libremente del fruto, que puede prometerse. Como el comerciante extrangero igualmente que el natural es el que
proporciona estos beneficios á los paises, que freqüenta, en
economía era un absurdo excluir al Extrangero de hacer directamente este comercio.

Quanto mas se exâmine la teoría de la ciencia económica, y quanto mas se atienda á la experiencia de todos los
paises y de todos los tiempos, mas bien nos convencerémos, que la Nacion, en donde el individuo goza de
mas libertad de trabajar y comerciar, esto es en donde haya ménos disposiciones reglamentarias, ó trabas puestas por el Gobierno, es mas rica y mas poblada. El comercio de Nacion á Nacion, igualmente que de individuo á individuo, es un fluxo, y refluxo, que trae y
lleva unicamente de unas Naciones á otras el sobrante, que
pueden tener. Sin comercio ó no habrá sobrante, ó será
inútil siempre que no permitan transportarlo, ó que no quieran tomar otro igual para pagarlo. Es decir, es necesario que
consuman unas Naciones á otras un valor equivalente de
trabajo ya en metal, ya en frutos, ya en manufacturas,
que todo, sin excepcion del dinero, es produccion del trabajo. Quando se exâmine la tercera causa que creo haber

contribuido á la decadencia de la España, veremos que no
es una ventaja para ninguna Nacion reducir á la mercancia oro y plata todas sus producciones, y que la abundancia excesiva de estos metales debe perjudicar á todas. Quanto mas libre, rica, y poblada sea una Nacion mas producciones extrangeras consumirá. Para convencerse de las grandes ventajas, que resultan de la libertad de trabajar y de
comerciar, bastaria saber que la Inglaterra despues de la independencia de sus Colonias hace con ellas un comercio, que
produce al Fisco, y al individuo Ingles mas que duplicado
de lo que aquellas producian baxo de su dominio. Esta diferencia tan notable es el resultado forzoso de la libertad de
los Anglo-Americanos, con la qual estos adquirieron un aumento muy grande de poblacion, y de verdaderas riquezas,
de cuyo modo se hallan en situacion de hacer consumos
muchos mayores á la Inglaterra. Aun quando no hubiese
mas fundamentos ni datos en favor de mi opinion, no sé
que podrá alegarse contra esta experiencia para que se in-
sista todavia en un sistema enteramente opuesto al objeto,
que se proponen los Gobiernos. En esta parte el individuo
comerciante conoce mejor su interés, y consultandolo busca,
y apetece que sean ricos los compradores de sus géneros;
pero los Gobiernos por una fatalidad de sus zelos, de que
no saben jamas prescindir, quieren que todas las Naciones,
con quienes puedan tener relaciones, sean pobres, y sin comercio, ni industria.

Ya es tiempo que el Gobierno Español reconozca los errores del sistema económico que habia seguido con respecto á
la América, y que trate de repararlos. Esto solo se podrá
conseguir concediendo una proteccion igual á todos los ciudadanos, á todas las clases, y á todos los Pueblos de los
Dominios Españoles; y esta proteccion debe ser igual para
con la agricultura, para con las manufacturas, y para con el
comercio. La prosperidad de estos tres ramos de tal modo está
enlazada que no puede ser el uno perjudicado, sin que los otros
se resientan, ni concederse al uno un privilegio exclusivo sin
que los otros queden perjudicados. La proteccion soberana, que
debe velar en todos los trabajos de una sociedad, no consiste
en otra cosa que en hacerse respetar exteriormente, y en
conservar el órden interior, esto es respetar la propiedad

del individuo, y la facultad de la libre eleccion de los trabajos. Los Gobiernos en esta parte nada mas tienen que hacer que dexar hacer. Es un absurdo, y una injusticia pretender ser los directores y reguladores de los trabajos del
ciudadano. Siempre que los Gobiernos se mezclen en semejante disposicion, no pueden dexar de arruinarlo todo, porque un Gobierno no puede dirigir, ni atender á los trabajos de cada individuo; no puede tampoco dexar de conceder preferencias á una clase, á un pueblo, á un individuo, ó á un artefacto; y esta preferencia no puede verificarse jamas sin que se ataquen los derechos que tiene el
resto de la sociedad; la utilidad, que resulte al individuo
de este privilegio, con precision ha de ser á costa del resto de los ciudadanos. Preferencia supone siempre exclusion; supone con precision perjuicio; supone forzosamente injusticia. La Nacion Española debe principiar ahora
á tener una nueva existencia. Los infinitos males, que
sufrió son una prueba evidente que lo que nos ha dirigido
hasta aquí no es lo que debia, ni debe dirigirnos en lo
sucesivo. Esta sola consideracion es suficiente para que todo hombre de buena fé, y de razon deseche las mismas medidas, que no le presentan durante algunos siglos mas que
resultados funestos. Muchas leyes habrá que serán excelentes,
y que el Gobierno actual solo tendrá que ocuparse de su
observancia en lo sucesivo, pero esto no puede tener lugar
con respecto á las relativas á nuestro Sistema Económico, cuyo efecto fué la ruína total de nuestra agricultura, manufacturas, y comercio. Tratar de buscar un apoyo en ellas
sería un absurdo; sería lo mismo que querer consagrar las
causas de nuestros males. El resultado patente de nuestra
decadencia ¡no es un motivo suficiente para detestar todo
sistema parecido al que no produxo mas que nuestra miseria, y despoblacion! Solo un estúpido, ó un Genio maligno
podrán resistirse á reparar, y evitar errores tan fatales.
  Podré sin duda equivocarme en varios cálculos, pero estoy seguro de que ningun hombre de probidad, y de razon
se atreverá á contradecir el único principio, que forma la
base fundamental, en que apoyan todas mis ideas acerca de
Economía; á saber el único medio de enriquecerse una Nacion es emplear el mayor número posible de brazos en la

agricultura , industria , y comercio , de cuyos tres ramos salen todas las riquezas sin exceptuar el dinero; y para que
haya este mayor número de brazos empleados no puede haber una ley ni tan justa , ni tan efectiva , ni tan aplaudi-
da como la de abolir todo privilegio , todo estancamiento,
y la de conceder á todo individuo la absoluta libertad de
elegir el trabajo , que mas le acomode , y de darlo , venderlo , ó llevarlo á donde se le antoje. Si el Gobierno Español se llega á convencer de una verdad tan sencilla , hallará que jamas puede ocurrir una dificultad , que impida
poner de acuerdo los intereses de Americanos y Españoles,
igualmente que los de las otras Potencias. La Nacion Española , que tiene ya hechos mas sacrificios que ninguna otra
en favor de la libertad civil , es la que por esta razon debe ser la primera , que trabaje en cimentar la libertad absoluta del comercio , por cuya falta tanto se ódian todas las
Naciones , y tanto tiene que gemir la humanidad. A la España mas que á ninguna otra Nacion conviene por su despoblacion actual , por las inmensas costas de sus Dominios,
y por las varias , é indigenas producciones de su suelo dar
principio á tamaña empresa. No trataré de persuadir que desde este momento se dé por el pie á la causa de tantos males , á saber el establecimiento bárbaro , y opresivo de las
Aduanas. Parecería una paradoxa ridícula ; se creería generalmente que su falta perjudicaría á los intereses que se trataba de fomentar. Aunque en esta Obra haré una exposicion para manifestar lo mucho , que convendría á todas las
Naciones , y principalmente á la España , abolir un Establecimiento tan perjudicial , acomodandome por ahora á una
preocupacion , que creo poco ménos que imposible ver desarrai-
gada , diré que la España no puede prosperar sin permitir
á todo Extrangero el libre comercio de las Américas , estableciendo sus Aduanas y sus leyes mercantiles tanto en la
Península como en la América con una absoluta igualdad , y
con la mayor libertad compatible con tan opresivo Establecimiento. Deberá abolirse todo estancamiento , todo privilegio tanto personal como local ; no deberá imponerse ningun
adeudo de derechos en los frutos de consumo , esto es lo que
no sea materia manufacturable ; y sobre todos los demas tanto nacionales como extrangeros , sin excepcion de ninguno,

se deberá imponer solamente un recargo de tal modo proporcionado que nunca ofrezcan un interés en hacer su comercio por contrabando. De este modo me persuado manifestar
que quedan salvos tanto los intereses de los Españoles de
la Península como de la América, y los de las demas Potencias, las que no por el bien de los Americanos, como
aparentan, sino por sus intereses mercantiles ansian, y trabajan quanto pueden, porque aquellos Dominios se separen
de la España.

Las actuales Cortes conducidas por principios de justicia,
y sabiduria, prescindiendo de preocupaciones, de que rara vez
prescinden los Gobiernos, ya declararon que los Americanos deben gozar una absoluta libertad de cultivar, y manufacturar todas las producciones, de que sea capaz su suelo. Pero para que aquellos puedan producir, y manufacturar, resta que se les conceda la libertad del comercio. De
poco ó nada serviría que tuviesen facultad de producir, y
manufacturar, si no pudiesen vender sus producciones. Sin esta facultad no podrian tener sobrantes, ni disfrutar de las
producciones de otros paises, á no ser que las adquiriesen
á un precio muy subido como sucedió hasta la actual época. La libertad de comerciar es una conseqüencia de la libertad de producir, y manufacturar. Es un derecho de que
no puede ser privado un Pueblo libre. Lo contrario, sobre
ser una opresion intolerable, los mantendria en la miseria, y
las contribuciones, con que pudiesen subveni á los gastos del
Estado, serian de poca consideracion, debiendo de otro modo ser suficientes para hacer de la España el Imperio mas
considerable de la Europa. Sus riquezas, y nuevos establecimientos en vez de perjudicar fomentarán los de la Península, pues su poblacion se aumentará en una proporcion
muy excesiva á la de sus fábricas en un pais, cuyo principal fondo deben ser siempre las producciones de la tierra
quando la libertad del comercio aumente lo que es posible
su cantidad, y los consumos, que hagan de artículos manufacturados, serán siempre en razon de su poblacion, y de sus
riquezas. Finalmente ningun fundamento se puede alegar para persuadirnos que dexe de suceder lo que hemos dicho
que sucede á la Inglaterra con las Provincias Anglo-Ame-
ricanas, que, á pesar de haber progresado increiblemente en

su agricultura , industria , y comercio , consumen ahora mucho mas que quando apenas conocian estos ramos , porque su poblacion , y sus necesidades facticias se aumentaron con proporcion á sus riquezas , que es decir , mucho mas que sus fábricas.

Para convencernos de los ventajosos efectos que redundarian á la Nacion Española de adoptar quanto llevo expuesto , no me atendré solo á raciocinios , ó cálculos abstractos; acudiré á hechos acreditados por la experiencia , y contra los quales no es fácil resistirse sin una mala fe conocida. No podrá decirseme que mi doctrina es solo para puras teorías , quando presento tantos hechos en su apoyo , y quando ninguno se podrá presentar que la contradiga. Pero prescindiendo de tan sólidos fundamentos bastaría saber que la libertad ilimitada de trabajar , manufacturar , y comerciar á ningun individuo perjudica , y que no puede ménos de proporcionar á todos justos medios de enriquecerse para clamar en su favor , para confesar que nadie tiene derecho de oponerse á ella , y para conocer que todo Gobierno la debia adoptar ciegamente. ¡Terrible poder el de las preocupaciones , que no permite establecer un sistema , del qual ningun ciudadano se puede quejar , y que á todos favorece! Entremos pues á consultar los datos que nos presenta la historia de nuestras manufacturas , comercio , agricultura , y poblacion ; echemos una rápida ojeada , y comparemos las diferentes épocas que estas sufrieron , y nos convencerémos que su prosperidad , y decadencia fueron siempre en razon de la libertad , ó de las trabas que estos ramos padecieron. Hallarémos finalmente que las causas de nuestra decadencia se encuentran principalmente en el errado sistema , que el Gobierno Español abrazó con respecto á las Américas , con el que , al mismo tiempo que oprimia aquellos paises , deterioraba todos los ramos de prosperidad de la Península.

La España fué aun mas celebrada por la industria de sus habitantes , por los progresos de su agricultura , y por la extension de su comercio que por la fertilidad de su suelo. La invasion de los habitantes del Norte hizo decaer la industria , que tuvieron los Españoles en tiempo de los Fenicios , de los Cartagineses , y de los Romanos , porque como todo pueblo bárbaro , y acostumbrado á la guerra , despre-

ciaban las artes, y tenian por poco honroso dedicarse á lo
que no fuese la milicia. Dominados despues por los Arabes,
Nacion la mas civilizada de su tiempo, la elevaron á un
grado de prosperidad, que no conoció otra Nacion de la Europa. Vestigios, que aun existen, manifiestan que cultivaron
las artes, principalmente la agricultura, de un modo que
aun hoy haría honor á los Pueblos, que mas progresos hicieron. En los siglos doce, trece, y catorce el comercio,
que se hacía en toda la Península, y particularmente en las
Provincias de la Corona de Aragon, era inmenso. Barcelona, Almería, y Valencia pasaban por las ciudades mas comerciantes de la Europa. Barcelona sola mantenia entónces
muchos navíos armados para proteger su costa, y para asegurar las expediciones, que despachaba hasta el Tanais, en
donde tenia una factoría. Los buques mercantes, segun nuestros mejores escritores, formaban una marina muy crecida,
y todos eran construidos en los arsenales de la Península con
madera sacada de sus bosques. Los Reyes hasta entónces se
habian mantenido con las propiedades de la Corona, con
algunas obvenciones extraordinarias concedidas en las Cortes,
y sin mas impuesto fixo que la *Alcavala* concedida por primera vez, y temporalmente en las Cortes celebradas en Bur-
gos á fines del siglo VIII. á Alfonso II., perpetuada despues á Enrique III. en el siglo XIV., los *Cientos* concedidos
tambien por primera vez por algunos pueblos de Castilla al
mismo Alfonso, y fixados posteriormente en sus sucesores, y
los *Tercios Reales*, ó los dos *Novenos* de todos los diezmos
de Castilla concedidos temporalmente al Rey de Castilla D.
Pedro el Cruel, por el Papa Urbano V., con el objeto de
una Cruzada, pero perpetuados despues, como sucede con
todos los impuestos. Los Españoles no conocian las *Aduanas*,
pues aunque pagaban los *Cientos*, que en un principio eran
un cinco por ciento sobre todo lo que se vendia, y luego
despues un diez, eran una mera contribucion, y de ninguna manera el resultado de un establecimiento para contener
los progresos de la industria extrangera como son hoy las
Aduanas. No habia mas formalidad que la buena fe del vendedor, ni al extrangero se le exigia ningun derecho por la
introduccion de sus géneros, ni tampoco se conocia ningun
artículo, cuya importacion en el Reyno fuese prohibida. Des-

de mediados del siglo XIV. hasta mediados del XV., quando se iban extendiendo las reconquistas de los Godos, y quando estos iban arrojando de España á sus antiguos vencedores, cada dia se hacía mas sensible la decadencia de la Nacion.

Desde este tiempo la historia nos ofrece sin embargo *Tres Épocas* muy diferentes de prosperidad y de decadencia. Las causas de esta variacion no pueden ser las que generalmente se suponen, ó á lo ménos no pueden ser las principales, pues que existiendo las mas ántes de la muerte de los Reyes Católicos, no obstante desde mediados del siglo XV. hasta mediados del XVI. la España ofrece un intervalo brillantísimo, que forma la *Primera Época*. Sus manufacturas de seda y lana, segun el testimonio de los mejores Autores nacionales y extrangeros, eran multiplicadas, y muy considerables. Se dice que solo Sevilla contaba diez y seis mil telares de seda, y que empleaba mas de ciento y treinta mil artesanos. Se asegura que los telares de este género en el resto de la Península ascendian á ciento y treinta mil, en los que eran empleados un millon y cien mil individuos. Las fábricas de lana eran aun mas multiplicadas. Los paños de Segovia eran apreciados y vendidos en toda la Europa. Los de Cuenca y Cataluña eran exportados á Italia, á Berbería, y á todo el Levante. Sus tenerías eran muy numerosas en esta época, y las de Córdoba pasaban por las de mejor calidad de la Europa. España hasta mediados del siglo XVI. ofreció á esta un cambio de artículos manufacturados, que la hicieron pasar hasta entónces por una de las Naciones mas comerciantes, y mas industriosas. Se debe advertir que en esta época la poblacion y el comercio habian tenido un motivo poderoso para resentirse. Tal fué la expulsion del Reyno de un millon de Judios de los principales comerciantes de la Nacion precisados á expatriarse por el Edicto de los Reyes Católicos dado en Toledo á 30 de Marzo de 1492. Sin embargo esta gran falta ó apenas se sintió, ó se reparó muy pronto, porque aun no se conocian las infinitas trabas puestas despues á la industria, y al comercio. A pesar de la salida de los Judios, á pesar de las continuas guerras que acababa de sufrir, y sufria aun la España, á pesar de la multitud de Conventos fundados por aquellos Monarcas, á pesar de las terribles Instituciones es-

N

tablecidas tambien por ellos, y á pesar de las Contribuciones de la *Alcavala y Cientos*, las Contribuciones mas perjudiciales despues de los *Millones* que sufre la España, el comercio y la industria por mas de medio siglo despues de
la muerte de los Reyes Católicos siguieron en la mayor prosperidad, porque aun no se habian puesto ningunas trabas
al comercio, ni la agricultura sufria otras que las anunciadas. La poblacion del Reyno á la muerte de aquellos Príncipes, segun la mayor parte de los Autores, ascendia á veinte millones, y segun el cálculo menor no baxaba de catorce á quince. Estos hechos notorios, que comprueba la historia, desmienten la asercion de los que suponen como causas principales de nuestra decadencia, las que no habiendo
sido incompatibles por muchos años con nuestra prosperidad, no podian ser las principales, y sí solo acesorias, ó
únicamente efectos de las que despues se conocieron. Si se-
guimos consultando la historia nos acabarémos de convencer
que las trabas puestas á la agricultura, y al comercio con
el bárbaro y opresivo sistema de *Aduanas* fué lo que mas
contribuyó á la decadencia de la Nacion, y el único golpe, que no pudo resistir á pesar de sus grandes recursos.

Entremos en el exámen de la *Segunda Época.* Esta, que
comienza á mediados del siglo XVI., y concluye á mediados del XVIII., nos ofrece dos siglos de luto para la España. En este periódo, que si no principia con el descubrimiento del Nuevo Mundo, á lo ménos principia con las
primeras leyes económicas relativas al comercio de aquel vasto Continente, la Nacion pasa repentinamente del estado
mas floreciente á la mayor decadencia, que jamas sufrió pueblo alguno. Las manufacturas desaparecen subitamente por el
todo. La agricultura, que, á pesar de las continuas guerras sufridas por espacio de siete siglos dentro de la misma
Península, habia provisto de subsistencia no solo á todos sus
naturales sino tambien á una gran parte de la Italia, cuya poblacion era entónces mucho mayor, y mucho mas rica, llegó á tal punto, que segun cálculos documentados necesitaba la Nacion traer de afuera la tercera parte de los
granos de su consumo, á fin de que no pereciese de ham-
bre. Sus ganados de todas especies menguaron en la misma
proporcion que decayó su agricultura, y de sus excelentes

caballos, de que tanto abundaba la España, y que tan decantados eran por todos los historiadores extrangeros, solo se conservó una muestra de su raza en la Provincia de Andalucía, habiendo desaparecido por el todo la casta de los mayores del mundo, que con tanta abundancia se criaban en las Provincias del Norte, y que solo se conocen hoy en la Inglaterra, haciendo uno de los ramos de mayor riqueza de aquel país. Finalmente todos los ramos de verdadera riqueza siguieron con corta diferencia igual suerte.

El Emperador Carlos V., el primer Monarca en España, que organizó metódicamente el despotismo, es tambien el autor del bárbaro Reglamento de *Aduanas*, establecido en 1529, y con él la ruina de la Nacion. Por este Reglamento ordenó que no pudiese hacerse el comercio de la América desde otro Puerto que el de Sevilla, sin duda con la mezquina idea de que no se le defraudase de los Derechos, que entónces estableció, porque aun no habia *Aduanas* en los demas Puertos. Decretó contra los contraventores pena de muerte, y confiscacion de todo el cargamento, tan duro y despótico era su gobierno. En este Reglamento impuso tambien la Contribucion de un veinte por ciento, Contribucion muy considerable para aquella época, y tanto mas crecida quanto mas dificil era en aquel tiempo la navegacion, todo lo qual contribuía á encarecr extraordinariamente los géneros que se transportasen, y por consiguiente á hacer mas dificil su consumo. Aun con tales restricciones por una barbarie, poco ménos que inconcebible, no solo excluyó de este comercio á todos los Extrangeros, sino que tambien excluyó á todos los Naturales de la Corona de Aragon. Sin duda el motivo fué no pagar aquellos Pueblos la *Alcavala y Cientos* que pagaban los de la Corona de Castilla; ó tal vez el que todos los Conquistadores del Nuevo Mundo eran naturales de la Corona de Castilla; la expedicion proyectada y costeada por la Reyna Doña Isabel; y haberse considerado las dos Coronas como dos Patrimonios diferentes, ó dos Imperios distintos, y sus individuos como si fuesen de dos diversas Naciones. Finalmente para acabar de llenar de trabas aquel comercio no permitió que los comerciantes Castellanos despachasen las expediciones quando les acomodase, sino una sola vez al año, acompañadas preci-

samente de la Flota , y lo que es ridículo , y bárbaro
hasta el extremo , con la inalterable condicion de que sus
cargamentos todos no habian de exceder de veintisiete mil
y quinientas toneladas. Por poco que se medite , fácil será
ver los males , que forzosamente habia de producir este sistema. Un Reglamento semejante no podia ménos de ser el
orígen de todas las calamidades futuras de la Península y
de la América , y toda persona juiciosa descubrirá en él el
gérmen de nuestra ruína.

- En efecto , en esta época lastimosa , en que la España
debia principiar á disfrutar las inmensas riquezas del Continente mas fecundo y mas vasto del Globo , fué quando por
primera vez comenzó á ser indigente , y el ludibrio de las
demas Naciones. En esta época fué quando para suplir los
recursos que le debian sobrar , el Gobierno acudió á establecer los Estancamientos ; quando dió principio á prohibir
la importancion de géneros extrangeros manufacturados , porque se decia que perjudicaban á nuestras fábricas ; quando
por primera vez prohibió la exportacion de producciones nacionales no manufacturadas , porque se creía que fomentaban la
industria extrangera ; quando prohibió tambien hasta con pena de la vida la importacion de primeras materias extrangeras , porque fomentaban la agricultura de otros paises. Entónces fué quando , creyendo duplicar las rentas del Fisco,
que era un mundo separado del resto de la sociedad , se impusieron Contribuciones á toda mercancia extrangera. Entónces fué quando á fuerza de recargos en todos los consumos
se creyó hacer rico al Gobierno , y solo se logró hacer cada dia mas difícil la subsistencia del ciudadano , y por lo
mismo imposibilitarlo para trabajar. Entónces fué quando el
comercio convertido en un privilegio del Gobierno concedido por intríga , ó vendido por dinero , no pudiendo ser prac-
ticado sino por tal qual individuo , dexó de ser aquel canal , cuyas aguas solo son benéficas quando extraidas sabia-
mente por medio de continuas sangraderas sirven para regar , y vivificar todos los terrenos de su circunferencia , y se
convirtió en un canal , cuyas aguas estancadas y corrompidas
por falta de salida no sirven mas que para inficionar los
lugares de la inmediacion , ó que extraviadas todas por una
sola sangradera no sirven sino para encharcar el terreno que

cogen, ó para causar una ruína, y dexó de haber agricultura, é industria, porque no podia ser otra cosa. Entónces fué quando se llevo al cabo aquel gran plan de *Aduanas*, en que Economistas sin luces, y Gobiernos sin prevision, aun creen ver la felicidad de las Naciones; plan fatal é indestructible á causa de que lisongea á los Gobiernos, porque con él disponen, sin que lo perciban los Pueblos, de una gran suma de caudales, y porque con él logran la mayor influencia concediendo una porcion de empleos tanto mas ansiados, quanto son muy raros los que en beneficio propio dexan de convertir en piedra filosofal el sudor del laborioso labrador, y del artesano industrioso. Entónces fué finalmente, quando por un efecto forzoso de tan ruinoso sistema tuvo origen aquella multitud de Contribuciones, cuya misma nomenclatura, apenas conocida ni aun de los Españoles, manifiesta claramente la nulidad de todas aquellas medidas, la insuficiencia de cada nuevo recurso, el desórden de un sistema fiscal sin unidad, la decadencia de todos los ramos de prosperidad, la mala inteligencia de los verdaderos principios, en que esta se debia establecer, y la deplorable situacion á que la Nacion quedó reducida.

Si la prosperidad de la España dependiese de poseér vastos, y fértiles terrenos, de disfrutar exclusivamente minas abundantes de oro y plata, y de poner á su comercio tales restricciones, y trabas, que á ningun Extrangero ni Natural fuese permitido importar, ni exportar á sus Dominios sino lo mismo que acomodaba al Gobierno, despues del descubrimiento de las Américas y del Decreto de 1529, nada restaba á este que hacer. Se habia hecho ya el regulador absoluto del trabajo y del comercio de todos los ciudadanos, habia aumentado extraordinariamente sus Dominios, y habia descubierto ricas minas de oro y plata, que cultivaba incesantemente. Así se creyó que convenia, pero por infortunio nuestro, al paso que se realizaban mas y mas las medidas, que se creían conducentes á estas ideas, tanto mas rápidamente la Península caminaba á su decadencia, y tanto mas las Américas gemian de su opresion. Quanto mas se aumentaban los remedios, mas se agravaba el mal, porque se convertian en otras tantas causas, que lo presentaban con síntomas cada vez mas incurable, y mas complicado. Igno-

rando que el orígen provenia de haber el Gobierno tomado medidas en lo que no debia mezclarse , cada dia tomaba nuevas disposiciones , y cada dia aumentaba un nuevo motivo de la miseria y despoblacion de la Nacion , porque nada podia bastar á llenar aquella falta de trabajo, de que dependia el mal, ocasionada por la falta de libertad para disponer el ciudadano del fruto de su sudor. Todos los otros males cometidos por la impericia ó despotismo del Gobierno se podian reparar existiendo en el individuo la libre eleccion de trabajar, y comerciar, mas nada podia reparar esta falta de libertad, que una vez se sufriese , con precision se arrancaban brazos á la agricultura , artes , y comercio , y de consiguiente su decadencia era infalible , y la despoblacion rápida , é indispensable , pues que le faltaban medios de subsistir.

En esta época diariamente se aumentaron las Imposiciones , y con ellas las causas mismas de otras nuevas , convirtiéndose así en efecto y causa de la ruína nacional. A fines del siglo XVI. Felipe II. que habia contraido una deuda enorme á causa de sus guerras continuas , se vió en la precision de pedir nuevos Impuestos á la Nacion , la qual le concedió el de los *Millones*. Esta Contribucion llamada así porque la concesion habia sido de ocho millones de ducados , es decir la enorme suma para en aquella época de 88,802Ɔ662 reales fué destinada para satisfacer los gastos de la Flota llamada *invencible* , con que Felipe pretendió subyugar la Inglaterra , ó quando ménos calmar su bilis irritada. Poco despues la misma Contribucion se extendió aun por otras Córtes á la cantidad de veintiquatro millones de ducados , cantidad , que , segun se calculó , debia producir en un corto tiempo un recargo sobre la sal , vino , vinagre , aceyte , y carne. Aunque esta ruinosa Contribucion no se perpetuó despues por ninguna concesion de Cortes , el primer exemplar de esta naturaleza en España , se perpetuó no obstante por el despotismo de los Reyes , dueños de la fuerza armada desde el Emperador Carlos V. , que , dirigido por su Consejero , y Regente el Cardenal Cisneros , fué el primer Príncipe , que inventó en Europa tener tropas permanentes , y asalariadas para esclavizar los Pueblos , y para privarlos de una porcion de brazos útiles. Como no se acertaba con la causa del mal , cada dia se aplicaban nuevos remedios , que solo producian nuevos males. Creciendo mas y mas las deudas , y no dependiendo ya sino del capricho de los Monarcas imponer nuevas cargas , la Contribucion de los *Millones* se extendió sobre todos los artículos de primer consumo con el nombre de *Rentas Provinciales* , que mejor se hubieran llamado *Ruína de las Provincias*. Poco despues no siendo ya nada suficiente á cubrir los gastos, en que por el sistema de Carlos V. se habian constituido todas las Naciones de la Europa , se determinó estancar varios genéros de primer consumo , y otros , que, aunque no eran de primera necesidad , se habian hecho de un uso muy comun. Tal fué el origen del Estancamiento de la sal , luego el del tabaco , luego despues el del aguardiente , finalmente el de otros varios. Se creía suficiente que el Monarca fuese rico, y no se cuidaba de que lo fuese la Nacion , sin advertir la imposibilidad de verificar lo uno sin lo otro.

De poco serviria saber estos , y otros muchos hechos, que ofrece la historia , si no nos valiesemos de ellos para hacer justas observaciones , y formar juicios acertados. Para lograr esto no se necesita mas que comparar bien hechos con hechos , y épocas con épocas , pues que juzgar no es otra cosa que comparar. Quando el Gobierno acudia á tan repetidas Contribuciones , á tan perjudiciales Estancamientos , y á tan onerosos gravámenes , ó tenia precision de hacer mayores gastos que en las épocas anteriores , ó sus rentas se habian disminuido considerablemente. En qualquiera de los dos casos es preciso suponer una causa anterior que obligase á imponer aquellas nuevas Contribuciones , que despues apresurarían aun mas la decadencia de la Nacion , y aquella causa es la que debemos mirar como la fuente ó raíz de todos los males posteriores. Por lo mismo todas estas Contribuciones , á que se atribuye nuestra decadencia , en un principio eran solo efecto de un mal que se sufria. Estoy bien persuadido que de efectos solo que eran , se convirtieron en efectos y causas , mas que por la cantidad por la calidad de los mismos Impuestos , pero el origen es preciso buscarlo en otro motivo.

La España á pesar de sus guerras no interrumpidas, y por decirlo en una palabra á pesar de existir todas las Instituciones , á que se atribuye nuestra decadencia , vió prosperar sin interrupcion su comercio , agricultura y artes hasta que se verificó el fatal Decreto de 1529. En este Decreto pues es en donde debemos descubrir el orígen de todos nuestros males. En vez de las grandes ventajas , y riquezas, que el Gobierno se persuadió disfrutar aislando en la Península todo el comercio del Nuevo Mundo , el resultado forzoso fué destruir una Nacion , que en medio de sus continuas guerras , y abusos anteriores podia sin embargo concurrir con sus manufacturas y producciones en competencia de las Naciones mas industriosas , porque aun no se la habia atacado vivamente en lo que constituye la verdadera riqueza de una Nacion. Si queremos consultar sin prevencion la experiencia , ella nos hace ver que tan terrible y original determinacion solo sirvió para paralizar del modo mas lastimóso todos los ramos de pública prosperidad , hasta verse los Españoles reducidos á un comercio precario de comision , tan mezquino que el del Perú llegó á declinar de tal modo , que en 1739 no pudo completar dos mil toneladas de las quince mil , que le estaban asignadas por aquel bárbaro Reglamento.

Excluidas todas las Naciones de la Europa de hacer el comercio directo del Nuevo Mundo , y precisada la España sola á proveér á aquel vasto Continente de todos los artículos de manufacturas y producciones Europeas , con precision se habia de trastornar el nivel que existía entre las fábricas de la Península , y las del resto de la Europa , y de consiguiente , habia de decaer la prosperidad de las primeras , por mas que á primera vista aparezca lo contrario. Los comerciantes Españoles llevando sus mercancias al mercado de un país nuevo sin fábricas , sin permiso para establecerlas , y sin concurrencia de los comerciantes de otras Naciones , con precision habian de hacer ganancias desmedidas. Estas , que solo servian para enriquecer á dos ó tres docenas de comerciantes , eran la ruína del resto de los individuos Españoles. A proporcion que la España recibia mas oro y plata de la América , la principal , y casi única mercancia que entónces tomaba en cambio de todos los artículos comerciables que se llevaban á aquel país , todo se encarecia en España. Desde entónces las primeras materias , la mano de obra, y las manufacturas no podian ya concurrir con las Extrangeras, y el comerciante Español hallaba su interés en comprar los géneros al Extrangero, que se los ofrecia á precios mucho mas cómodos que el Fabricante Español. La decadencia pues de la agricultura, y de la industria era un efecto forzoso, ó inmediato de la carestia, y esta lo era de aquella exclusion, en que se creia ver la prosperidad de la Nacion. Con la prohibicion al Extrangero del comercio de la América se aumentaba de otro modo aun mucho mas forzoso la carestía de todas sus producciones. El mal causado por la abundancia del dinero por fin se repararía pronto, pues dentro de poco tiempo las otras Naciones lo atraerian por medio de su industria al paso que decaía la de los Españoles. Mas habia una causa, que alteraba constantemente el equilibrio de precios, sin el qual era imposible que la España prosperase, y era irreparable, miéntras fuese prohibido al Extrangero hacer el comercio directo de la América. La España con igual poblacion, y con igual perfeccion en su agricultura é industria que otra Nacion, sin mas causa que la de tener que proveér á la América por sí sola de todos los artículos comerciables de su consumo, con precision desde entónces habia de tener otros tantos ménos brazos que emplear en la agricultura y artes, quantos emplease en la larga conduccion, y comercio de los géneros, que llevase á la América; con precision debia tener ménos producciones y manufacturas propias, y tener un mercado que le consumiese mas; con precision estas se debian encarecer; con precision pues se debia seguir la decadencia de todos sus ramos de prosperidad, porque miéntras un país no pueda ofrecer el resultado de su trabajo á precios tan cómodos como otro país de igual poblacion y proporciones, su industria, su agricultura, y su verdadero comercio, que no puede ser otro que el de producciones propias, ó están ya mas atrasados, ó van á estarlo infaliblemente. Por otra parte siendo las producciones, y la industria de una Nacion las riquezas del primer órden, y siendo el dinero, y el comercio exterior riquezas de segundo órden, que el Gobierno Español, por medio de la exclusion al Extrangero del comercio de la América, forzase á los Españoles á abandonar las primeras para tener con mas abun-

O

dancia las segundas, era un error grosero. Era lo mismo que querer su miseria y despoblacion, pues que la Especie humana no se reproduce sino en razon de la abundancia y facilidad de su subsistencia, que depende inmediatamente de las primeras producciones y manufacturas que se consumen, y no de la moneda, que ni se consume, ni alimenta, ni abriga al hombre. Mas adelante tendrémos lugar de explicar con mayor extension estas verdades; sigamos ahora presentando el resultado de nuestros sucesos, y me persuado que el lector se convencerá con mas facilidad de mis principios exâminando los hechos que los apoyan.

Nada en mi concepto puede demostrar mejor el grado de nuestra decadencia debida al sistema destructor del Reglamento de Carlos V., que el estado mismo de nuestra poblacion en diferentes épocas, y el conocimiento exâcto de su calidad. Aunque en esta época concurrió á su disminucion una causa muy conocida, sin embargo no podia ser mas que parcial. Hablo de la expulsion de los Moros conquistados, ordenada por Felipe III. en 1614, y cuyo número se regula que pasaba de dos millones. No puede dudarse que esta providencia impolítica fué terrible para el Estado en el órden económico, pero hubiera sido mucho ménos sensible, ó se hubiera podido reparar al fin, si hubiese libertad de trabajar, y de comerciar, lo que tanto quiere decir como facultad de aumentarse la poblacion. Con todo es preciso no reflexionar para asegurar que esta causa se debe asignar como una de las principales de nuestra despoblacion, pues setenta y cuatro años despues de la expulsion de los Moros, esto es en el año de 1688 la España aun tenia doce millones de almas, y en 1715 no pasaba su poblacion de seis millones segun el Censo hecho en aquel año. Por mas extraordinaria que nos parezca tan asombrosa despoblacion en un intervalo tan corto como el de 27 años, no debemos atribuirla á causas, que con certeza podemos asegurar, que no existieron, y es forzoso que la atribuyamos á la única verosímil, por mas abultado que nos parezca el resultado. Seguramente no puede decirse que la causa de esta disminucion haya sido ni la expulsion de los Moros executada muchos años ántes, ni la peste que no hubo en aquel período, ni la mortandad causada en las guerras de

Sucesion habidas en aquel intervalo, pues que en épocas de
guerras tan sangrientas, y mucho mas largas jamas hubo
una baxa tan considerable, ni efecto de las contribuciones
mal entendidas que sufriamos sobre los comestibles, pues que
con ellas mismas jamas tuvimos una baxa igual, ántes bien
hemos tenido un aumento, aunque no tal como tendriamos
si no existiesen. No puede pues asignarse otra causa que
haber llegado la época fatal, en que el bárbaro sistema del
Reglamento de Carlos V. debia producir todo el rigor de sus
funestisimos efectos. Se habia verificado ya el término, á que
forzosamente debia conducir aquella mal entendida ley de excluir á todos los Extrangeros de hacer el comercio del Nuevo Mundo, y aquella falta total de libertad en el ciudadano para cultivar, manufacturar, y comerciar, que los habia reducido á no cultivar ya para poder alimentar la mitad de los Naturales, y á no tener fábricas para manufacturar la décima parte de lo que se consumia en la Península; en fin habia llegado ya la época, en que el hombre
no podia subsistir sino como subsiste en un país poco ménos que inculto, y en el qual la poblacion es siempre muy
escasa. Si notamos en la época siguiente que en el corto
intervalo de veinte años de nueve millones se aumentó hasta doce sin mas causa conocida que haberse relajado en parte tan bárbaro Reglamento, ninguna dificultad tendremos en
admitir como muy verosímil la causa, que yo asigno á nuestra despoblacion, atendiendo que con mas facilidad se debian disminuir en 27 años seis millones de habitantes por
falta de subsistencias que aumentarse en 20 años tres millones por solo tener algunas mas subsistencias. Si advertimos
tambien que de los seis millones de poblacion que se contaban en 1715, los 176Ɔ057, eran Clerigos, Frayles, y
Monjas, 722Ɔ794 Nobles, los 276Ɔ-90 criados de Nobles,
los 50Ɔ000 Empleados en la recaudacion y resguardo de la
Hacienda en sola la Península, los 19Ɔ000 Empleados en
otros ramos, y 2,000Ɔ000 los méndigos, segun los cómpu-
tos mas exâctos, hallarémos que una Nacion tal no podia
dexar de tener en el sistema mismo de administracion el
principal gérmen de su ruina, y que una desproporcion tan
excesiva de estas clases improductivas no podia ménos de
causar el triste efecto que hemos palpado. ¡Y á vista de

unas experiencias tan repetidas y tan claras habrá aun personas tan egoistas, que por no saber buscar su fortuna á
no ser en el monopolio, pretendan conservar aislado en sí
el comercio de las Américas á costa de la miseria, y despoblacion tanto de aquel Continente como de la Peninsula!
¡Aun declamarán contra verdades tan manifiestas, sin presentar otras pruebas, que las contradigan, que llamarlas
sueños, ó paradoxas de hombres delirantes!

Tercera Época. La tercera época, que principia en el reynado de Fernando VI., presenta el quadro mas interesante
de la industria nacional, y manifiesta evidentemente que solo la libertad es la que puede reanimar las artes, el comercio, y la agricultura, aumentando al mismo tiempo la
poblacion. Felipe V. inmediatamente que quedó tranquilo
en la posesion de la España, trató de ocuparse seriamente
en el restablecimiento de todos estos ramos, pero aunque dió
muchas de aquellas providencias, que, aun se contemplan
conducentes á la prosperidad, el resultado poco favorable,
que produxeron, hace ver que no eran las que debian efec-
tuar las mejoras, que se solicitaban. Se dexó gobernar á
discrecion de su Ministro de Hacienda Orry, á quien se
supusieron conocimientos económicos, que estaba muy léjos
de poseér, solo porque aumentó la renta del Monarca, porque á costa de la injusticia, y mala fe de no pagar las deudas, que este contraxo, le hizo dexar á su muerte el tesoro con
algun dinero, y porque dió ciertas providencias, que aunque son muy perjudiciales, por desgracia son muy comunes aun en todos los Gobiernos, y reputadas por muy sabias. Prohibió la introduccion de objetos manufacturados en
país extrangero, quando hubiese alguna fábrica de aquel género en el Reyno; recargó con derechos muy crecidos aquellos, de que no habia fábricas; ordenó que el vestuario y
fornituras de los Oficiales, y Soldados del Exército, y de la
Armada se hiciesen de manufacturas nacionales. Si con semejantes providencias quedasen establecidas fábricas, seguramente se podrian manufacturar en España los artículos de su consumo, pero como tales providencias no eran
fábricas, no se podia suplir el deficit que la Nacion tenia
de aquellos géneros, y el resultado que produxeron, fué en-
carecerlos, hacer mayor el número de mendigos, y dando

mayor interés al contrabando hacer tambien mayor el número de los que se dedicaban á él en perjuicio conocido de
los ramos, que se procuraba fomentar. Era el efecto y no
la causa, lo que se remediaba, y por lo mismo las intenciones del Gobierno eran malogradas. Por otra operacion impolítica el mismo Ministro prohibió la exportacion de producciones Españolas á las Naciones con quienes estaba en
guerra, y los Ingleses, que hasta entónces habian sacado los
vinos de España, siendo los mayores consumidores de este
artículo, desde entónces abandonaron las grandes factorías
que tenian principalmente en Galicia, las establecieron en
Portugal, y quedó para la España sumamente perjudicado
éste importantísimo ramo de agricultura, y comercio.

Fernando VI. dirigido por su Ministro, el Marques de
la Ensenada, á quien, sin embargo de haber cometido errores de importancia, no se le puede negar probidad, y talento, tomó disposiciones, que diéron mucha energía á la
industria, y al comercio interior. Todas las rentas del Estado sin excepcion de las conocidas con el nombre de *Rentas
Generales*, ó las que producen las Aduanas, eran arrenda-
das. Por demas sería detenerme á demostrar las vexaciones
que se debian seguir de este sistema, contra el qual escribieron casi los mas de los Economistas de aquel tiempo.
En 1742, Campillo, Secretario de todos los Ministerios, hizo administrar por cuenta de la Real Hacienda seis Provincias, y en 1747 el Marques de la Ensenada hizo general
esta providencia, desde cuya época en toda la Nacion se
administraron siempre por cuenta del Estado; y con esta
sola providencia se evitaron infinitos perjuicios, que se ori-
ginaban á la agricultura, industria, y comercio por las
vexaciones causadas por los arrendatarios, que casi siempre
eran Extrangeros, y por lo mismo aun mas inexôrables, y
duros qué si fuesen Naturales. Abrió varios caminos; dió
principio al canal de Campos; estableció á costa del Gobierno varias fábricas. Aunque nada de todo esto se debe
hacer ni por el Gobierno ni por su cuenta, porque no debe ser incumbencia suya, y porque tampoco se pueden establecer, ni administrar con igual economía que por cuenta de particulares, sin embargo fomentaron la agricultura
comprando las primeras materias, la industria empleando

los brazos , y la poblacion proporcionando subsistencia. Pero lo mejor que hizo fué favorecer el establecimiento de varias fábricas de particulares anticipándoles capitales presta-
dos por una porcion de años sin interés alguno , y reba-
jando los derechos que ántes se pagaban. Con semejantes
providencias la agricultura , la industria , y el comercio interior tomáron ya en este Reynado un tono muy diferente
del que habian tenido en la época anterior. Iguales progresos hizo la poblacion pues en pocos años se aumentó en
tres millones.

No sucedió lo mismo al comercio exterior , el que en
vez de prosperar decayó por una disposicion mal entendida de aquellas , que aun en el dia se crée deben serle
benéficas. Tal fué la de prohibir la exportacion al extrangero de seda en rama. La España entónces era la cosechc-
ra casi única en toda la Europa de este ramo de agricultura. Sus fábricas de seda estaban muy disminuídas ; no fa-
bricaban la quinta parte de telas que se consumian en la
Península , y en la América , y se vendia una gran cantidad de seda en rama. La Inglaterra , la Francia , y la Italia nos la compraban de este modo , y nos la vendian manufacturada. Sin prevision del resultado ulterior se dixo : *la
España es la única cosechera de la seda. ¿Por qué ha de permitir su exportacion en rama pudiendo venderla manufacturada
por sus Naturales á todas sus Colonias , y aun á las demas Potencias de la Europa , convirtiendo en beneficio propio todas las
ventajas de un comercio tan precioso , y que puede serle exclusivo?* El suceso nos hace ver quan errado era este raciocinio , y los de igual naturaleza , que despues hombres de luces por otra parte , y aun amantes de la libertad , hicieron
con respecto á la lana , cuyo importe por la manufacturacion sola de hilado se regula por el Conde de Campomanes que vale al Extrangero dos millones doscientos cinqüenta mil pesos fuertes al año , presentando el cálculo de esta
suma como la cantidad en que la Nacion es perjudicada en
permitir su extraccion , sin contar ademas el importe del texido. Confundiendo el efecto con la causa , y atacando
aquél , y no esta , nos resultó otro mal peor , y que era forzoso. En aquella época no habia ni con mucho suficientes
telares en España para manufacturar la cosecha de su seda;

no fué permitido venderse por manufacturar al Extrangero; se dexó pues de cultivar, porque á nadie le podia tener cuenta emplear su trabajo, y capital en el cultivo de una primera materia, que no podia manufacturar por falta de fábricas, ni vender al país, que las tenia, porque fué ya prohibido. A lo ménos hasta esta época la España habia sido agricultora de este ramo tan precioso; se trató por una disposicion la mas impolítica en Economía que fuese agricultora, y fabricante con exclusion de las otras Naciones, quando su poblacion no le daba bastantes brazos para ser lo primero, á lo que se dedicaba con algun exito, y dexó de ser uno y otro. El Gobierno Español obró con la misma imprudencia con que obraría un labrador, cuyo trabajo y el de su familia aplicado á cultivar una heredad no fuese suficiente para beneficiarla como merecia, y arrastrado de la codicia de lo que ganaba un vecino suyo zapatero se pusiese á sí y á toda su familia á hacer zapatos sin abandonar la labranza. Por fortuna no se tomó la misma providencia con las lanas, porque tal vez no se vió tan clara la posesion exclusiva de las fábricas de este género, y á lo ménos se siguió cultivando la cosecha de esta primera materia, que debia tener igual suerte quando no pudiese ser vendida al Extrangero, miéntras no fuese consumida en fábricas nacionales. ¡Quando nos desengañarémos que toda providencia, que ataque la libertad de uno de los tres ramos, agricultura, industria, ó comercio, no puede dexar de atacar á todos tres, y á la poblacion de consiguiente!

Sigamos el exámen de esta providencia que tanta analogía, ó por mejor decir, tanta identidad tiene con nuestro sistema para hacer ver el interés, que hay en adoptar la mayor libertad posible en el comercio. La España en pocos años disminuyó de tal modo su cosecha de seda, que no podia ya surtir sus pocas fábricas, y tenia que comprar una porcion. La Francia, y aun la Italia viendo que no podian sacar ya del territorio Español esta primera materia, trataron de fomentar su cultivo considerablemente para no dexar mendigar á los artesanos habituados á su manufacturacion. La Italia con gran ventaja, ademas de surtir sus fábricas, desde aquella época vende al extrangero una gran cantidad en rama. La Inglaterra, cuyo suelo no es capaz de esta producción, viéndose privada de exportarla de España, procuró sacarla de la India, y de Italia, y estableció leyes rigurosas para no admitir en sus Dominios ningun género de seda manufacturado en España. Todos estos eran resultados naturales de aquella providencia, en que el Gobierno Español creía ver la prosperidad de aquel ramo de riqueza. Lo que le sucedió con semejante prohibicion es un exemplo de lo que sucederá á todos los Gobiernos, y en todos los ramos con semejante sistema. En vez de las grandes ventajas que se prometia reportar, perdió todas las que antes disfrutaba, sin esperanza de que las pueda recobrar, miéntras las Naciones sigan la funesta máxima de creer que su poder depende de que las otras no sean poderosas. ¡Miserable condicion la de los hombres y la de los Gobiernos! No les basta ser ricos; es necesario que los demas sean pobres; en su concepto la riqueza no consiste en gozar todo lo suficiente, con tal que sea adquirido por medio de un cambio; consiste solo en gozar con una excesiva desigualdad á los demas, ó con una absoluta exclusion. Su orgullo no se satisface si no se les llama, y se les crée ricos, lo que es imposible en su concepto quando todos abundan igualmente de quanto necesitan.

Aun quando se hubiese conseguido que la España fuese la única Nacion de la Europa cosechera, fábricante, y comerciante de seda, el beneficio que reportase no podia ser segun el cálculo inexâcto, que se hizo. El aumento de riqueza de una Nacion será siempre en razon del mayor número de brazos empleados en el trabajo, de la mayor inteligencia que estos tengan, y de la mayor fertilidad de su suelo, ó lo que es lo mismo, de la mayor cantidad de productos del trabajo de sus Naturales, capaces de dar subsistencia en igual extension de terreno á mayor número de individuos, y no precisamente de tener las mismas fábricas que tengan las otras Naciones, ó de tener algunas exclusivamente. Por el contrario en caso de dedicarse con preferencia á algunas producciones ó manufacturas á causa de no poder dedicarse á todas por falta de brazos, siempre que tenga extension de terreno, debe dedicarse á las mas ordinarias, ó á las que en cambio valen ménos dinero, esto es á las que con ménos trabajo se reproducen en mayor cantidad;

porque dan subsistencia con mayor facilidad á mayor número de individuos, y porque siendo mas útiles se necesita hacer menor cambio en razon que se necesita hacer mayor consumo de ellas. Así es que una Nacion perderia en convertir el trabajo de los labradores, que produxesen el trigo de su consumo, por el trabajo de una fábrica de China, que produxese el equivalente del valor de aquel trigo, que tenia que comprar. Su subsistencia sería mas expuesta, y su riqueza mas representativa ó ménos verdadera, pués que solo por el cambio podria ser útil para adquirir el trigo, sin el qual no podría pasar. La España, quando el Gobierno prohibió la extraccion de la seda en rama, con el objeto de hacerla fabricante de esta materia, no tenia suficiente poblacion para dedicarse á la agricultura, y dar á su suelo el cultivo que necesitaba. Quitar brazos de esta para emplearlos en manufacturas de seda no era aumentar el fondo de verdaderas riquezas; era disminuirlas, ó quando mas sería convertir la abundancia de las mas necesarias por la abundancia de las ménos necesarias. A la España no le faltaba un trabajo de las primeras que ofrecer, y á que pudiesen aplicarse sus individuos; por lo mismo era inútil que el Gobierno tratase de proporcionar trabajo, y perjudicial que convirtiese el de riquezas mas verdaderas por el de riquezas mas representativas, ó ménos útiles, y mas perjudicial aun que privase al individuo de hacer la eleccion del que mas le acomodase. Le faltaban brazos, porque se conocian muchos obstáculos, que impedian el que los hubiese. El Gobierno no debia tratar de otra cosa que de averiguar quales eran las causas, que quitaban á la agricultura, á las artes, y al comercio la abundancia de brazos útiles, y dar por el pie á las mismas causas, pues todo lo que fuese obrar de otro modo sería quando mas atajar algunos de los efectos que se conocian, y hacer al mismo tiempo que renaciesen otros acaso peores, como sucedió. Con la providencia que prohibia la exportacion de la seda en rama no se aumentaba la cantidad de trabajo, ántes bien se disminuía, porque el que hasta entónces habia sido productor de esta cosecha, porque la podia vender al Extrangero, dexaba de serlo, porque no tenia quien se la comprase, y no podia pasar de repente á ser fabricante, pues para esto ne cesitaba ántes cierto capital , y un aprendizage de algunos años. Pero aun quando se pudiese hacer este transito sin ningun embarazo, nada se conseguiria. Quando en un país , ó en dos Naciones enlazadas por el comercio, la agricultura, y la industria disfrutan de una absoluta libertad , el producto de todos los trabajos de aquellas dos sociedades está completamente nivelado , como se verá quando se trate de las Aduanas ; esto es , igualmente gana el labrador de la una que el artesano de la otra. Por esta razon una Nacion miéntras tenga terreno., que ofrezca trabajo á sus habitantes, no será mas rica porque el Gobierno convierta los labradores en artesanos , ni los artesanos de artículos de primera necesidad en labradores. Esta mudanza , siempre que no haya obstáculo, infaliblemente se hará en todos los casos , que sea conveniente , por el individuo que será el único capaz de consultar , sin equivocarse , su conveniencia. La España, sin tener una sola fábrica , con un Gobierno sabio será tan rica como la mas poderosa de la Europa á causa de sus excelentes producciones. Estas, que forman las primeras , y verdaderas riquezas de la España , á causa de su excelente calidad , y que no podrán serle disputadas por ninguna otra Nacion , harán su prosperidad permanente si el Gobierno no se empeña en adoptar como hasta aquí errores perniciosos.

Pero quando, esta época ofrece un periodo brillantisimo es en el reynado de Carlos III. debido únicamente á la mayor libertad concedida al comercio de la América , cuyo aumento y prosperidad fué tal, que ni la Inglaterra presenta un exemplar igual en tan corto tiempo. Fernando VI. habia concedido á una Compañia de comerciantes formada en Barcelona permiso para hacer expediciones á Santo Domingo, Puerto-Rico, y la Margarita , pero puso tales restricciones, que ningun uso se hizo de semejante privilegio. Carlos III. en 1763 concedió á todo Español libertad de comerciar con la Havana , Santo Domingo, Puerto-Rico, la Margarita , la Trinidad , la Luisiana , Yucatán , y Campeche , no habiendo ántes otros Puertos en todas las posesiones Españolas de la América á donde fuese permitido hacer expediciones mercantiles que Vera-Cruz , Puerto Cabello , y el Callao , no solo desde Cadiz, el único Puerto habilitado en toda la Península para este comercio desde que en el año de 1720 ha-

bia·substituido á Sevilla á causa de la mala navegacion del
Guadalquivir, sino tambien desde Barcelona, Cartagena de
Alicante, Sevilla, ·la Coruña, Santander, y Gijón. Rebaxó á
un 6 por 100 los derechos, y suprimió una porcion de for-
malidades onerosas. Con estas providencias el comercio de la
América, que se hallaba casi enteramente aniquilado, comenzó á prosperar, y semejante á un canal, que fertiliza,
y hace renacer con prontitud las plantas de un campo agos-
tado, que principia á regar, así aceleró los progresos de la
agricultura, y de la industria tanto en América como en la
Península.
A pesar de los felices resultados que produxo esta libertad tan limitada, es tal la fuerza de la preocupacion que
pasaron quince años sin que se tratase de hacerla mas extensiva, y seguramente no se hubiera conseguido á no ser
por los esfuerzos del Marques de Iranda, y del Conde de
Campomanes, quienes persuadieron al Ministro Galvez, el
qual á las repetidas instancias de estos dos excelentes Españoles resolvió dar el Decreto de 2 de Febrero de 1778,
Decreto, que debe hacer época en la prosperidad de la Nacion Española. Por él se concedió igual libertad de comer-
ciar·con Buenos-Ayres, Chile, y el Perú. En 16 de Octubre del mismo año se extendió al Vireynato de Santa Fé,
y á Goatemala, habilitando en la Península ademas de los
Puertos que habia á los de Málaga, Almería, Tortosa, Pal-
ma, y Santa Cruz de Tenerife. Por este Reglamento se exi-
mió de todo adeudo durante diez años á todo artículo manufacturado en fábrica de España; á todo navío cargado solo con objetos no manufacturados nacionales se le rebaxaba
una tercera parte de todos los derechos señalados; finalmente por él se abolian por entero los derechos, que á su salida de los Puertos de América habian pagado hasta entónces casi todas las producciones de aquellos Dominios.
Consultando los estados de aumento de nuestra poblacion y del ingreso de nuestras Aduanas, despues de concedidas esta libertad y franquicias al comercio de la América, no puede quedar la menor duda á ningun hombre de
un sano juicio de los maravillosos efectos, que debe producir una libertad absoluta, y de que ella sola es lo único
que puede hacer toda la prosperidad, de que son capaces

tanto la Península como las Américas , y todos los Dominios Españoles. Para manifestar, y hacer innegable esta verdad me contentaré con presentar los estados de los seis primeros años , advirtiendo que los de los años siguientes ofrecen iguales ó mayores aumentos , pero que omito por evitar
difusion. Con ellos conseguiré acallar aquellas personas insensatas ó de mala fe , que , contemplándose autorizadas para oponerse á todo lo que no es conforme á las ideas recibidas en su educacion , ó á sus intereses privados , y deseando hallar un pretexto , sea el que fuere , se empeñan en rebatir
todo sistema de libertad diciendo que semejantes sistemas son
buenos en teoría , y fatales , ó imposibles en la práctica. Los
siguientes son datos resultantes de la práctica , no son cálculos
voluntarios ó de pura teoría. El estado de la poblacion en
1778 quando se concedió el Decreto que se llama *de la libertad del comercio de la América* ascendia á 9,307803 almas,
y en 1798 segun el censo hecho en aquel año ascendia á
12,009879 almas , aumento debido únicamente á la mayor
libertad concedida al comercio. En el mismo año de 1778
salieron de los Puertos habilitados de la Península ciento setenta navíos Españoles con cargamento y destino á varios
Puertos de la América , quando en el quinquenio anterior
no habian salido otros tantos. La comparacion de los años
de 1778 y de 1784 ofrece el resultado siguiente. El valor
de las mercancias Españolas remitidas á la América en 1778
ascendió á 28,236620 reales ; el de mercancias extrangeras
exportadas desde España ascendió á 46,669236 reales ; el de
los derechos adeudados por estos géneros subió á 3,770964
reales ; el importe de los retornos de la América fué de
74,559256 reales ; y el importe de los derechos devengados por este retorno fué de 2,924884 reales. Es de advertir que en ningun trienio anterior habia ascendido la cantidad de estas sumas á la de este primer año del Decreto. Compa-
rémos ahora estos estados con los del año de 1784. El valor de
las mercancias nacionales exportadas á la América en 1784
ascendió á la suma de 188,049504 reales , aumentando en
seis años 159,812884 reales , que es decir casi sextuplican-
do ; el de mercancias extrangeras ascendió á 229,365984
reales , aumentando 182,296748 reales , que es decir casi
quintuplicando ; el valor de los derechos devengados llegó á

la suma de 17,164∂800 reales, aumentando la renta del Fisco 13,393∂836 reales, que es decir casi quintuplicando; el de las mercancias exportadas de América ascendió á la enorme suma de 1∂212,976∂508 reales, aumentando 1∂138,417∂252 reales, que es decir aumentándose en mas de diez y seis veces tanto; finalmente el valor de los derechos adeudados por las producciones exportadas de América ascendió á 50,632∂632 reales, aumentando la renta del Fisco 48,704∂768 reales, que es decir haciendola subir diez y siete veces tanto. Cotejados estos brillantísimos resultados de los progresos que hicieron en tan corto tiempo la agricultura, el comercio, y la industria, y atendiendo á que no puede señalarse otra causa, á que puedan ser atribuidos que la mayor libertad concedida al comercio, es necesario que el Gobierno esté obcecado para no dar á esta toda la extension posible, ó para dexarse arrastrar de las seducciones de una porcion de Empleados, cuyos conocimientos están reducidos á enriquecerse á costa del trabajo y de la miseria de sus conciudadanos, ó de fútiles declamaciones de dos ó tres docenas de comerciantes, que habituados toda su vida á no hacer otro comercio que el de un monopolio injusto y detestable, ó el mezquino pero sin riesgos de comision, tienen aun descaro, para oponerse abiertamente á que el resto de sus conciudadanos, sobre todo los Americanos, disfruten de la facultad inamisible de todo pueblo libre, á saber la de comprar de la primera mano las mercancias de su consumo, y la de poder vender igualmente á extrangeros que á nacionales las producciones de su trabajo con toda su verdadera estimacion, que solo la pueden tener quando es libre la concurrencia de todos, los que quieren ser compradores.

El estado de nuestra Marina mercante nos ofrece tambien una prueba segura, y nada equívoca de las grandes ventajas, que siempre deben nacer de la libertad de comerciar. En 1778 la España no tenia quinientos buques mercantes, y sin conocerse otra causa que la libertad concedida aquel año al comercio de la América en 1792 solo las costas de Cataluña contaban mas de mil buques, y Cadiz tenia pasados de cien propietarios de navíos quando no tenia treinta ántes de 1763. Como la Marina de guerra no puede tampoco dexar de ser el termómetro seguro de la prosperidad de

una Nacion, pues que ninguna Potencia sin grande industria, y comercio puede sostener una Esquadra considerable,
que es tan costosa en el pié adoptado hasta ahora por todos los Gobiernos, no será fuera del caso notar, y comparar los progresos, que esta hizo en los periódos anterior y
posterior al Decreto de libertad, cuyos resultados se presentan siempre los mas lisongeros en apoyo de mi asercion.
En 1718 España tenia una Flota de cinqüenta buques de
guerra de todas clases. En 1763 á pesar de haber transcur-
rido el reynado pacífico de Fernando VI., el único que se
conoce en España sin que hubiese habido ninguna guerra,
y cuyo Gobierno se dedicó de intento á formar una Marina respetable, su Armada no pasaba de setenta y dos buques, á saber treinta y siete navíos de línea, treinta fraga-
gatas, y cinco buques menores. Desde este año en el que se
dió el Decreto primero, por el que la libertad era ménos
coartada que ántes, pero no tan extensiva como despues,
hasta el de 1778 la Flota Española ascendió á ciento setenta y ocho buques de guerra, á saber sesenta y siete navíos
de línea, quarenta y siete fragatas, y sesenta y quatro buques menores. En 1788 en cuyos diez años el Decreto mas
extensivo de la libertad del comercio habia podido producir efectos mas notables, á pesar de subsistir todas las causas, á que los Autores Nacionales, y Extrangeros atribuyen
la decadencia de la Nacion, y á pesar de haber tenido
que sostener la España en este periódo una guerra continuada contra la Inglaterra y una expedicion ruinosa contra el
Bey de Argel, la Armada Española formaba entónces el número respetable de un total de doscientos ochenta y tres buques
de guerra de todas clases, á saber diez navíos de 112 cañones, tres de 94, tres de 80, quarenta y dos de 74, cinco de 64, quatro de 58, uno de 54, quarenta y dos fragatas de 34 á 40 cañones, y ciento y sesenta y ocho
buques menores; en cuyo armamento y oficinas eran emplea-
das nada ménos que 1010662 personas. Yo desafio á todos
nuestros Economistas, y Politicos que señalen por causa de
tan asombrosos progresos otra que la libertad concedida al
comercio. A vista de unos datos tan acreditados por la experiencia, que no son deduciones de una seductora y alha-
güeña teoría, sino hechos prácticos que no fallan, me per-

suado que toda persona de un sano juicio no podrá ménos de asentir al sistema de una absoluta libertad , y mas si se detiene, á comparar con madurez las épocas de los progresos , y decadencia de nuestra prosperidad.

Para quitar toda duda acerca de las grandes ventajas , que resultarian á la Nacion Española de la libertad absoluta del comercio de América , hagamos una reflexion sencilla , que naturalmente salta á la vista , y es conseqüencia de los datos oficiales , que hemos presentado , y de otros, que aun presentarémos. Si la libertad absoluta concedida al comercio de la América pudiese ser perjudicial á algun Pueblo de la Península , ó de la América , seguramente el efecto se hubiera ya notado en Cadiz , el único Puerto de toda la Península , en cuyos comerciantes ántes del Decreto de Carlos III. se hallaba monopolizado todo el comercio , que los Españoles hacian al Nuevo Mundo , y en Vera-Cruz , casi el único punto de toda la América Septentrional , á donde se llevaba todo este comercio , y por donde se exportaban las producciones de todo aquel país. Así como los comerciantes de estos dos Puertos pretenden ahora hacernos ver males imaginarios , ó perjuicios particulares si la libertad es tan extensiva como debe ser , del mismo modo , quando salió el Decreto de Carlos III. , procuraban atemorizar al Gobierno con otros males aun mayores , pero la experiencia , contra la qual nada puede decirse , que merezca una justa consideracion, nos demuestra todo lo contrario , y es necesario estar obcecados para no conocer esta verdad. En 1778 quando por la libertad concedida á los demas Puertos parecia que debia disminuirse el comercio de Cadiz se exportó por solo este Puerto en mercancias nacionales por el valor de 13,308060 reales , y en mercancias extrangeras por el valor de 36,901900 reales , cuyo total que compone la suma de 50,209060 reales , excede á la cantidad de mercancias extraidas en ningun trienio anterior , y se recibió en aquel Puerto en dinero y frutos de la América por el valor de 33,410284 reales. En el año de 1784 los comerciantes de Cadiz exportaron en mercancias nacionales por el valor de 138,135552 reales , que es decir con la libertad concedida al comercio de la America los comerciantes de Cadiz al cabo de seis años en producciones nacionales aumen-

taron su giro anual por el valor de 124,847Ɔ492 reales.
En el mismo año estos comerciantes exportaron en mercancias extrangeras el valor de 209,522Ɔ976 reales, que es decir al cabo de seis años solo el comercio de Cadiz aumentó el consumo anual de producciones extrangeras por el valor de 172,621Ɔ076 reales. En el mismo año el comercio de
Cadiz recibió de la América en frutos y dinero el valor
de 1Ɔ083,640Ɔ416 reales, es decir al cabo de seis años
el giro anual del comercio de Cadiz en producciones
de la América se aumentó por el valor de 1Ɔ048,252Ɔ600
reales. En el año de 1792 los comerciantes de Cadiz solo en producciones de la Península exportaron por el valor de 272,000Ɔ000 de reales, es decir al cabo de diez
años aumentaron la exportacion anual de producciones nacionales por el valor de 258,691Ɔ940 reales, esto es aumentaron el comercio activo de aquel Puerto por este solo ramo en mas de sesenta veces tanto suponiendo no haber
excedido en ningun trienio anterior al valor de 13,308Ɔ060
reales, que fué lo exportado en 1778. Los estados de las
exportaciones de los frutos de América son una prueba, que
no admite réplica, de las grandes ventajas producidas por la
libertad concedida al comercio, y manifiestan al mismo tiempo que no es perjudicial ántes bien muy provechosa á aquellos mismos Pueblos, que tienen estancado, y monopolizado
él comercio. Hemos visto que en 1778 de toda la América-
rica solo se exportó en frutos por el valor de 74,559Ɔ252
reales y en 1792 solo por Vera-Cruz se exportaron frutos
por el valor de 461,368Ɔ404 reales. ¡A vista de estos datos
oficiales, é innegables aun habrá hombres tan egoistas, y de
mala fe, que pretendan persuadirnos que la libertad del comercio solo puede producir ventajas en la teoría! ¡Por ventura estos no son hechos prácticos, que demuestran geométricamente la utilidad, y necesidad de una absoluta libertad para que la Nacion pueda prosperar tanto como es posible!
¡Pero quándo los necios, ó los hombres de mala fe no pretenden que se les crea sobre su palabra!
Si consultamos los estados, que presentan las Aduanas
de la Inglaterra, la Nacion, cuyo comercio, agricultura, é
industria mas progresaron, no ofrecen ni con mucho una época tan brillante en tan corto tiempo. La prosperidad de la

España despues del Décreto de 1778 no solo se hizo sentir en el comercio de la Península, sino tambien en su industria, agricultura, y poblacion, como igualmente en la América, y sus progresos fueron aun mayores desde el año de 1792 hasta el de 1800, época que es por demas recorrer, pues las que acabamos de comparar, nos manifiestan hasta la evidencia la verdad de los principios asentados, y demuestran la ruta, que el Gobierno debe seguir, si quiere hacer la prosperidad de la España. Subsistiendo todas las causas, á las que nuestros Escritores atribuyen la decadencia de la Nacion, apenas se concede un viso de libertad, quando de repente todos los ramos de pública prosperidad se reaniman, y hacen progresos increibles. La Península se enriquece, y vé prosperar su agricultura, é industria de un modo extraordinario; la América progresa considerablemente aunque no tanto la España, pero á proporcion de su libertad ofrece una cantidad mucho mas crecida de producciones; la renta del Fisco se aumenta mas y mas á proporcion que se rebaxan los derechos no solo en los artículos nacionales, sino tambien en los Extrangeros, y en razon de las trabas de que se liberta al comercio, y que es mayor el número de los que pueden dedicarse á él; á proporcion que la Nacion es mas rica, mas agricultora, mas industriosa, se aumenta la poblacion, y consume y vende al Extrangero mucho mas que ántes; finalmente los intereses de Españoles, Americanos, y Extrangeros, que tienen relaciones mercantiles con la Península, prosperan todos, como era forzoso, con igual proporcion. ¡Qué leccion esta, si se exâmina como se debe, para todos los Gobiernos, que quieran abrir los ojos, y que quieran convencerse que no puede haber felicidad aislada! ¡Y á pesar de esto aun se empeñarán algunos en persuadir que los verdaderos intereses de distintas Naciones pueden estar encontrados! Las pasiones de los hombres, y no sus intereses son los que se hallan en continua contradiccion, y choque.

Sin embargo de los felices resultados, que produxo este simulacro de libertad, que no merece otro nombre, el Gobierno Español estubo muy léjos de darle la extension, que necesitaba. La idea sola de permitir á los Extrangeros el que hiciesen directamente el comercio de América de tal modo

arredraba á todos , que ninguna persona tuvo jamas valor
para proponerla, ni acaso el mismo Gobierno hubiera tenido suficiente energía para decretarla. Hoy mismo se temería
la mayor oposicion de parte de los comerciantes residentes
en los Puertos de la Península , que aun disfrutan de semejante monopolio perjudicialísimo no solo á los Americanos,
sino tambien á los mismos Españoles. Pero en una época
como la actual , en que á los Españoles es permitido manifestar sus ideas, no debo yo recelar exponer , quanto crea
justo y conveniente al bien general. No se trata de favorecer el comercio Extrangero en perjuicio del Nacional ; se
trata de hacer ver que la prosperidad del uno no es incompatible con la felicidad del otro ; se trata de manifestar que la exclusion al Extrangero de concurrir al merca-
cado de la América llevando él mismo sus mercancias es
perjudicialísima á los intereses de los Españoles , é injusta
para con los Americanos. Si los Españoles Americanos deben gozar de iguales derechos que los Españoles de la Península , ¿cómo se puede privar á aquellos el recibir de la
primera mano las mercancias extrangeras , que en el dia reciben de los Comisionistas de la Península? Tal vez se dirá que es un medio indirecto de minorar los consumos de
mercancias Extrangeras en la América en beneficio de las
Nacionales ; que no conviene privar á los Españoles hacer
este comercio de comision , por el que reportan ganancias
considerables ; y finalmente que sería muy arriesgado permitir á los Extrangeros la entrada en las Américas , pues
con su trato , ó se corrompería la religion , ó los Americanos tratarían de hacerse independientes. Aun suponiendo
por un momento que todo fuese cierto , que no lo es , como luego veremos , ¿qué podría responderse á aquellos Naturales quando dixesen : "si todos debemos gozar de igual
» proteccion ; si la ley debe atender á que todos sean ri-
» cos , y es un medio el que no se consuman géneros ex-
» trangeros , ó que solo se consuman por segunda mano,
» para que la Península no consuma tantos artículos ex-
» trangeros , y para que los Americanos se enriquezcan por
» el comercio de comision , usando de la misma igualdad
» que vosotros, pedimos el que los artículos extrangeros de
» vuestro consumo no puedan ser conducidos á vuestros Puer-

„ tos sino por eomerciantes connaturalizados en la América,
„ del mismo modo que vuestros comisionistas nos los traen
„ á nosotros? Miéntras esto no sea así, ¿en dónde está esa
„ decantada igualdad, que tanto se pregona? ¿No basta que
„ tengamos que sufrir los crecidos é irremediables costos de
„ un flete tan caro, sin que se exija hacerlo mas largo,
„ y sin que se nos precise á recibir los artículos de nues-
„ tro consumo por segunda mano, que forzosamente ha de
„ cobrar salarios á su antojo? Solo una violencia manifiesta
„ podrá imponernos una Contribucion tan onerosa, que no
„ tiene mas objeto que enriquecer con insulto de nuestra
„ miseria, y de nuestras instituciones una pequeña porcion
„ de comerciantes de la Península, y cuyo verdadero resul-
„ tado es la ruína de los dos paises. Solo una opresion cho-
„ cante podrá prohibir la concurrencia de los Extrangeros,
„ pues sin ella no es posible que vendamos nuestras pro-
„ ducciones con la estimacion, que dá á todas las cosas el
„ mayor número de compradores."

Prescindiendo de la injusticia, que no puede dexar de
conocerse, y que ella sola es el mayor motivo, que debe
determinar á nuestro Gobierno, y prescindiendo de la experiencia acreditada con los datos innegables, que hemos presentado, la razon dicta que la prohibicion al Extrangero de
poder concurrir á comprar y vender al mercado de América es perjudicial á los Americanos, á los Españoles de la
Península, al Gobierno Español, y al mismo Comisionista
Español. Es perjudicial á los Americanos, porque se les precisa á comprar mucho mas caros los artículos Europeos disminuyendo el número de vendedores, y obligándolos á comprar de segunda mano, y les es perjudicial porque se les
precisa á vender muy baratas sus producciones disminuyendo el número de compradores, y de consiguiente la cànti-
dad de estas. Es un doble monopolio, por el que se dá un
aumento excesivo de precio á las mercancias, que compran,
y por el qual se quita al mismo tiempo el valor permanente y natural á sus producciones, que es el que resulta
de la libre concurrencia. Igualmente en uno que en otro
caso se destruye aquel nivel de precios sin el qual no es
posible conciliar los intereses, la felicidad, y la justicia, á
que son acreedores todos los individuos de una sociedad. La

libre concurrencia de compradores, y la facultad de vender
el productor sus géneros á quien mas le acomode, ó de llevarlos al mercado de qualquiera país en donde valgan mas;
es un derecho inherente al derecho de propiedad, ó por mejor decir es el mismo derecho de propiedad, el primero y
principal objeto, si no es el único, á que deben atender las
sociedades. ¿De qué serviría á los Americanos la propiedad
de un terreno, y la facultad de producir sin la facultad
de poder vender sus productos, permitiendo la entrada á todos los que quieran pasar á comprarlos, ó de llevarlos al
mercado en donde se los pagasen por su valor natural, que
es el que concede la libre concurrencia de compradores?
Quitar valor á una propiedad por falta de esta libertad es
atacarla. ¿Qué dirian esos mismos comerciantes Españoles si no
se les permitiese vender sus mercancias ó propiedades á no ser
á un corto número de determinadas personas, y en determinados lugares? El perjuicio y la injusticia que se hace á los
Americanos son tan claros, que es por demas detenerme á
manifestarlos. Es perjudicial al individuo Español, que no
sea el que haga el comercio de la América, excluir al Extrangero, por la misma razon que lo es al Americano, pues
debiendo vender sus géneros para el mercado de la América, quanto mayor sea el número de los que hagan este comercio, á mayor precio los venderá, y quanto mayor y mejor sea la venta de sus productos, mayor será la cantidad
de ellos que procurará presentar en el mercado; es decir,
nada puede estimular á la industria si falta al ciudadano la
libertad de disponer del fruto de su sudor, y la seguridad, que
debe ofrecerle la ley de que no hallará obstáculos, para que
pueda reportar de su trabajo todo el precio, que merece. Le
es tambien perjudicial, porque debiendo comprar artículos
de la América, quantos mas sean los que se los puedan
vender, mas baratos los comprará. Para que el comercio de
todos los vastos Dominios de España sea tan floreciente como puede ser, no se necesita otra cosa que quitar los obstáculos, que impiden el que se conduzca á la América el
superabundante de la Península, y á la Península el superabundante de la América. Para conseguir esto en vez de
perjudicar es muy útil que al Extrangero le sea permitido contribuir por su parte á facilitar este transporte, en

cuyo trabajo ó empleo se ocupan siempre las clases mas pobres , porque es el que ofrece ménos lucro. Así es que los conductores, ó arrieros de todas las Naciones son siempre los Naturales de los lugáres ó pueblos mas esteriles, cuyo terreno no ofrece un trabajo tan ventajoso como el de paises mas fértiles. Tal vez se dirá que permitido al Extrangero hacer por sí el comercio de la América, conducirá los géneros de sus manufacturas, y no los de las nuestras, lo que seria un perjuicio. No siempre sucederá así , pues ningún motivo hay , para que concedida la absoluta libertad, la industria de un país tan feráz como la España no ofrezca al Extrangero producciones nacionales que conducir á la América , como nos las ofrecen actualmente á nosotros paises de un terreno mucho ménos pingüe. Ademas , quando se trate de los efectos de la abundancia del dinero y del pernicioso sistema de *Aduanas* , verémos que es un error creer perjudicial permitir al Extrangero llevar á la América las producciones de su país. Mas, aun quando fuese perjudicial , el Gobierno Español con la exclusion adoptada no prohibe introducir en América las mercancias extrangeras ; prohibe solo la entrada de los mercaderes y comerciantes Extrangeros , mal muy considerable por la razon que se acaba de exponer, y por otras varias explicadas en el resto de esta Obra. Para hacer ver la mala fe de nuestros comerciantes, bastaría reflexionar que ellos jamas pretenden que se prohiba el llevar á las Américas géneros extrangeros ; solo tratan de que no sean comerciantes extrangeros los que los lleven directamente , y sí solo, por su medio ; porque ignoran el verdadero comercio , y creen que solo el comercio ratero de comision es el único que los puede enriquecer.

Esta exclusion siendo perjudicial , como hemos visto , para la gran masa de ciudadanos , lo es igualmente para el Gobierno , porque forzosamente lo ha de ser quanto lo sea al mayor número de aquellos , pues que las riquezas de esterno deben ser producto de un monopolio del Gobierno , y sí solo sacadas de las riquezas con que cada individuo en sociedad debe contribuir á sostener la justicia , el órden, la defensa , y la prosperidad del Estado. Es finalmente perjudicial á los mismos Comisionistas Españoles la exclusion al Extrangero del comercio de América. Tal vez esta verdad

parecerá mas obscura, pero no por eso es ménos cierta.
Los que hacen el comercio de comision están reducidos á
ser unos meros factores de otros; la principal ganancia
debe ser siempre para el propietario del género. Una prueba bien clara de esta verdad es que las casas de nuestros mas ricos comerciantes estubieron muy distantes de adquirir capitales tan considerables como los comerciantes de
Londres, Paris, Amsterdan, Hamburgo, y otras plazas de
Europa quando no puede asignarse otra causa que el no
hacer un comercio de propiedad. ¿Qué otro motivo puede
atribuirse quando la España por su localidad, y por sus
producciones indigenas y excelentes disfruta ventajas conocidas sobre todas las otras Naciones de la Europa, y quando
el comerciante Español individualmente gozaba de la ventaja de contar en la América segura la venta de sus géneros
por la no concurrencia de los extrangeros, que ó no se
llevaban, ó se admitian muy recargados? Los capitales de
los comerciantes Comisionistas, fuera de toda circulacion, pues
el Comisionista ningun fondo anticipa, no producen interés
á sus dueños por razon de este comercio, á diferencia de
los capitales de los que hacen el comercio de propiedad, que
jamas dexan de redituar. Una observacion bastante exacta
nos hará ver quan improductivos, é inútiles para el país
son los fondos, ó capitales de nuestros comerciantes Comisionistas, porque los tienen sin darles giro. En toda sociedad,
cuyo sistema de Economía camine á su perfeccion, el órden
regular de sus adelantamientos se inclina naturalmente primero á la agricultura, despues á la industria, despues al
comercio interno, despues al comercio externo activo, despues
al comercio externo pasivo de propiedad, y por último al comercio externo pasivo de comision, ó de transporte. Todo hombre en caso de reportar ganancias iguales, y aun menores, no
siendo excesivamente inferiores, prefiere emplear su caudal en
una propiedad territorial á destinarlo en el establecimiento de fábricas, ó en el comercio, porque lo tiene mas á la vista y mas
á su disposicion, mas independiente, y mucho mas seguro. Ademas la belleza del campo, los placeres inocentes de la vida tranquila, y sosegada de un propietario libre de las fatigas, y
cuidados continuos del fabricante, y del que se dedica al comercio, le atraen demasiado, y le mueven á dar la predi-

leccion á aquel empleo. Por esta razon los comerciantes de
todas partes son los individuos de la Sociedad que mas desean adquirir posesiones y heredades, y sus miras llevan
siempre por objeto proporcionar una fortuna capaz de hacerlos pasar á la clase de propietarios, y, aun ántes de llegar á esta situacion, tienen un vivo estímulo de comprar
en las inmediaciones de su residencia casas de campo con
alguna pequeña posesion, que cuidan con mas esmero que
los puros propietarios. Asi es que en las inmediaciones de
todas las Plazas de comercio de la Europa se ven con freqüencia quintas muy cuidadas, y mejoras de agricultura muy
útiles al país. Ahora bien; ¿cómo es que esta regla constante y general solamente no se verifica en las inmediaciones de Cadiz y Sevilla, en donde no se ve una sola quinta, las dos únicas Plazas, que desde el descubrimiento del
Nuevo Mundo tuvieron estancado todo su comercio, quando este debia ser mas productivo que el de ningun otro
Pueblo de la Europa, y quando la fertilidad de aquel terreno, y la blandura de aquel clima los debia convidar, y
estimular mas que en ninguna otra parte? La razon
única, que puede darse, no es otra que el no haber hecho aquellos comerciantes mas comercio que el de comision,
y estar habituados á mantener sus caudales muertos, esto es
sin giro, que de consiguiente nada redituaban á sus dueños. Un verdadero comerciante de un comercio de propiedad está habituado á emplear su capital en proyectos lucrativos, quando un comerciante mezquino de pura comision
jamas se atreve á ninguna empresa, en que tenga que anticipar parte alguna de su fondo. Aquel está habituado á
no tener ganancias sin haberse ántes desprendido de su dinero; este cree que le es mas ventajoso hacer sus ganancias, aunque sean moderadas, sin necesidad de desprenderse
de ningun capital. Estos hábitos tan contrarios son la causa
de que aquel sea un emprendedor animoso, y este un tí-
mido negociador. Aquel no se asusta de invertir un fondo
quantioso en la compra de una quinta, ó de una heredad.
Este por lo comun se arredra de desprenderse de un solo
maravedí. Hé aquí el verdadero motivo porque en las inmediaciones de Cadiz y de Sevilla, cuyos comerciantes hacen
el miserable é improductivo comercio de comision, no se

vén aquellas hermosas quintas, que en todas partes ador-
nan las inmediaciones de las grandes Ciudades comerciantes. Hé aquí porque en las inmediaciones de Valencia y de
Barcelona sobre todo, cuyo principal comercio fué siempre
de propiedad, á pesar de ser mucho mas reciente, y mucho
menor que el de Cadiz y Sevilla, se vén muchas casas de
campo, y posesiones formadas, y mejoradas por comerciantes.
Esta observacion manifiesta bastante bien en mi entender que
los capitales de nuestros Comisionistas son improductivos para ellos, é inútiles para la Nacion.

Del órden, que, segun se acaba de decir, lleva todo
sistema económico, quando camina á su perfeccion, y de
cuyo principio ningun Economista, ni hombre de juicio puede disentir, se deduce que el comercio de los Españoles con
el Nuevo Mundo es el último de este órden, ó lo que tanto vale, el ménos productivo, y el ménos ventajoso no solo á la prosperidad de la Nacion, mas aun á los mismos
comerciantes Españoles. La ciencia del comercio no se cifra
en hacer grandes ganancias á costa de comprar muy barato, y vender muy caro, como se persuade todo monopolis-
ta, y como resulta de todo monopolio; se cifra en hacer
crecidas ganancias á costa de una rápida circulacion de cambios igualmente ventajosos para el comprador que para el
vendedor. El comercio es el cambio de una cosa por otra
con mútua utilidad de los que cambian. De esta exâcta y
sencilla definicion del comercio se deduce, que todas sus
ventajas deben resultar del mayor número de cambios, y
del mas igual beneficio, pues que de este mas recíproco beneficio resultará que se haga un número mayor, y mas seguro de cambios; y este mayor y mas seguro número de
cambios será siempre el objeto de todo comerciante inteligente para reportar al fin grandes lucros. El comercio externo
pasivo, ó el de comision, al que se reduce todo el que hacen los comerciantes Españoles con el Nuevo Mundo, con
precision es el que mas dista de estos justos principios, y
de consiguiente el ménos ventajoso tanto para los que lo
hacen como para los que lo acetan. Con precision hay menor cantidad de materias permutables que si se sacasen de
la Península, porque ó no es permitido, ó es mas dificil
traerlas á causa de los mayores recargos; con precision hay

menor número de cambios porque las expediciones son mas largas, mas retardadas, y mas costosas; con precision su utilidad debe ser menor que si fuese un comercio de propiedad porque son mas los que deben entrar á la parte de ganancias, pues que ademas del Comisionista debe tambien contarse el Propietario, que, aunque tal vez no suena, es el que participa mas; con precision el mútuo beneficio debe ser mucho mas desigual, pues que el precio equitativo, natural, y justo de todas las mercancias, del que resulta la igualdad de beneficios, solo se conoce en un mercado, en donde es permitida la libre concurrencia de vendedores y compradores; con precision semejante comercio es ménos útil á la Nacion, y al individuo, porque siendo mas tardo, y mas costoso, ocupa ménos brazos; con precision, no ocupando tantos brazos como el comercio interior, no ofrece tantos medios de adquirir subsistencias; con precision, no ofreciendo tantos medios de adquirir subsistencias, debe contribuir ménos á la poblacion del país; con precision, contribuyendo ménos á la poblacion del país, ha de ser menor el número de compradores, menor la cantidad de la riqueza del país, y menor tambien el número de vendedores, que á su vez ofrezcan artículos de retorno á los que poco ántes habian sido vendedores; con precision el lucro, de los que hagan este comercio, ha de ser mucho menor que si hiciesen otro qualquiera; y con precision finalmente los que apoyan este comercio, ó son hombres de mala fe, que solamente quieren el monopolio, ó no entienden su oficio.

Todo comerciante sensato en caso de ganancias iguales, ó casi iguales debe preferir el comercio interno al externo activo, y este al éxterno pasivo, ó al de transporte, ó de pura comision, porque en este mismo órden le son mas productivos. Si nuestros comerciantes, en vez de hacer un comercio externo pasivo con la América, hiciesen el comercio únicaménte de géneros Españoles, tendrian ventajas muy superiores con beneficio conocido de sus conciudadanos. Sus negociaciones podrian ser mucho mas repetidas; y sus ganancias serian de este modo mucho mayores, aunque vendiesen mas baratas sus mercancias. Reembolsados sus Capitales mucho mas pronto serian mucho mas productivos, y estarian tanto mas seguros quanto mas los tuviesen á la vista.

R

Se ahorrarian de las incomodidades, gastos, y riesgos, que ofrece una conduccion mas larga, y de país extrangero. Pero lo que importa mas que todo es, que estando siempre en razon inversa el valor de las verdaderas riquezas con el valor de las riquezas representativas, quanto mas fomentasen la industria nacional mas valor tendria el dinero, que pudiesen adquirir. El capital de nuestros comerciantes empleado en el comercio interior pondria en movimiento dentro de la Nacion mayor cantidad de todo género de productos, ofreciendo trabajos en que emplearse mayor número de naturales, esto es, haciendo ricos, al mismo tiempo que aumentaban sus riquezas, á los que habian de ser compradores de sus géneros, de cuyo modo asegurarian aquel estímulo perenne de trabajos, y aquel giro continuo de cambios, de que resultan las riquezas de los individuos, y de las sociedades. En una palabra estando reducida la riqueza de todas las Naciones al valor permutable de sus producciones, y no sacando nuestros comerciantes sus ganancias sino de sus mismos conciudadanos, porque no hacian mas que un comercio pasivo, con precision les resultaría la mayor utilidad en esforzarse á que la riqueza nacional, de cuya fuente sacaban ellos toda la suya, fuese la mayor posible, y, para que lo fuese, era necesario que convirtiesen el comercio exterior en un comercio interior, y conveniente, el que los mismos Extrangeros conduxesen por sí sus géneros á los mercados de la Península, y de la América. Aumentando de este modo las producciones nacionales aumentarian forzosamente la poblacion, esto es aumentarian los productores, es decir los vendedores de las mercancias que ellos debian comprar; aumentarian los compradores de las mercancias que ellos tenian que vender; y aumentarian tambien los marineros que conduxesen y transportasen estas mismas mercancias. En resumen, del bien individual bien entendido resulta precisamente el bien general, y del bien general bien entendido resulta siempre el bien individual. Es tan evidente todo lo expuesto, que Autores muy sabios, llevando esta idea á un extremo defectuoso, suponen que jamas puede convenir á ninguna Nacion hacer un comercio exterior, ni aun quando sea puramente activo.

Al Español juicioso, y amante de su Patria debe serle

muy sensible que nuestros comerciantes no se penetren de estas ideas, y que se obstinen aun en sostener el plan errado, que tal vez la necesidad les hizo adoptar en un principio, pero que desde el reynado de Carlos III. solo la preocupacion, y el hábito les obliga á sostener con tanto perjuicio suyo acaso como del resto de sus conciudadanos de la Península, y de la América, pues al fin en toda sociedad las cargas del Estado han de ser sostenidas únicamente por los que tengan sobrantes; que es lo mismo que decir, á todo individuo interesa particularmente que el número de ciudadanos ricos sea el mayor posible. Es necesario obcecarse para no conocer que nuestros comerciantes hallarian ventajas, y recompensas incalculables con beneficio recíproco de sus conciudadanos en dedicar sus tareas, y capitales al fomento de las inmensas producciones, á que naturalmente se presta el suelo de los vastos Dominios tanto de la Península como de la America. Inglaterra, la Nacion mas rica de la Europa, lo es principalmente por la abundancia, y manufacturacion de sus lanas; á lo ménos á este solo capital debe el principio de toda su prosperidad; y España tiene esta preciosa materia de mucho mejor calidad, y en igual extension de terreno, por la bondad de su clima, puede mantener mucho mayor húmero de rebaños. El comercio principal de la Suecia, comercio suficiente á hacerla una Nacion respetable por mar y tierra, se reduce al producto de sus fábricas de fierro; y España tiene con abundancia, principalmente en las Provincias del Norte los mejores minerales de este metal, el mas útil y necesario al hombre, de quantos se conocen en la redondez de la tierra. La Polonia, la Sicilia, y los Estados Anglo-Americanos han progresado, y progresan sin otro comercio que el que hacen de la abundancia de sus trigos; y España en algunas Provincias Meridionales de la Península, y en la América Septentrional pudiera recoger suficiente cantidad para mantener tanta ó mas poblacion como la actual de toda la Europa. La Francia y las Islas del Archipielago con sus vinos, aguardientes, y aceytes hacen un comercio mas importante tal vez que con el resto de sus producciones, y manufacturas; y España pudiera extraer una cantidad de estos géneros mucho mayor, mucho mas varia, y de mejor calidad. La Silesia, y una parte de la Rusia florecen con el comercio de sus linos, y cañamos manufacturados y en rama; y España pudiera tenerlos en la Península, y principalmente en la América Meridional de mejor calidad, á ménos costo, y con abundancia para proveér á la mayor parte de la Europa. La China, la Persia, y toda la India, á pesar de distar muchos millares de leguas de las Naciones comerciantes de la Europa, sin tener que salir de su país hacen con ellas el comercio mas interesante, que se conoce hoy en el Mundo, reducido poco mas que á venderles sedas y algodones elaborados, y en rama; y la España en la misma Península, y en toda la América, principalmente la Meridional, pudiera cultivar estos preciosos artículos en cantidad suficiente para proveér á toda la Europa, aun quando consumiese una cantidad mucho mayor que consume en la actualidad. Finalmente el suelo de los vastos Dominios Españoles produce con facilidad quantas cosas se conocen útiles al hombre. Produce algunas muy preciosas que son indigenas de su suelo, como la cochinilla, el cacao, la quina, &c.; y pudiendo reunirse, y producirse en terreno Español el conjunto de todas estas cosas, capaz cada una de enriquecer Naciones enteras, ¡será posible que nuestros comerciantes para emplear sus capitales no hallen en el fomento de tantas producciones, y en los establecimientos de su manufacturacion un destino incomparablemente mas útil, y ventajoso, que en un comercio meramente pasivo, ó en un comercio mezquino de comision! ¡Y, lo que es aun mas extraño, será posible que el Gobierno Español, despues de la desgraciada experiencia de tres siglos, y despues de los felices resultados del Decreto de 1778, relativo á la libertad del comercio de la América, arrastrado de declamaciones insignificantes, y vagas, no trate de darle la extension que se debe, y no conozca que estas producciones son las riquisimas minas, que se deben cultivar, sin necesidad de que se abran las entrañas de la tierra para sepultar en ellas millares de víctimas, y para buscar allí el oro y la plata, que, á proporcion que se aumenta su cantidad representan menores cantidades de las primeras, sin cuya abundancia no puede prosperar una sociedad, ni reproducirse considerablemente el hombre, como veremos en el capítulo siguiente!

A una Nacion como la España, que puede producir primeras materias con exceso á su poblacion, esto es, á la que no le falta trabajo, para ocuparse sus habitantes en mejoras de agricultura y de industria, nunca le puede convenir el comercio de comision. Este solo deberá adoptarse por una Nacion como la Holanda, á la que falta terreno para emplear todos los brazos de sus habitantes, ó que no puede proporcionar suficiente cantidad de primeras materias manufacturables para dar ocupacion á todos sus naturales, pues si las pudiese proporcionar, aunque estas sean extrangeras, siempre esta ocupacion será mas ventajosa que la del flete, ó transporte; mas aunque falte terreno y proporcion de primeras materias manufacturables, y que de consiguiente para ofrecer trabajo á todos sus naturales á una Nacion le convenga el tráfico de flete, es por demas que la ley prevenga el que lo haga el natural del país, pues el extrangero hará otro mas lucrativo mientras haya quien lo auxilie con el de transporte. Por mas sabia que en esta parte nos parezca la famosa Acta de navegacion de la Gran Bretaña, á los ojos de un buen observador debe tener muy poco mérito, si se atiende que los Ingleses podian proporcionarse un trabajo mucho mas lucrativo que en fletes, en su agricultura é industria, muy atrasadas en aquella época. Si una Nacion se halla atrasada en su agricultura é industria, infaliblemente tendrá poca poblacion, y forzosamente le convendrá entónces aplicar á estos ramos todos los brazos; si es industriosa, ni sus naturales querrán, ni verán su conveniencia en aplicarse á ser los conductores ni aun de sus mismas producciones, y manufacturas con preferencia á estos trabajos, siempre que Extrangeros quieran ser los portadores. Así por demas será que la ley prevenga que los naturales conduzcan sus producciones, pues la necesidad los precisará á conducirlas, y su interés exige que se dediquen á otros trabajos de primer órden, y por lo mismo mas lucrativos, y de utilidad ménos precaria. A la España pues, cuyo suelo feraz puede ofrecer un trabajo muy lucrativo en el ramo solo de agricultura á mas que un sextuplo número de habitantes, de los que tiene en la actualidad, de ningun modo le puede ser útil dedicarse á transportar géneros extrangeros. Decir lo contrario es lo mismo que querer persuadir que es útil

que una Nacion haga el oficio de criado, y no de Amo;
ó que sus individuos sean los operarios, ó auxîliantes de
fábricas extrangeras, en vez de ser ó los mismos fabricantes, ó los que ofrezcan á estos primeras materias, én cuya
abundancia consiste siempre la primera, y principal riqueza
de una Nacion.

La España en vez de buscar brazos Extrangeros para llevar sus producciones á un nuevo Continente, de que se habia hecho poseedora, pues no tenia ni con mucho suficiente poblacion para cultivar su hermoso terreno, y manufacturar sus excelentes producciones á causa de la expulsion de los Moros y Judios, empleó los pocos que tenia
en fomentar la agricultura, é industria Extrangera, auxîlian-
dolas con el transporte ó flete, la parte de trabajo ménos
productivo que puede haber en toda sociedad. El Gobierno
Español en vez de convidar al Extrangero con esta parte
de trabajo menos lucrativo para que los Españoles se dedi-
casen á la parte de trabajo mas útil, qual era producir y
manufacturar, hizo todo lo contrario, y el resultado fué
tan funesto para los mismos Españoles como para los Americanos. La Nacion Española, quando hace este comercio de
comision, puede compararse al poseedor de un vasto, pero descuidado patrimonio, que exige muchos brazos y capitales para las mejoras que necesita, y el qual con todos
sus hijos se pone á servir un amo en lugar de cultivarlo,
y hacer las mejoras, que pudiese aplicandole el trabajo posible, sin el que el patrimonio viene á ser un capital inútil, por mas feraz que sea el terreno que lo compone. Con
el sistema de que los Españoles sean los conductores de mercancias Extrangeras al mercado de la América, solo se consigue el que queden mas brazos de estos empleados en trabajos ménos lucrativos, y mayor número de Extrangeros ocupados en trabajos mas útiles, quales son producir y manufacturar para nosotros. De esta manera los Españoles quedaban convertidos en los operarios mas subalternos de los trabajos extrangeros, y de consiguiente los que cobraban salarios mas baxos, y su patrimonio abandonado, é inútil la
fertilidad de su suelo sin cultivo, que es decir perdido ó
inutilizado el que debian mirar como el principal capital de
todas sus riquezas, qual era su terreno cultivado como es po-

sible. Este sistema en vez de favorecer la prosperidad nacional, y contener los progresos de la prosperidad extrangera, como se creía, obraba justamente los efectos contrarios con desventaja conocida de los mismos, que se dedicaban á un comercio tan poco lucrativo.

Por una falta grosera de prevision el Gobierno Español cometia el error de atender solo á la ganancia que producia este comercio de comision, sin compararla con la que debia producir el trabajo de los que se dedicaban á él, aplicado á la agricultura y á la industria nacional. Por falta de esta comparacion tan esencial se forma el cálculo inexâcto de mirar como una ganancia neta el producto de un trabajo tan poco productivo; y no se calcula, y averigua la ganancia, que se reportaría de que el individuo Español trabajase en propiedad suya, auxiliándola tal vez con el trabajo de los extrangeros, y aumentando por este medio con beneficio recíproco un capital, que es inútil sin brazos. Seguramente si los Españoles por su mucha poblacion no pudiesen emplearse en este destino sería un mal privarlos de aquella ocupacion, pero miéntras no se hallen en este caso, el perjuicio, que se les sigue, es tan evidente que sería vano detenerme mas tiempo á demostrarlo. Fletes y prosperidad siempre están en razon inversa; quanto mas industriosa sea una Nacion ménos fletes podrá alquilar al Extrangero, porque mas ocupados tendrá sus buques en transportar la mayor abundancia de sus mercancias; mayor será tambien el número de marineros que emplée, y mayor el número de buques y de artesanos destinados á su construccion. Es pues un absurdo suponer que, por la libertad que se concediese al Extrángero para hacer por sí el comercio de América, disminuiría el número de marineros, y el de los artesanos destinados á la construccion de los buques. Es igualmente un error creer que, por falta de capitales, miéntras no tengamos fábricas, nos pueda convenir el comercio de comision. Si por falta de fondos no podemos ser de repente fabricantes, y comerciantes, á lo ménos podemos ser agricultores, que no vale ménos. Para esto una Nacion no necesita mas capital que brazos y terreno. Pocos años serán suficientes para que este solo ramo, libre de las trabas, que lo han paralizado hasta ahora, nos proporcione fondos, y suficiente poblacion para otros muchos establecimientos. Finalmente es un absurdo persuadirse que pueda ser perjudicial á nuestros actuales comisionistas la libertad concedida al Extrangero. Los Españoles, que hacen el comercio de comision no se dedican á él por falta de caudales para emprender un comercio de propiedad; lo hacen solo por un hábito envejecido, en el qual adquirieron su fortuna, y por ignorancia, ó por irreflexion no tienen valor para entablar el interno de propiedad, que les sería mucho mas útil al mismo tiempo que lo fuese á toda la Nacion. Verificada la decadencia de nuestra agricultura é industria luego despues del descubrimiento de la América, y conservando aun la Nacion la perniciosa preocupacion de mirar como poco honrosa la profesion del comercio á causa de las ideas, que en aquella época inspiraba el sistema del feudalismo, solo se dedicaba á tan honrado como útil destino gente miserable, y sin recursos. Los comerciantes Españoles sin fábricas nacionales, y sin capitales se contentaron con hacer un tráfico de comision. Dueños ya de fondos bastante considerables para emprender establecimientos, y un comercio interno de propiedad, que les dexase toda la ganancia, que llevaba el Extrangero, debian pensar en hacer este comercio fomentando la agricultura, é industria nacional, pero detenidos por un hábito contrario, de que rara vez prescinde el hombre, ó arredrados por las nuevas trabas, que cada dia se ponian, ó por la poca seguridad, que un Gobierno arbitario ofrecia á todo establecimiento de industria, se contuvieron de formar fábricas, y prosiguieron haciendo el tráfico de comision, en el que, no necesitando hacer anticipaciones ni desembolsos, podian con mas facilidad ocultar sus caudales al Gobierno. Un comerciante de Cadiz, cuyo capital se regula en un millon de pesos, se lastimaba de que no podria subsistir sin el comercio de comision, y me decia, que concedida la libertad al Extrangero, él no emprenderia ningun establecimiento, ni comercio diferente del que habian hecho sus Antepasados. Tal es la fuerza del hábito.

CAPITULO V.

EXÁMEN DE LA TERCERA CAUSA, Á QUE ATRI-
buyo la decadencia de la España, á saber: la grande
cantidad de plata traida de la América á
la Peninsula.

Tres siglos de experiencia debian desengañar ya á los Españoles de que la grande cantidad de oro y plata no es la que debe hacer su prosperidad, por mas que en su abundancia se crea aun ver la riqueza de las Naciones. Todas se creen mas ricas quando tienen mas oro, y plata que las demás, y todas padecen una ilusion. Adoptados estos metales en todas las Naciones civilizadas por signos representativos de todas las cosas, esto es, admitidos por la medida comun de todas las demas mercancias, creyeron no faltarles nada quando tenian dinero, y por lo mismo los miraron como la principal, y primera riqueza. Pero por mas estimacion que se pretenda dar á estos metales, como su abundancia disminuye su valor, esta luego que suba á cierto punto, con precision será muy perjudicial; y, como aun quando lleguen á tener este mayor valor de nada, ó de muy poco podrian servir á no ser para hacer cambios, y adquirir por ellos las cosas necesarias al hombre en sociedad, no es en ellos mismos en lo que consiste la primera, y principal riqueza de una Nacion, y sí en aquellas cosas sin las quales el hombre no puede subsistir, como son las producciones, que solo se reproducen para consumirse. Una Nacion, que produxese solamente oro y plata, tendria una existencia muy precaria, y estaría continuamente expuesta á accidentes muy funestos; de ninguna manera podria subsistir sin el auxilio de la que le convirtiese estos metales en los artículos propios para su alimento, su vestido, su habitacion, y su comodidad, al paso que la que produxese estos artículos, podria subsistir perfectamente sin ningun dinero, y sin ninguna comunicacion con la primera. Es decir no sirviendo los metales, considerados solo como materia para la moneda, sino de riqueza representativa para adquirir lo que el hombre necesita, mas conveniente será siempre á una Na-

S

cion tener aquello en que necesita convertir su dinero, que tener el mismo dinero, pues ademas de que las otras cosas por sí solas sirven para mantener al hombre, lo que no sucede con la moneda, no puede haber una sola de aquellas, que no haga el mismo efecto del dinero, esto es, que no sirva de medida comun para adquirir lo que se apetece, único objeto para que es útil la moneda. Haber pues mirado el dinero como la primera riqueza fué un absurdo igual al que sería decir que una abundancia de moneda no sea hoy una riqueza, miéntras esta sea producto del cambio de otros trabajos, y no efecto del trabajo de la cosecha oro y plata, y miéntras con ella el hombre pueda adquirir lo que le falta, y facilitar los cambios con mas comodidad que con ninguna otra materia á causa de su fácil transporte, de su comoda division, y de su mas duradera conservacion.

La España con el descubrimiento, y conquista del Nuevo Mundo quedó en el Continente de la Europa la cosechera casi única del oro y la plata, y se halló de repente con una abundancia excesiva de estos metales, que arruinaron su agricultura, y su industria. Siempre que en una Nacion haya mas dinero que en otra, la moneda tendrá ménos valor en aquella que en esta, esto es todo trabajo costará allí mas dinero, y desde entónces su agricultura y su industria decaerán forzosamente, porque siendo sus producciones mas caras que las de la Nacion ménos adinerada, no podrán concurrir con ellas, y solo se consumirán las de la Nacion ménos adinerada, que las ofrecerá mas baratas. La abundancia excesiva del dinero, cuyo exceso, ó desnivel se verifica, y es pernicioso desde que vale ménos que en otra Nacion, perjudica de una manera clara á la agricultura, industria, y comercio, privando á estos ramos de la prosperidad de toda Nacion de un número de brazos á proporcion de su abundancia. Supongamos que en una de dos Naciones de igual poblacion, y de igual industria y terreno, por un accidente, y no por un efecto de su industria, dos mil individuos hubiesen adquirido de repente un capital de doscientos mil duros cada uno, con cuyo fondo pueden pasar una vida comoda sin trabajar, desde aquél momento serán otros tantos brazos perdidos para la agricultura, y las artes, al mismo tiempo que en la otra que no tuvo este accidente, no encontrándose un solo individuo que haya adquirido una fortuna suficiente para poder vivir sin trabajar, todos los ciudadanos continuarán dedicándose á sus antiguas tareas. Desde aquel momento habrá en la primera dos mil familias ménos que se dediquen á un ramo de trabajo, porque el hombre en todas partes dexa de trabajar desde que llega á poseér un capital suficiente á mantenerse á sí y á su familia á expensas de sus rentas, ó del rédito de su dinero. Desde aquel momento en la Nacion ménos adinerada habrá el producto por el pronto de dos mil familias mas, y en esta razon será mayor la abundancia de sus verdaderas riquezas; en esta proporcion serán tambien mayores sus conocimientos, pues que son dos mil familias mas no solo á trabajar sino á discurrir en mejorar, y perfeccionar sus artefactos, porque el arte de inventar parece que solo es dado á los que procuran aprovecharse de él, rara vez á los ricos, y jamas á los que una vez se habituaron al ócio. Dixe que por el pronto el exceso del trabajo sería de dos mil familias, pero muy luego excederá considerablemente de este número, porque el desnivel excesivo del dinero infaliblemente precisará á un número incalculable de ciudadanos, que ántes eran trabajadores, á dexar de serlo. Quando los individuos de una sociedad adquieren sus fortunas solo á fuerza de trabajo, y de industria, y no por un efecto de monopolios, de privilegios, de vexaciones, ó de robos, entónces regularmente no llega á verificarse una abundancia tal de dinero que sea excesiva, porque los capitales se adquieren lentamente, porque todo está nivelado, y solo el desnivel es lo que forma la abundancia excesiva. Entónces las grandes desigualdades de fortunas son muy raras; entónces todos los ciudadanos son económicos, y laboriosos; péro quando el dinero se reproduce con facilidad, qualquiera que sea el motivo de esta fácil reproducion, y de su abundancia, entónces se vén en la sociedad muchos disipadores, y profusos; entónces son muchos los ciudadanos, que dexan de trabajar; entónces dexan de ser brazos útiles á la agricultura, y á las artes, no solo los que adquirieron aquella abundancia de dinero, sino tambien sus familias, un número muy considerable de criados, y otro número mucho mayor de

ciudadanos , á quienes precisan á mendigar , porque aquella
profusion agregada á la mayor escasez de producciones, que
resulta del mas corto número de trabajadores , encarece los
artículos mas necesarios para la subsistencia del hombre; y
de este modo un número muy considerable de individuos
dexa de dedicarse al trabajo , porque no puede comprar
su subsistencia. En confirmacion de esta verdad observe-
mos un hecho , que la comprueba , pues que el hombre , sabio quiere siempre datos para exâminar si se deduce con exâctitud , y el ignorante los apetece igualmente , porque , no sabiendo deducir sin hechos anteriores , juzga solo por el resultado. Las Provincias de España , en donde , desde el descubrimiento del Nuevo Mundo , entró mayor abundancia de dinero , á pesar de ser las
de terreno mas feraz , las de mejor clima , las que ántes de
este suceso eran mas pobladas , y las que tenian mayor número de fábricas , pues solo tres Ciudades de Andalucía , Sevilla , Cordoba , y Granada tenian acaso ellas solas tantas
fábricas como el resto de la España , son justamente en el
dia las mas pobres , las que tienen menor número de brazos útiles , las que ofrecen menor cantidad de producciones,
y las mas despobladas. Tales son Andalucía en donde entró todo el oro y plata traído de la América á la Península ; la Extremadura , en donde entraban anualmente cantidades muy crecidas por el mantenimiento de todo el gana-
do trasumante de España ; y las dos Castillas , en donde
se hallaba el Gobierno , y toda la primera Nobleza de la
Nacion , quienes atraían las dos terceras partes de todo el
dinero de la España. Aunque tal vez se quiera decir que
Asturias , Vizcaya , y Navarra deben á sus Constituciones
no haber sufrido igual decadencia , sin embargo , Cataluña , Murcia , Valencia , y Galicia regidas por las mismas
leyes que Andalucía , Extremadura , y las dos Castillas,
no pueden deber su mayor prosperidad á otra causa que á
la menor abundancia de moneda , y principalmente á no
haberla adquirido tan repentinamente , ni por otro medio que por un efecto de su industria , de cuyo modo no se trastornó tan considerablemente como en las otras
el nivel del dinero.

Los Españoles , que pasaban á la América , sobre todo

los Empleados, en pocos años juntaban caudales inmensos. En España ya no se conocia otro modo de enriquecerse rápidamente mas que haciendo un viage á la América. Vueltos estos hombres á la Península, ó en otro caso sus herederos, aumentaban considerablemente sus gastos, tomaban á su servicio un número crecido de criados, que eran otros tantos brazos perdidos para la industria, y ponian en circulacion mayor cantidad de dinero, que perdia de su estimacion, y por este motivo aumentaba el número de mendigos. La moneda, como todas las demas mercancias, tiene un valor relativo, ó acomodado á las necesidades, esto es, alza, ó baxa segun escasea, ó abunda, ó segun la opinion, que se forma de su escasez, ó de su abundancia. Quando en una Nacion se pone en circulacion doble cantidad de dinero de la que habia, la mercancia, que ántes costaba una onza de plata, costará despues dos onzas. Sería una pura ilusion creerse uno mas rico quando tuviese dos onzas de plata, que quando tenia una. El numerario será diferente, pero el valor de las dos onzas no es mayor que el de la una, pues que en estas diferentes épocas tanto representaba ántes una onza como dos despues, es decir, lo mismo se compraba despues por dos onzas, que se compraba ántes por una sola. El que en esta segunda época no hizo mas que duplicar su dinero, no es mas rico que era ántes; la abundancia del dinero para él es enteramente inútil. Mas el que en la segunda época tiene el mismo dinero, solamente puede comprar una mitad de los artículos, que hubiera podido comprar en la primera época; es decir á este la abundancia del dinero, que otros adquirieron sin serles útil, le disminuyó la mitad de su riqueza metálica, porque le disminuyó la mitad de su valor, ó representacion. Como el dinero puesto en circulacion en una Nacion no puede tener mas valor que el importe de todos los consumos comprados de sus naturales, y como este mismo valor no puede dexar de existir, qualquiera que sea la cantidad del numerario, la abundancia de dinero, que traían los Españoles de la América, era una riqueza puramente imaginaria, pues que no pudiendo ser mas que una riqueza representativa de todos sus consumos, y no pudiendo dexar de representar estos consumos qualquiera cantidad, que ántes tuviesen, de su abundancia , ningun beneficio reportaban los Españoles , y se les debian seguir de ella muchos males, como veremos mas adelante. Esta idea tal vez algo metafísica será ininteligible para algunos , y obscura para otros ; presentemosla pues baxo un aspecto mas sencillo , de cuyo modo parecerá mas clara. Supongamos que todo el mundo comerciante estuviese reducido á solo la Europa , y supongamos que, privada de minas de oro y de plata, nunca pudiese tener en circulacion mas que cien millones de pesos. Sería un absurdo persuadirse que la Europa en aquel caso , por no poder aumentar la cantidad de numerario , no podria aumentar la cantidad de sus verdaderas riquezas , y progresar igualmente que progresa hoy en su agricultura, artes , y comercio, teniendo mil millones de pesos en circulacion. Es pues en un todo quimérica la riqueza que resulta de la abundancia , del numerario , quando este solamente es una riqueza representativa de la cantidad de trabajos , y quando estos igualmente son representados por los cien millones que por los mil millones.

Por lo dicho se demuestra geométricamente que la Europa ningun aumento de riqueza verdadera ni representativa adquirió con la moneda acuñada con el oro y la plata de la América. No hizo mas que aumentar su materia sin aumentar su valor , esto es sin lograr que su riqueza numeraria representase mas artículos de verdadera riqueza. Veamos si la España , la única explotadora de las minas de donde eran extraídos estos metales , podia reportar algun beneficio de serlo, ó si se le seguia un verdadero perjuicio. Para conocer quando una Nacion es mas rica y mas feliz , no debe atenderse á otra cosa que á la mayor cantidad de producciones, que sean el resultado del trabajo de un número menor de individuos , y que mantengan mayor número de ciudadanos , y de ninguna manera á la mayor abundancia de numerario , bien que esta abundancia será siempre el signo de su prosperidad, quando se adquiera solo por el cambio de aquellas producciones. Para conocer aun quando una Nacion es mas rica en dinero solo , no basta comparar la cantidad de dinero que tiene con la cantidad de dinero que tiene otra Nacion. Es necesario ademas comparar lo que representa en el mercado la cantidad de dinero que tiene la una , y lo que representa la cantidad de dinero que tiene la otra. Si estos metales acuñados son la medida del valor de todas las demas mercancias, el valor de estas es recíprocamente la medida del valor del dinero. Suponer por exemplo que con veinte doblones se compra tal caballo es lo mismo que suponer que tal caballo es la medida del valor de veinte doblones. De esta manera si en Cadiz un artesano para mantenerse con alguna comodidad necesita diez reales , y en Galicia para mantenerse con la misma comodidad solo necesita quatro reales, mas rico será el artesano, que gane cinco reales en Galicia, que el artesano, que gane diez reales en Cadiz. Desde que las Naciones principiaron á hacer mayor úso de la moneda , fué un error muy perjudicial haberla considerado como medida absoluta, de la manera que tal vez lo podia ser ántes á causa de su escasez ; pero fué aun mas pernicioso para la España despues del descubrimiento del Nuevo Mundo haber considerado el dinero independientemente de toda relacion , ó como una cosa , que por su naturaleza mide todas las demas, y no es medida por ninguna. Este error vino á ser un principio general del comercio, y de todos los Gobiernos, que en su conseqüencia adoptaron el pernicioso sistema de preferir el dinero á todos los demas trabajos sin permitir su extraccion , y sin advertir que su misma abundancia lo envilecia, y era causa de la escasez de los otros artículos ; para cuya adquisicion podia servir únicamente. Un error tal precisará á todas las Naciones á sufrir la triste alternativa de pasar de la opulencia á la mayor miseria. Veamos lo que sucedió á la España para congeturar lo que deberá sucederle aun , y lo que sucederá á otras Naciones , si llegan á tener una superabundancia excesiva de dinero.

. Inmediatamente que hubo en España mas numerario puesto en circulacion , que habia ántes del descubrimiento de la América, y que la opinion pública contaba aun mucho mas del que habia en realidad , todo se encareció extraordinariamente , ó , lo que es lo mismo , en esta proporcion baxó de su valor el dinero. Ya hemos dicho , que , quando por la abundancia excesiva de la riqueza representativa el nivel de precios se trastorna con respecto á las otras Naciones , los ramos de prosperidad decaerán infaliblemente en la mas

adinerada , porque siendo ménos estimado el dinero á causa de su abundancia no podrá ofrecer sus producciones á
precios tan comodos , como las ofrecerán las Naciones ménos adineradas , lo que impedirá que concurran unas , y otras
á un mercado comun. Esto es lo que sucedió á la España,
cuya abundancia de dinero traído de America causó la rüi-
na de su agricultura , y artes , y disminuyó su valor por
un doble motivo , á saber , por su abundancia , y por la
escasez de los demas artículos. El dinero pierde de su estimacion , es decir , vale ménos en unas ocasiones que en otras,
ó en unos paises que en otros paises por tres motivos , que
todos se verificaron en España por un efecto forzoso del Sistema Económico adoptado con la posesion de la América.
Pierde de su valor , como hemos visto , por su mayor abundancia , ó por la mayor cantidad de signo , que representa
al mismo dinero , y mas quando este signo tiene toda la
confianza pública. Pierde por la falta de brazos para el trabajo ; así es que quando hay mas trabajo que jornaleros, los
jornales suben por la falta de brazos , ó , lo que es lo mismo , entónces se necesita mas dinero para comprar los productos de aquellos jornaleros , esto es , se disminuye el valor
del dinero. Pierde este finalmente de su valor á causa
del aumento de Impuestos , porque estos quitan muchos brazos á la industria , agricultura , y comercio , empleando no
pocos en su recaudacion , y obligando á un número aun
mucho mayor á mendigar , porque no pueden pagar el nuevo Impuesto , de cuyo modo quedan inútiles para trabajar.
La pérdida pues de tantos brazos disminuye las elaboraciones , aumenta su precio , y de consiguiente el dinero vale ménos. Exâminemos mas á fondo esta verdad , que servirá para ilustrar otras ideas , que anunciaré en el capítulo inmediato , y que de otro modo parecerian muy extravagantes.
Aun quando los Impuestos sean tales , que no reduzcan
á la mendicidad á los que los pagan , esto es , aun quando no disminuyan las elaboraciones , disminuyen precisamente el valor del dinero. Es forzoso que el precio de todas
las producciones seperabundantes de cada individuo se nivele con el precio de todos sus consumos comprados , y de sus
Contribuciones; esto es , el labrador por exemplo , que vendia diez fanegas de trigo de cada cosecha , la cantidad su-

perabundante que tenia, y con su producto compraba los demas artículos necesarios para su subsistencia, luego que se establezca un nuevo impuesto, si es que no ha de mendigar, tiene que vender á mayor precio las diez fanegas, porque, siendo todo su sobrante, de ellas ha de sacar para satisfacer la nueva Contribucion, y para comprar los mismos artículos que ántes compraba, que por la misma causa con precision se venderán mas caros; esto es, el dinero ha de perder de su valor. Lo mismo sucede con el artesano, con el propietario, y con todas las demas clases. El artesano, que se mantenia con una peseta diaria, por la qual vendia su trabajo, ó ha de pasar á la clase de mendigo, ó para poder satisfacer el nuevo Impuesto, forzosamente ha de vender mas caro su trabajo, ó lo que viene á ser lo mismo, el dinero representa ménos.

El Gobierno, y los ciudadanos Españoles cada dia sacaban de la América mayores cantidades de dinero, y desde aquella época cada dia aquel acudia á nuevas Imposiciones, que ellas mismas agravaban el mal mas y mas, porque con cada nueva Imposicion el Gobierno, aunque por una parte aumentase las sumas que recibia, por otra parte disminuía el valor de su renta, que solo consistía en dinero; y disminuía tambien por otra parte la misma cantidad de moneda que debia recibir, porque aumentaba el número de individuos, que dexaban de ser Contribuyentes. De todo lo dicho se deduce pues que de la abundancia del dinero traído de la América era un efecto forzoso la carestía asombrosa, á que llegaron en España con respecto á las otras Naciones todos los artículos de verdadera subsistencia; que de esta carestía resultaba aquella multitud increíble de pordioseros, cuyo número en tiempo de Felipe V., y aun despues se hace ascender á dos millones, quando toda la poblacion no pasaba de seis; que de esta misma abundancia provenia la fundacion de medio millon de Vínculos, ó Mayorazgos, que se cuentan en España, y cuyo principio no pasa del reynado de Carlos V., establecimientos, que hacian otras tantas familias inútiles para el trabajo, y que privaban á la sociedad de un número muy considerable de matrimonios, y de poblacion; que á esta misma causa se puede atribuir el aumento de una multitud de establecimientos fundados por

T

una piedad mal entendida, en los que siempre se podian contar cerca de 200 personas de ámbos sexós perdidas para el trabajo, y por un cálculo prudente cerca de 15 matrimonios ménos anualmente, sin contar con el resultado de estos mismos; finalmente se debe deducir, que, siendo en último resultado el efecto de la abundancia del dinero hacer, que el que la disfrute, salga de la clase de trabajador, y siendo el mayor número de trabajadores lo único, que constituye la mayor prosperidad y riqueza de toda sociedad, es evidente, que, quanto mayor sea en una Nacion el número de adinerados, ó la abundancia de las minas que lo producen con facilidad, menor será el número de individuos, que se dediquen al cultivo de las verdaderas producciones, ó riquezas; esto es, quanto mayor sea la riqueza representativa, ménos se cuidará de tener de cosecha propia la riqueza representada, y menor será el valor de una cantidad dada de aquella, esto es, mucho mas caras serán las producciones de una Nacion.

Para que el dinero no perjudique á una Nacion es necesario que guarde un nivel exâcto con el de las demas Naciones; es decir es necesario que tenga un mismo valor, ó que la masa de sus principales producciones guarde un equilibrio de precios, con la masa de producciones principales de otra Nacion; equilibrio, que infaliblemente se destruirá con una cantidad desigual de dinero, esto es, teniendo mas dinero una Nacion que las demas. Por mas que este lisongée al individuo, su abundancia perjudica al cuerpo político, ó á la Nacion en masa, del mismo modo que daña al cuerpo físico la sangre con exceso, pues ahoga al que la reúne. Es lo que sucedió á la España, y á la América, que nadando en oro, y plata fueron los paises, que ménos progresaron.

Las demas Naciones de la Europa, que no tenian ni tanta cantidad de dinero, ni minas que lo produxésen con aquella abundancia, lo estimaban mucho mas, esto es, ofrecian sus producciones á un precio mucho mas cómodo, porque valiendo en ellas el dinero mas, debia valer ménos la mano de obra. Como, ademas de los brazos, que la abundancia del dinero quitaba, segun hemos visto, á la agricultura, artes, y comercio, le quitaba otra porcion muy considerable el cultivo material del mismo dinero, en cuya explotacion, y fabricacion empleaba un número muy considerable de brazos, como luego veremos, cada dia debia ser mucho menor el número de las personas, que podian dedicarse al trabajo de las verdaderas riquezas, esto es, á las primeras materias de su suelo, y á su manufacturacion. De este modo los Españoles se veían precisados á comprar cada dia mas géneros al Extrangero. Cada dia era tambien mayor el número de artesanos, que cesaba de trabajar por las causas dichas. Cada dia era mayor el número de fabricantes, que abandonaba fábricas, que no podian ya darles utilidad, teniendo que comprar mas caras las primeras materias á causa de su mayor escasez, y que pagar á mayor precio los jornales por falta de jornaleros. Cada dia era mayor el número de labradores, que por imposibilidad de subsistir cesaba de cultivar producciones, que por otra parte no podian concurrir al mercado con las extrangeras. Cada dia disminuía el número de mercaderes, que hiciesen el comercio de géneros nacionales, que ya no se producian. Cada dia disminuía finalmente el número de trabajadores de todas clases, y de consiguiente las riquezas de la Nacion. Agricultura, artes, y comercio, que no pueden dexar de seguir una misma suerte, todo decayó en España á un mismo tiempo, y con una rapidez increible, viniendo á ser una misma todas las tres causas á que atribuyo la decadencia de la Península, y de las Américas. Qualquiera otra Nacion de la Europa, que no tuviese un terreno tan feraz, y un clima tan excelente, se hubiera convertido en un desierto, si de repente hubiese adquirido tanto oro, tanta plata, y tantas minas, cuya posesion exclusiva no puede producir sino miseria, y despoblacion. Los Escritores nacionales, ignorando el verdadero orígen de la decadencia de la España, la atribuyeron á causas, que eran ya efectos, sin haber descubierto que una de las principales causas de nuestros males consistia en la posesion, y abundancia de la plata. Los Autores extrangeros, que eran imparciales, la atribuyeron á los mismos motivos, y otros, que escribian por espíritu de Nacion, y cuyo número era el mas crecido, la atribuyeron á la gran apatía, que suponian ser el carácter de los Españoles. No atendian que esos mismos Españoles

pasaban poco ántes por una de las Naciones mas laboriosas
de la Europa ; que una Nacion no puede variar repentinamente' de carácter ; y que en aquella misma época, en que
principió su decadencia, y algun tiempo despues, era aun
la Nacion mas aguerrida de la Europa , circunstancia, que viene muy mal con la apatía, que se supuso caracterizaba á
cada individuo.

La España desde el descubrimiento del Nuevo Mundo
comenzó á caminar precipitadamente ácia su ruina , y el Gobierno en vez de conocer la raiz del mal, no tomaba sino
las disposiciones mismas , que contribuían á agravarlo. Como la falta de dinero era el último resultado, semejante al
enfermo , á quien el agua aplaca la sed, y cuyo auxilio
momentaneo no sirve sino para relaxar mas y mas la fibra,
dinero y mas dinero eran sus únicos votos , sin hacerse
cargo que esta misma abundancia era lo que habia relaxa-
do, y quitado el tono á todas sus partes. Para llenar sus
necesidades cada dia imponia una nueva Contribucion , con
la que cada dia reducia á la mendicidad una porcion de brazos , que basta entónces habian sido útiles , y cada vez tenia ménos Contribuyentes, que pudiesen satisfacerlas , y la
Nacion ménos trabajadores , y de consiguiente ménos riquezas verdaderas , ménos valor una cantidad dada de riqueza
representativa, y ménos cantidad de esta , porque cada dia
necésitaba desprenderse de mayores sumas de dinero para comprar al Extrangero cada vez mas artículos de primera necesidad. Cada dia estancaba un nuevo artículo , con cuya
providencia cada dia privaba de subsistencia á una porcion, de familias , y á la Nacion de la verdadera riqueza que le debia resultar del mayor producto de trabajo,
que con precision resultaría de la libertad del género estancado , pues el mayor consumo del género no puede
dexar de ser en razon de su mayor baratez. Cada dia
prohibia , ó recargaba la importacion de un género extrangero, con lo que cada dia hacía mas caros los consumos, y
mas dificil la multiplicacion de los hombres , aun mas de
los naturales que de los extrangeros, obligandolos, ó á mendigar , ó á hacer el contrabando, y de consiguiente impo-
sibilitándolos de sacar de la tierra mayor cantidad de producciones , de lo que depende únicamente la mayor prospe-

ridad de todos. Cada dia prohibia, ó recargaba la exportacion de un artículo nacional, con lo que cada dia arruinaba directamente un ramo de verdadera riqueza, y cada dia privaba á una porcion de naturales de lograr por aquel medio su subsistencia, y á los extrangeros de satisfacer de aquel modo mayor número de necesidades. Cada dia abria una nueva mina en la América, con lo que cada dia hacía mas despreciable su misma cosecha, sin que al extrangero resultase ningun beneficio de que circulase en la Europa mayor cantidad de moneda, que no podia tener mas valor que si fuese una cantidad mucho menor. Cada dia destinaba una porcion mayor de brazos á beneficiarlas, con lo que cada vez se privaba mas de poder producir las verdaderas riquezas, teniendo por lo mismo cada dia mayor escasez de dinero, pues el aumento de este nunca puede suplir en la misma proporcion la falta de aquellas; y cada vez finalmente el Extrangero tenia ménos consumidores de las muchas que podia producir la España, y que faltan á su suelo.

Escaseaba el dinero por último tanto mas, y tanto mas difícil se hacía el restablecimiento de la agricultura, artes, y comercio, quanto mayor era la cantidad, que se recibia. Medio siglo despues del descubrimiento del Nuevo Mundo el Gobierno Español mantuvo por espacio de dos siglos númerosos exércitos en Italia, Alemania, Holanda, y Flandes, que consumian todo el tesoro público, y aun se necesitó contraer deudas espantosas. Los individuos Españoles, cuyas fábricas, y agricultura habian decaido á un grado increible de miseria, no solo compraban al Extrangero casi todos los artículos manufacturados, sino que tambien le tomaban mayor porcion de los granos de su consumo. Así la España no era ya mas que el canal por donde se escurria todo el dinero que venia de la América, la cosechera de toda la riqueza representativa, de que tenia que deshacerse para adquirir por su medio las producciones mas necesarias, cuyo cultivo habia sido esterilizado por la abundancia de metales, sin los quales hubiera progresado. Al paso que la abundancia de la moneda era mayor en los demas paises todo se encarecia, y todo costaba mucho mas á los Españoles. Cada dia pues era mas difícil el restablecimiento

de la agricultura, fábricas, y comercio, porque perdiendo
cada dia de valor el dinero á causa de la gran cantidad,
que venia de la América, cada vez se necesitaban sumas
mas crecidas para fomentar la agricultura, para establecer
nuevas fábricas, y para anticipar los capitales, que necesita tener el que se pone á comerciante. Diariamente se hacía mas dificil el remedio de un mal, cuya causa tanto se
ocultaba. Las demas Naciones de la Europa, cuyas circunstancias no les permitian cometer los errores, que cometia
la España, se iban enriqueciendo, bien que no tanto como pudieran, si su Sistema fuese el que debia. Aunque mi-
raban el dinero como la primera riqueza, y por lo mismo todas habian prohibido su exportacion, luego que habia un desnivel de su valor, el contrabando, haciendo un gran beneficio
á la Nacion, que se creía perjudicada, lo extraía de donde valía menos para venderlo donde tenia mayor valor. Por esta
razon, y principalmente por no tener minas de oro y plata,
ninguna llegó á adquirir una superabundancia tal que im-
pidiese el que sus manufacturas no pudiesen concurrir con
las de las Potencias mas pobres. Por no tener minas ninguna empleó en su explotacion una porcion de brazos para
producir una cosecha enteramente inútil, si la quisiesen retener, y que expendida no podia servir mas que para adquirir una parte de las verdaderas producciones, que por su
causa los Españoles habian abandonado. Por esta razon debia serles indiferente que el dinero perdiese de su valor,
miéntras lo adquiriesen sus producciones, y estas fuesen
iguales á sus consumos, esto es, miéntras no tuviesen que
dar mas en dinero que en otras producciones, porque estas, y no aquel eran su cosecha. Considerado el oro, y la
plata como metal propio para otros usos que para moneda,
debia aun serles ventajoso el que estos metales perdiesen
cada vez mas de valor, porque siempre es conveniente á
un individuo, á un Pueblo, y á una Nacion que la
produccion de su cosecha valga mas, y que la que apetece adquirir valga ménos, pues con menor cantidad de aquella comprará mayor cantidad de esta. Pero la España, que
no tenía ya otra cosecha, que el oro, y la plata, por
haber desconocido su principal riqueza, quanto mas estos
metales perdiesen de valor, otro tanto mas se arruinaba, y

á proporcion que era mayor su cosecha, mas despreciable esta se hacía, pues que nunca su mayor abundancia podia equivaler á la mayor falta, que con precision tendría de las producciones de primer órden, porque no proviniendo jamas la carestía de un artículo sino de la mayor necesidad de él, y no pudiendo la falta de dinero causar tanta necesidad como la falta de alimento, ó vestido, la mayor abundancia de aquel no puede equivaler á la mayor falta de estos, sobre todo quando semejante falta se verifica en una Nacion entera. Entre el cultivo de las producciones, que se consumen, y el cultivo de las producciones oro, y plata, que no se consumen, hay una diferencia muy grande. Quanto mayor sea la abundancia de aquellas, mayor es su consumo, mayor es la reproduccion de la especie humana, mayor es el valor que diariamente adquieren; de manera que qualesquiera que sean los gastos de su cultivo, el producto asegura siempre su beneficio; pero quanto mayor sea la abundancia del dinero mas despreciable se hace; mas se encarecen todas las demas mercancias; con mas dificultad pueden los hombres proporcionar su subsistencia; menor es su reproduccion; ménos rica finalmente debe ser una Nacion. El cultivo de aquellas es un manantial inagotable; quanto mas se trata de agotar, mas se aumenta; quanto mas se consumen, mas se necesitan consumir, y mas facilmente se renuevan. El cultivo de estas no es otra cosa, quando hay mas de lo puramente necesario, que un manantial de miseria, y de despoblacion. Quanto mas se aumentan, ménos valen; quanto mayor es el número de los que las trabajan, menor es el número de los que pueden trabajar en lo que alimenta, y viste al hombre; quanto mayor es su cantidad, mas dificil es al hombre reproducirse. ¡Qué feliz hubiera sido la España si un terremoto hubiese tragado todas sus minas de oro, y plata, y si á ellas substituyesen valles cubiertos de abundantes cosechas, de numerosos rebaños, y de una inmensa poblacion, aunque no conociese ni el nombre de tan perniciosos metales!

Un estado de las cantidades explotadas en las minas de América, y de los brazos empleados en estos trabajos nos podrá poner en situacion de juzgar con mas exâctitud aun de los perjuicios incalculables de un producto de trabajo tan inútil , y cuyo trabajo aplicado á las producciones , que alimentan , y visten al hombre, podria satisfacer á este mucho mayor número de necesidades. En el año de 1790 se acuñó en quatro casas de moneda de la América la cantidad de 28,310Ɔ236 pesos fuertes , á saber en la de México 18,057Ɔ688 pesos fuertes , en la de Lima 5,162Ɔ240 idem; en la del Potosí 4,222Ɔ422 , y en la de Santiago de Chile 867Ɔ688 idem. En las otras dos restantes la de Santa Fé de Bogotá , y Popayán , cuyos estados no pude ver , se habrá acuñado un millon de pesos. En los años posteriores se aumentó mucho esta cantidad, pues en 1802 se acuñaron solamente en México 27 millones de pesos fuertes de los metales explotados de sus principales minas de Guanajuato, Catorce , y Zacatecas. Desde Marzo de 1802 hasta Marzo de 1803 desembarcaron en Cadiz procedentes de la América, y registrados , esto es , pagando los derechos de Aduana 46,842Ɔ980 pesos fuertes. Se debe advertir que generalmente se regúla en una cantidad igual el oro , y la plata explotada , y que se dexa en bruto para extraerla en barras á fin de no pagar los derechos que devenga el Fisco por razon de monedage. Por el estado oficial de los productos de las minas del Vireynato del Perú sin contar los Empleados por la Real Hacienda para cobrar los derechos de la plata explotada , y acuñada , resulta el número de Mineros, y Operarios que expresarémos. De este mismo estado, el único que pude adquirir , se deduce un cálculo muy aproximado de los brazos destinados al beneficio de todas las minas de nuestra América. En 1802 resulta por este estado que se explotaban en aquel Vireynato 983 minas de plata, y 76 de oro , habiendo ademas en habilitacion 122 de plata , y 12 de oro. En estas minas trabajaban en aquel año 1Ɔ026 mineros , y 12Ɔ327 operarios , á saber : en la Intendencia de Lima en las minas de Canta 12 mineros , y 104 operarios ; en las de Yauyos 21 mineros , y 81 operarios ; en las de Ica 27 mineros , y 164 operarios ; en las de Guarochiri 100 mineros , y 1Ɔ204 operarios ; en la Intendencia de Guamanga en las de Lucanas 54 mineros , y 454 operarios ; en la de Parinacochas 33 mineros , y 352 operarios ; en las de Cangallo 4 mineros , y 13 operarios ; en las de Huanta 27 mineros, y 192 operarios: En la Intendencia de Guanacavelica en las de Tayacaxa 21 mineros, y 193 operarios; en las de Lircay 48 mineros, y 302 operarios; en las de Castrovireyna 31 mineros, y 331 operarios; en las de Atonsouysa 11 mineros, y 159 operarios. En la Intendencia del Cuzco en las de Tinta 12 mineros, y 124 operarios; en las de Cotabambas 12 mineros, y 103 operarios; en las de Aymarraes 3 mineros, y 49 operarios; en las de Cumbibilcas 3 mineros, y 9 operarios; en las de Curahuasi 8 mineros, y 78 operarios. En la Intendencia de Arequipa en las de Huantalaya 20 mineros, y 180 operarios; en las de Santa Rosa 12 mineros, y 49 operarios; en las de Carmen 13 mineros y 66 operarios; en las de Casusa Payquina 6 mineros, y 75 operarios; en las de Viquirtipa 9 mineros, y 54 operarios; en las de Caylloma 13 mineros, y 164 operarios; en las de Camaná 12 mineros, y 77 operarios; en las de Condesuyos 36 mineros, y 236 operarios. En la Intendencia de Tarma en las de Pasco 150 mineros, y 3420 operarios; en las de Guallanca 57 mineros, y 932 operarios; en las de Caxatambo 22 mineros, y 680 operarios; en las Guaylas 10 mineros, y 166 operarios; en las de Conchucos 30 mineros, y 328 operarios. En la Intendencia de Truxillo en las de Gualgayoc 116 mineros, y 1ɔ282 operarios; en las de Pataz 60 mineros, y 394 operarios; y en las de Guamachuco 33 mineros, y 312 operarios.

7. Resultando pues de este estado oficial que en el Vireynato del Perú se explotaban anualmente metales para acuñar cinco millones de pesos, y calculando que en el resto de la América se explotaban en cada un año para acuñar treinta millones de pesos por el aumento que se verificó en la cantidad extraida en las minas de la Nueva España, la moneda fabricada en la casa de Lima es justamente la séptima parte de todo el numerario acuñado anualmente en la América. Y siendo ocupados en la sola explotacion de esta séptima parte 1ɔ026 mineros, y 12ɔ327 operarios, cuyo total compone la suma de 13ɔ353 personas, resulta que al mismo respecto en la sola explotacion del oro, y la plata de todas las minas de la América se ocupan anualmente 93ɔ471 personas. Computando despues por un cálculo muy baxo el número de empleados, y operarios

V

de las fábricas de moneda se puede regular, que el número de unos, y otros asciende á 100$\bigcirc$000 hombres. De todo
se deduce que la España con solo el cultivo material de
sus minas sin contar el espantoso número de brazos, que
quedan inútiles para la agricultura, artes, y comercio, por
los efectos forzosos que hemos visto produce la abundancia
excesiva del dinero, inútiliza anualmente 100$\bigcirc$000 hombres,
cuya falta de trabajo añadida á tantas otras, que provienen de la misma causa, hace incompatible la explotacion
de sus minas con la prosperidad de sus verdaderas riquezas. Se deduce, que, dependiendo la felicidad de las sociedades, como varias veces hemos repetido, del mayor número de trabajadores dedicados á producir mayor cantidad de
las materias, que sirven para alimentar, y vestir al hombre, en razon de la mayor porcion de hombres que la España dedicase al cultivo del oro, y la plata, mayor cantidad de aquellas debia faltarle, y en razon de esa falta
debia disminuirse su poblacion, y su prosperidad. Al modo
que la naturaleza por su escasa, ó ninguna vegetacion manifiesta la esterilidad de todos los terrenos, en donde ella
elabora el oro, y la plata, del mismo modo la verdadera
economía manifiesta la esterilidad de todos los ramos de prosperidad en las Naciones, que poséen con exceso estos metales. ¡Quándo los hombres dexarán de ser víctimas de sus
errores, y de sus cálculos!

A pesar de unas pruebas tan evidentes de las verdades
que llevamos asentadas, las ideas generalmente admitidas aseguraban que la riqueza de todas las Naciones de la Europa se aumentaba únicamente en razon de la mayor cantidad
de oro, y plata, que se extraía de la tierra, como si el
hombre se mantuviese con oro, y plata, y como si, aun
quando se mantuviese con estos metales, en ellos solos hallase todo su mantenimiento. Con tal empeño todos los hombres, y con minas abundantes de oro, y plata todos los
paises, ¿de qué se hubiera alimentado la especie humana? Si este empeño hubiera hecho perecer á todo el género
humano, ¿cómo no habia de arruinar á una Nacion preo-
cupada en el delirio de preferir el signo á lo representado,
y mas quando la abundancia de aquel hacía que no representase tanto, y que la cantidad de este fuese cada dia

menor ? Todos los Autores, y principalmente los nuestros
estaban preocupados de este error, cuyas conseqüencias fueron tan perniciosas á la España. El Autor de la historia
del Perú, Garcilaso de la Vega, para sostener esta opinion,
presenta varios datos, que, aunque muy errados para su
intento, comprueban el mio, y manifiestan la inutilidad de
la abundancia del dinero. Dice que Luis IX. Rey de Francia pagó por su rescate al Soldan de Egypto la suma de
quinientos mil francos, y que por el aumento considerable
de la moneda con el descubrimiento, y conquista del Nuevo Mundo á pocos años de este suceso, pagó ya por su
rescate Francisco I. de Francia al Emperador Carlos V. la
suma de tres millones de francos. Dice que la renta toda
de la Real Hacienda de Francia en el año de 1449 solo
producía quatrocientos mil francos, y en el año de 1564
ya producía catorce millones de la misma moneda. Refiere
que el Rey de Leon D. Alonso IX. hizo guerra á su hijo
el Rey S. Fernando porque este no le pagaba diez mil maravedís que le debia, por ser una cantidad tan considerable. Refiere que toda la expedicion de Cristobal Colon cos-
tó solamente diez y seis mil ducados, ó seis cuentos de maravedís, por cuya falta los Reyes Católicos detuvieron mucho tiempo con palabras á Colon hasta que les buscó esta
gran cantidad su escribano de racion Luis de S. Angel. Refiere igualmente que despues de reunidas las Coronas de Leon,
de Castilla, de Aragon de Navarra, y de Sicilia en los
Reyes Fernando, é Isabel, y despues de haber estos arrojado de toda la Península á los Sarracenos, y de haber conquis-
tado todo el Nuevo Mundo se trató de señalar una suma de
dinero para los gastos todos de la cocina de tan poderosos
Monarcas, y que se señaló la de doce mil ducados anuales.
Presentando el mismo Autor nuevas pruebas para manifestar
lo que habia enriquecido el dinero de la América á la Europa entera, y principalmente á la Península, dice que una
dehesa situada en el distrito de Truxillo, que poco ántes
de la conquista del Perú habia sido comprada en doscientos
mil maravedís, ó quinientos treinta y cinco ducados, redituaba ya en el año de 1613 mas de ocho mil ducados. Refiere que una Villa inmediata á Badajoz, que en tiempo de Enrique III. redituaba quarenta y cinco mil maravedís, valía

mas de trescientos mil ducados de principal en 1613, esto es, que produciria de renta pasados de quatro millones y medio de maravedís. Añade que un rico de Córdoba, poco ántes del descubrimiento del Nuevo Mundo, dispuso en su testamento que se hiciese anualmente una gran fiesta en el Convento de S. Francisco con Misa cantada, y sermon, y que se diese de limosna por esta funcion, y para que comiese toda la Comunidad treinta maravedís en cada un año. Que las fincas señaladas para esta fundacion redituaban quatrocientos y cinqüenta maravedís quando se hizo el testamento, y que ántes de pasar cinqüenta años redituaban mas de novecientos ducados, ó trescientos seis mil y seiscientos maravedís. Dice finalmente que todas las demas cosas necesarias al hombre habian subido de precio extraordinariamente, y que estaban aun subiendo; que en 1560 habia comprado en Sevilla, el pueblo entónces mas caro de España, el par de zapatos á seis quartos, precio que era ya muy subido, y que en 1613 los compró yá en Córdoba á cinco reales.

Estas noticias presentadas por el Inca Garcilaso para hacer ver que el dinero traído de la América habia enriquecido á todas las Naciones de la Europa, por poco que se medite, hacen ver al hombre, que exâmine, todo lo contrario. Es indudable que la cantidad de numerario es ahora mucho mayor, pero como el dinero no es mas que una riqueza representativa, y que no representando ahora, como lo comprueban los datos expuestos, una cantidad dada la milesima parte, que representaba ántes del descubrimiento del Nuevo Mundo, es evidente que un duro representaba mas, ó tenia mas valor en aquella epoca que mil ahora, y de consiguiente es un error muy grosero persuadirse que del aumento de la cantidad de dinero pueda deducirse el aumento de la masa de producciones de todas las Naciones, que son las verdaderas riquezas, ó las que pueden satisfacer las necesidades del hombre. Ademas no siendo posible que la pérdida del valor del dinero motivada por la mayor cantidad de metales explotados pueda ser compensada por el aumento de numerario á causa de que precisamente debe ser ménor el producto del trabajo aplicado á los artículos de que subsiste el hombre, pues que quantos mas brazos se dediquen á la explotacion del oro, y la plata mayor será la falta de artículos de subsistencia, es evidente que á la España la arruinaban las minas de sus nuevos Dominios. Por otra parte no sirviendo el dinero por sí para satisfacer las necesidades del hombre, no solamente la moneda ha de perder de su valor por su mayor abundancia sino por la mayor escasez, ó dificultad de producir los artículos de que se mantiene el hombre, y de consiguiente es un error creer que el dinero, por mas que abunde, pueda suplir la falta de aquellos, pues sería lo mismo que decir que el hombre puede alimentarse, y vestirse con dinero sin convertirlo en otra mercancia, ó que lo puede convertir quando esta no existe. Aun mas; miéntras el dinero sea considerado como la medida comun de todas las demas mercancias que apetece el hombre, y miéntras sea únicamente un signo, ó riqueza representativa, que solo sirve, y lo desea el hombre para no tener que trabajar, y para comprar el producto del trabajo ageno, supone con precision que la Nacion, cuyos individuos disfruten, ó puedan producir mayor abundancia de moneda será la que en razon de su poblacion tendrá ménos brazos aplicados á trabajar, y de consiguiente la mas miserable.

Los metales convertidos en moneda no dexan de ser mercancia. Acuñados tienen un nuevo nombre, y una reseña auténtica del Príncipe, que solo sirve para acreditar su cantidad, y calidad, y para precaver fraudes, y quejas; pero esta reseña no puede servir para darles otro valor que el que merecen como mercancia, esto es, el que les da el mercado, ó el convenio. El legislador no puede hacer que tengan mas valor como moneda que aquel que tienen como mercancia, esto es, el valor intrinseco del metal, y su elaboracion. Por mas penas que impusiese, su ley sería eludida, y causaria la ruina de la Nacion. Así es, que, quando el legislador hace un signo representativo de la misma moneda, no tiene el valor que le da el legislador sino el que le da el mercado, ó la confianza pública. Sin embargo la invencion de la moneda, excelente, para facilitar el comercio miéntras no se ponga en circulacion una cantidad excesiva, confundió las verdaderas ideas de su valor, y de el de las demas mercancias. Al ver que se hacía constantemente úso de una misma medida para regular el precio de todas las demás cosas, se creyó que aquella medida tenía un valor absoluto, ó fixo. No se conoció que una onza de oro perdía de valor con la fabricacion de otra onza del mismo metal. Por una conseqüencia natural de estos errados principios, ó antecedentes se deduxo que, por un efecto de la escasez de los demas artículos, y no por un efecto forzoso de la abundancia del dinero, este representaba ménos en una época que en otra. Por decirlo en una palabra; no se miró ya el dinero baxo la consideracion de una mercancia, ó si se miró baxo este aspecto, se consideró como qualquiera otra mercancia, y en su conseqüencia, se persuadieron los Gobiernos todos que en su mayor abundancia consistía la mayor prosperidad, y riqueza de las Naciones. No atendieron á que esta mercancia era la única, ó casi la única que no tenia otro destino que un destino representativo, y no un úso real, y verdadero, por cuyo medio se pudiesen satisfacer inmediatamente las necesidades del hombre; esto es, no atendiéron que con el dinero los hombres ni se alimentan, ni se visten, ni hacen habitaciones, á diferencia de todas las verdaderas riquezas, que no pueden ménos de servir para alguno de estos úsos, y que una diferencia tal debe producir efectos muy distintos, pues que el signo nunca puede ser por sí tan útil como lo representado, ó lo que el dueño del dinero necesita adquirir por su medio. No atendieron tampoco á que el dinero es la única mercancia, que no se consume por el hombre á diferencia de casi todas las demas cosas, circunstancia, que constituye una variacion muy esencial entre la mercancia moneda, y las demas mercancias. El Gobierno Español, dueño de las abundantes minas del Nuevo Mundo, falto de las verdaderas ideas del dinero, y creyendo que en su posesion consistía en último resultado toda la prosperidad, y riqueza de las Naciones, no atendió mas que á hacer mayor su abundancia sin prever las funestas conseqüencias, que de este errado sistema se siguieron. No era pues extraño que no tratase de reparar una causa, que tanto desconocia, y cuyo remedio era tan opuesto á las ideas generalmente adoptadas. Mas es muy extraño que aun en el dia no se haya desengañado de tan pernicioso error, y que haya aun hombres de probidad, y opinion, que crean como un mal el único remedio que pu-

diera reparar sus fatales efectos , ó cortar de raíz la causa
de tantos males , qual es la libertad absoluta de exportar
dinero , el qual , á fin de que produzca en toda sociedad
buenos efectos , debe ser adquirido por el superabundante
de las verdaderas riquezas , y de ningun modo por el cultivo de las minas. El dinero es exâctamente comparado á
las aguas de un riego ; para que aproveche , facilitando el
comercio , y la industria , es necesario que como aquellas
tenga un curso libre por todas partes , y que por ningun
obstáculo de la naturaleza , ó del hombre sea estancado , ó
detenido. El exceso de aquellas , y de este perjudicará igualmente que su falta , conociendose el primero siempre que
valga mucho ménos que en otra Nacion vecina , y conociendose la segunda siempre que valga mucho mas , aunque , si he de decir francamente mi sentir , no creo que la
falta de dinero pueda ser jamas la causa de la decadencia
de una Nacion ; podrá sí ser efecto , pero efecto tal que por
sí solo no podria ser apenas perjudicial.

Baste ya lo dicho acerca de los perjuicios causados por
la abundancia excesiva del dinero , y tratemos del remedio
que debe adoptarse en beneficio de la Península , y de las
Américas con respecto al dinero. Es forzoso que el oro , y
la plata en pasta , y acuñado entre , y salga libremente
en todos los Dominios Españoles como qualquiera otra mercancia. Es tanto mas necesario , quanto estos metales son una
cosecha exclusiva de la España , y una cosecha , que posei-
da por nosotros solos ningun aumento de valor podria adquirir , por mas que se aumentase su cantidad. Si prohibi-
mos exportar , y vender estos metales , sobre sernos absolutamente inútil su aumento , su explotacion nos perjudicaría quitando brazos á los trabajos , que sirven para alimentar , y vestir al hombre. En esta parte no debe servirnos
de norma el plan de las demas Naciones , pues que no están en igual caso que nosotros , bien que la Inglaterra sin
ser cosechera , aunque prohibe la extraccion de la moneda,
permite la exportacion del oro , y la plata en pasta. Las
otras Potencias no tienen esta cosecha ; no necesitan por lo
tanto tratar de extraer estos metales , miéntras no hayan acu-
mulado una cantidad superabundante , que les sea inútil , ó
perjudicial. Para que el valor del dinero en España se con-

serve al nivel del que tienen las demas Naciones de la Europa, miéntras tengamos minas, es forzoso, que se conceda su libre extraccion. De otro modo con precision valdrá ménos entre nosotros, esto es, valdrán mas todas las otras cosas, que por lo mismo no podrán concurrir á venderse con las del extrangero, y de aquí se seguirá la infalible ruina de la agricultura, manufacturas, y comercio. Si se quiere que la España sea una Nacion agricultora, manufacturera, y comerciante es preciso que conceda la libre exportacion de la moneda. Aun quando la España no tuviese utilidad, y ventaja en cambiar su dinero por otras producciones mas necesarias, la abundancia del dinero no produciria mas que embarazo al mismo comercio interior. Supongamos que fuese diez y seis veces mas abundante la cantidad de moneda puesta en circulacion; aunque hubiese doble ni triple poblacion, tendria diez y seis veces ménos valor. Qualquiera que sea la cantidad de dinero puesto en circulacion jamas puede tener sino un valor quando mas igual al valor de las producciones, que se consumen al año, y sin aumentar la cantidad de numerario se aumentará su valor, quando la industria sea mayor, ó quando la circulacion sea mas rápida, para lo qual la abundancia excesiva en vez de aprovechar perjudica. Para comprar entónces en el mercado un cordero, que ántes costaba solo una onza de plata, tendriamos despues que llevar una libra. El valor de la onza sería igual al de la libra; ninguna ventaja nos resultaría de esta abundancia sin valor; sería una pura ilusion decir que era mas rico el que tenia despues una libra de plata, que el que ántes solo tenia una onza. El transporte del dinero para hacer el comercio sería mas costoso, mas incómodo, y mas arriesgado en el último caso.

· Es necesario ademas que el Gobierno deseche constantemente todo proyecto de explotar minas por su cuenta, y que, dexando al particular en libertad de beneficiarlas por no atacar el derecho, que todo ciudadano debe disfrutar de la libre eleccion de trabajos, no le preste ningun auxilio, ántes bien le imponga una Contribucion mayor que en toda otra propiedad, por ser su producto nocivo á la Sociedad, por mas que pueda ser ventajoso al individuo. Como qualquiera Impuesto sobre la explotacion de las minas debe considerarse mas bien como una traba para que el ciudadano

no se dedique á tan inútil trabajo, que como una Contribucion para sostener las cargas del Estado, y como por
otra parte este trabajo tan nocivo á la salud del hombre
disminuye considerablemente la poblacion, y hace decaer la
prosperidad de los Naturales, convendria mucho que el Gobierno permitiese la explotacion á todo Extrangero eximien-
dole de una gran parte de la Contribucion, y no exigiendo de él otra condicion que la de domiciliarse por diez años
en Dominio Español. Tres siglos de experiencia deben desen-
gañarnos que el oro, y la plata no son las producciones, en
las que debemos buscar nuestra felicidad. Esto no es decir
que no se quiera tener oro, y plata; todo lo contrario. La
posesion de estos metales, miéntras sean la medida general
de todas las cosas, será siempre una prueba infalible de la
riqueza, y prosperidad de una Nacion, pues que en último resultado todos los hombres procurarán reducir á dinero
la superabundancia de todos sus géneros. Pero para disfrutar la
posesion de estos metales, es necesario que sean adquiridos
por efecto del cambio de las principales riquezas, esto es,
por la superabundancia de aquellas producciones, con que
los adquirieron la Naciones, que supieron elevar su prosperidad, y poder al mayor grado de perfeccion; y que
no los adquiramos por un efecto del cultivo exclusivo de
las minas, pues que entónces ninguna cantidad de oro, y
plata puede bastar, como la experiencia tristemente nos hizo ver, para suplir las demas producciones, que forzosamente nos deben faltar, y sin las quáles no pueden subsistir
los hombres. Quando haya esta libertad, no debemos temer
la decadencia de nuestra agricultura, artes, y comercio. Entónces qualquiera revolucion, que puedan sufrir los ramos
de nuestra verdadera prosperidad, se verificará sin grandes
inconvenientes, y sin conseqüencias permanentes, y fixas
que la perpetúen como sucedió hasta el presente, pues se
verificará naturalmente, y sin violencia. Entónces aquel equilibrio, á que tienen tendencia todas las cosas, sin el que
nada puede prosperar, y que solo se destruye quando algun
obstáculo extraño impide su curso natural, se restablecerá
insensiblemente. Entónces si algunas Provincias pierden un
ramo de comercio que no les era natural, adquirirán insensiblemente otro mas análogo á su suelo, y de consiguien-

X

té mas ventajoso , y otras Provincias adquirirán de un modo insensible , el que aquellas hayan perdido. La libertad tiene la ventaja de evitar la pobreza , pues no permite los obstáculos que la hacen nacer impidiendo á los ciudadanos producir aquello de que es capaz su terreno , y al mismo tiempo la de evitar la acumulacion de metales , cuyo exceso causaría infaliblemente la decadencia de la Provincia , ó Nacion , que estableciese su estancamiento.

Quando haya esta libertad , y quando no forzemos á las Américas á producir solo oro , y plata para causar nuestra ruína , y la suya , y para estancar estos metales como si estancados nos pudiesen servir para mantenernos , entónces los Americanos cultivarán , y venderán , del modo que les acomode , las producciones de que es capaz su suelo. Entónces serán allí mucho mas baratos todos los artículos de su consumo, y la reproduccion de la especie humana será mucho mayor que fué hasta aquí , porque esta siempre progresa en razon de la facilidad de su subsistencia. Entónces las riquezas de toda especie , sin exceptuar el oro , y la plata , serán mucho mas abundantes , y ménos precarias, porque aunque se dedique entonces al cultivo de sus minas , un número de brazos mayor , que el que se dedica hoy, será á proporcion de la poblacion actual mucho mas crecido el número de los que se dediquen al cultivo de las principales producciones. Entónces finalmente desaparecerán todos los motivos de opresion, de que justamente se quejan los Americanos , y que dieron lugar á las actuales novedades tan funestas en la época presente á los Españoles de la Península. De este modo quedando conciliados los intereses de Americanos, y Españoles , lo quedan tambien los de todas las demas Naciones , que en otro caso trabajarán , y justamente , quanto les sea posible , por introducir la division, á fin de que la América se separe de nuestra union , la que solo podrá conservarse , y contemplarse segura quando aquellos Naturales palpen su felicidad , y vean que sus intereses no están en oposicion , sino que ántes bien están en armonía con los nuestros.

Como la invencion del papel moneda produce los mismos efectos del dinero , y ha causado tantos males á las Naciones modernas, paso á exponer los que ha ocasionado , y debe ocasionar á todas la Naciones, y principalmente á la España, y á la América.

CAPITULO VI.

EL PAPEL MONEDA ACREDITADO CAUSA MAS perjuicios á todas las Naciones que el Papel desacreditado, y principalmente á la España, miéntras las Américas formen parte de sus Estados.

El lector hallará aquí unas opiniones muy contrarias á las ideas generalmente admitidas por quantos han escrito de Economía política, y sin duda las recibirá con una prevencion, que jamas permite exâminar las materias con la despreocupacion, que necesita tener toda persona, que aspira solo á averiguar la verdad. Para combatir pues de antemano semejante prevencion tan opuesta á todo convencimiento, y que ella sola impediría desengañarse de errores, que tantos males han causado á todas las Naciones, le advierto atienda, á que no hallará un solo Autor de Economía, cuyas ideas partan de un punto fixo, y por consiguiente que no estén en continua contradiccion. Si tal vez el lector no habia notado hasta ahora estas contradicciones, no dudo las notará despues que haya leido detenidamente este Tratado. Podré equivocarme, pero si me equivoco es en el todo. Mis principios, como que parten todos de un solo punto, son consiguientes, y á lo ménos quando sean falsos, no son contradictorios. Por último advierto á mi lector que atienda á que los mas de los Autores de Economía ó han escrito en paises, en que no era permitido decir la verdad, ó han escrito para adular de intento á los Gobiernos, ó para ocultar á la multitud siempre ignorante las vexaciones, que se le hacia sufrir. Aun en los paises libres es muy arriesgado decirla en materias, que tanto contacto tienen con las facultades, y operaciones de los primeros Funcionarios. Por último de haberse opinado de tal, ó tal modo no se deduce que se hubiese opinado exâctamente; y sin duda aprecia bien poco, ó nada su razon, el que tan servilmente la quiere someter. Pasemos ya á tratar del asunto.

Todos los Gobiernos de la Europa zelosos de que la España fuese la única Nacion cosechera del oro, y de la plata, y conducidos por los errados principios de que en la mayor abundancia de estos metales consistía la prosperidad pública, no se contentaron con adquirirlos por medio del producto de sus trabajos. Inventaron medios de suplir esta cosecha, que tanto apetecian, y su invencion produxo efectos muy contrarios de los que se habian propuesto. La época del descubrimiento de las minas copiosas del oro, y la plata fué precisamente la época, en que, por los zelos que inspiraba su posesion, todas las Naciones creyeron tener mayor necesidad de ellos, y la posesion del fruto de las minas del Nuevo Mundo cada dia hacía realmente mayor la necesidad de dinero, porque quanto mayor cantidad de dinero circulaba en una Nacion, mas se imposibilitaba de producir las cosas que este representaba. De este modo la necesidad cada vez fué en aumento, y vino á ser el orígen de la mayor parte de las disensiones, y guerras de todas las Naciones de la Europa. Hallándose estas sin minas de oro, y plata, como tenia la España, y no echando de ver los males, que se le seguian de tenerlas, y beneficiarlas, ya que no podian dedicarse á su cultivo, inventaron minas quiméricas, pero de efectos tan reales, y verdaderos como eran los que producian las minas del Nuevo Mundo. Quiero hablar de la invencion del signo del mismo dinero, esto es, del Papel moneda, cuya invencion no podia ménos de causar una novedad muy grande en el Sistema Económico de las Naciones, disminuyendo el producto del trabajo de los artículos de verdadera necesidad, y alterando con mucha desigualdad el nivel del dinero, y del precio de todas las cosas, como habia sucedido á la España con la abundancia repentina del signo real de todas ellas. Como quanto dixe hasta aquí acerca de los males, que forzosamente se siguen de la abundancia del dinero es aplicable al Papel moneda, y como quanto mas acreditado este se halle, mas se aproxima á un verdadero dinero, por mas nueva, y ridícula que parezca mi opinion en Economía política, no puedo menos de afirmar que el Papel acreditado causará siempre perjuicios mucho mayores que el Papel desacreditado.

Con la invencion del Papel moneda, miéntras este circulase con todo el valor, que se le daba por el Príncipe
creador, se persuadian sus Autores que habian hecho un descubrimiento mas brillante, si cabe, que si hubiesen descubier-
tó minas verdaderas de oro, y plata, pues sin perder tantos brazos como es necesario emplear en la explotacion de
estas, habian inventado un medio de crear fácilmente un
signo, que representase todas las cosas, sin excepcion del
mismo dinero. Invencion mágica sería, si un pliego de papel,
sin mas motivo que haberlo anunciado el Príncipe, hubiese
de tener el mismo valor que pueden tener ciento y cinqüenta pesos, treseientos, ó seiscientos. Pero sería una
invencion mucho mas extraordinaria, si aun quando el
Papel llegase á tener este valor, por mas que lo ase-
guren todos los Economistas, aumentase la cantidad de los
productos del trabajo de una Nacion entera. Sin embargo
así se creyó, y así se pretendió persuadir. ¡Mas quándo los
hombres, y principalmente los Gobiernos no se glorían de
errores los mas perjudiciales! Por mas extraña que parezca
mi idea, el hombre reflexivo, acostumbrado á desengañarse
diariamente de errores, que él mismo ha respetado, porque
no se le ocurrió analizarlos en el tribunal de su razon, no
se desdeñará seguirme en el exámen de la verdad que procuraré descubrir. Es indudable que á primera vista apare-
ce todo lo contrario, y aun por algun accidente así sucederá durante un cierto período, mas es preciso que este período sea muy corto, y que muy luego se verifique mi proposicion. El Papel moneda es solo un signo ficticio de la riqueza representativa, esto es, del dinero. Quanto mas acreditado esté, mas se acerca á producir los efectos, que produce la moneda efectiva. Quando en una Nacion una cantidad dada de Papel moneda circula por todo el valor de dinero, que supone el mismo Papel, la Nacion viene á tener doble cantidad de moneda en Papel que si circulase perdiendo la mitad de su valor. Quanto mas valga el Papel
moneda con respecto al dinero, esto es, quanto mas dinero
represente una cantidad dada de Papel, tanto ménos repre-
sentará de todas las demas cosas una cantidad dada de dinero. La cantidad de dinero representada en el mercado por
el Papel moneda, y la cantidad de verdaderas riquezas re-

presentadas en el mismo mercado por el dinero están forzosamente en razon inversa , porque el mayor crédito del
Papel supone con precision mayor facilidad de que se pueda satisfacer por el Gobierno el dinero representado por el
Papel ; esta mayor facilidad de satisfacerse la deuda del
Papel supone con precision mayor abundancia de dinero,
ó mayor facilidad de producirlo ; esta mayor abundancia
de dinero , supone infaliblemente mayor carestía de las demas cosas ; y esta carestía es el principio de la decadencia
de una Nacion.

Para averiguar mas claramente la verdad de lo que llevo expuesto , comparemos los dos puntos opuestos , de que
debe resultar la indagacion sencilla , y exácta que busca-
mos. Estos dos extremos son el resultado del Papel acreditado , y el resultado del Papel desacreditado. Este representa siempre menor cantidad de dinero con una cantidad dada de Papel , y con aquel una cantidad dada de dinero representa siempre menor cantidad de verdaderas riquezas , ó
de cosas necesarias para la subsistencia del hombre. Para salir pues de la presente duda resta solo averiguar ¿ quál es
mayor perjuicio , que el papel represente ménos dinero en
una Nacion, ó que en esa misma Nacion el dinero represente menor cantidad de todas las demas cosas, los dos resultados forzosos , á uno de los quales se ha de venir á parar?
Es cierto que quando una Nacion es mas rica en oro , y
plata , ó conserva su Papel mas acreditado , parece que tiene una ventaja sobre las demas , pero esta ventaja es del
todo ilusoria. Desde aquel momento todo se encarecerá para
ella , y con esta carestía muchos ciudadanos, como hemos
visto tratando de los efectos del dinero , forzosamente se
imposibilitarán de trabajar á causa de no serles posible comprar los artículos de su subsistencia , y todas las fábricas
decaerán generalmente , porque no podrán ofrecer sus manufacturas tan baratas como las ofrecerán las Naciones ménos adineradas , ó de Papel mas desacreditado , en donde por
esta sola razon la moneda tiene mas valor. Este desnivel de
precios causado igualmente por una cantidad dada de Papel
moneda del todo acreditado, que por la mayor cantidad de
dinero , hará forzosamente una porcion de brazos inútiles ; de
consiguiente será mucho menor la cantidad de trabajos , y

la Nacion no podrá prosperar, pues que la felieidad, y verdadera riqueza de toda Sociedad no pueden dexar de ser en razon de la mayor cantidad de sus verdaderos productos. Finalmente como la riqueza representativa no puede servir para otra cosa que para adquirir en cambio las verdaderas riquezas, es forzoso que quanto mayor sea la cantidad de aquella, que tenga un individuo, un Pueblo, o una Nacion, menor será la cantidad de estas que produzca. Decir lo contrario sería lo mismo que decir que el hombre debe apetecer el dinero para no hacer de él uso alguno, ó para comprar con él lo mismo que ya tiene. No pudiendo pues haber un resultado peor en Economía que el que una Nacion tenga menor número de brazos empleados en el trabajo, y no pudiendo haber una causa que inútilice tantos como la abundancia del dinero, es evidente que una cantidad dada de Papel moneda acreditado, que equivale á mayor cantidad de dinero, debe causar perjuicios mucho mayores que los que puede causar igual cantidad de Papel, que por su descrédito represente menor cantidad de dinero.

Todos los Gobiernos vieron en un principio circular con gran crédito el producto de sus minas quimericas, y todos quedaron muy gozosos, y aun suponian haber hecho un bien á la Nacion, porque ponian en giro un gran capital, que, aunque imaginario, equivalia á otro tanto dinero efectivo. Mas hubieran pensado de un modo muy diferente si fuesen capaces de percibir la ilusion de los efectos, que creian palpar, y sobre todo si conociesen los males que preparaban á la Nacion en masa con tan perjudicial quimera. No advertian que el crédito de su Papel disminuia otro tanto el valor de la moneda de toda la Nacion; ó que quanto mayor fuese la cantidad, y el crédito del Papel mas despreciable se había de hacer el dinero, esto es, no aumentaban el valor de la riqueza representativa, y disminuian la cantidad de la riqueza verdadera; mayor por lo mismo había de ser el déficit entre las rentas, y los gastos del Estado, aun suponiendo unas mismas rentas, y unos mismos gastos. A proporcion que el Papel en mayor cantidad, y con mayor crédito substituye en la circulacion á la moneda, esta refluye en razon directa á todas las ramificaciones de comercio de una Sociedad, ó, lo que es igual, las

otras producciones, y mercadurías valen mas caras. El valor del dinero está pues forzosamente en razon inversa de
la cantidad del mismo dinero puesto en circulacion, de
la cantidad de Papel, y de la extension de su crédito, y
está en razon directa de todas las cosas permutables por el
mismo dinero. Estos principios evidentes los conoce qualquiera que sepa quales son las leyes, que fixan el nivel del dinero en una Sociedad.

Supongamos que en una Nacion hay cien pesetas en circulacion, y no mas; y supongamos que todos los artículos
permutables de esta Nacion son cien varas de paño, y no
mas; la vara de paño valdrá ni mas ni menos á peseta.
Supongamos que al año siguiente en aquella Nacion hay
doscientas pesetas en circulacion, y que no consume mas
que las mismas cien varas de paño, la vara valdrá á
dos pesetas. Figuremonos que habiendo las mismas cien pesetas, y no mas, tiene que consumir doscientas varas de
paño, la vara valdrá ni mas ni menos á dos reales. Este órden, y este nivel podrá ser desconcertado alguna
vez, pero será únicamente durante el corto tiempo, que
es necesario para que vuelva á restablecerse en su estado
natural el equilibrio, que es forzoso subsista entre la cantidad del signo representativo, y la cantidad de lo representado.

De lo dicho se deduce que la masa de numerario ya
en Papel, ya en moneda, que circula por cada ramificacion,
ó conducto que lo transporta, es relativa á la suma total
puesta en circulacion; y que está en razon inversa de la
suma de todos los ramos, que componen el sistema general de la circulacion de cambios; esto es, si hay un
solo ramo de consumo absorverá las cien pesetas, que
suponemos en la Sociedad; si hay dos ramos se repartirán
entre los dos las cien pesetas; si hay quatro ramos se der-
ramarán entre los quatro; y si el dinero se duplica sin
crearse un nuevo ramo, los que habia, absorverán todo el
dinero; de modo que el valor de la moneda nunca se aumenta por la cantidad de la moneda, ni del signo, que
la representa. Demostremos esto con un exemplo acreditado por la experiencia. Quando el descubrimiento de la
América, en Sevilla seis quartos valian un par de zapatos;

hoy un par de zapatos valen allí quarenta reales ; es decir,
con la abundancia del dinero traído de la América no se
aumentó su valor, se aumentó su cantidad; esto es, se necesitan hoy quarenta reales para representar lo mismo que
representaban ántes seis quartos. Se infiere pues con evidencia que los Gobiernos creando Papel, despues de perjudicarse considerablemente, porque quitan muchos brazos á
las verdaderas riquezas, de ningun modo aumentan el valor
de la riqueza representativa nacional, por mas que aumenten
su cantidad ; por igual razon no se pierde el valor de la riqueza representativa nacional, por mas que se pierda todo el
crédito del Papel. Se deduce finalmente que, no sirviendo la riqueza representativa sino para cambiarla por la
verdadera, quanto mayor sea el crédito del papel de una
Nacion, ménos trabajará con precision, porque mayor será el número de ciudadanos que conviertan sus capitales
en el Papel, sobre todo si el Gobierno ofrece un rédito quantioso al Capitalista ; menor será cada dia el número de Contribuyentes al Estado ; en fin cada dia será
menor el número de brazos útiles, cuya pérdida no me can-
saré de repetirlo, produce irremediablemente la decadencia,
y ruína de todas las Naciones.

El Gobierno Español ignorando las verdaderas causas
de la decadencia de la Nacion, sin ideas de sus circunstancias particulares, y siguiendo el sistema de los otros
Gobiernos, falto de dinero, y poco lisongeado de la historia de sus Créditos anteriores, adoptó por último el recurso del Papel, pero de un modo mas pernicioso que el
que habian inventado los demas Gobiernos, esto es, un
Papel, que pagaba un rédito crecido. A fin de declarar la
impolítica guerra para la emancipacion de las Colonias Anglo-
Americanas, no teniendo dinero trató de abrir un nuevo
Crédito, y para esto hizo la primera creacion de Papel,
que se conoció en España. Por entónces se contentó con
crear Papel con el nombre de *Vales Reales* por la suma
de 180,000000 de reales; mas en 1781 ya tuvo que hacer una nueva creacion de 75 millones de reales. En 1782
hizo tercera emision de Vales por la suma de 221,9980500
reales. En 1783 aburrido ya de un Crédito tan repetido,
creyó remediar este mal con sola la diferencia de mudar

el nombre de *Vales Reales* en el de *Acciones*, y con sola esta nueva circunstancia, que demuestra bien la ineptitud de
sus Autores, hizo quarta emision de Papel por la suma dé
180 millones de reales. En 1785 tratando de proporcionar recursos para la Obra del Canal de Aragon, le pa-
reció que no sería ya odioso el nombre de Vales, y por lo
mismo con este objeto hizo quinta emision de Papel por la
suma de 48 millones de reales con el nombre de *Vales del
Canal de Tauste.* Carlos IV. para sostener la guerra de 1793
contra la Francia, y luego la que emprendió contra la Inglaterra en 1797 hizo hasta quatro emisiones de Papel con
el nombre de *Vales,* y de *Acciones*, cuyas sumas con las del
Crédito de su Padre componian la total de 4Ɔooc,oooƆooo
de reales en Papel, y cerca de 2Ɔooo,oocƆooo mas por otras
varias deudas.

El Conde de Cabarrús, Banquero Frances, residente en
Madrid, y autor del proyecto del Papel moneda de España, ó no tenia los conocimientos, que se le suponen en la
ciencia de la Economía política, ó consultando únicamente
á hacer su fortuna en un país extraño, sacrificó á esta sola idea todas sus luces, pues que cometió el fatal error
de crear un Papel moneda desconocido hasta entónces en toda
la Europa mas costoso, mas perjudicial, y del que por otra
parte ninguna ventaja particular reportaba ni el Gobierno,
ni la Nacion. Tal fué el de concederle un rédito de un 4
por 100, rédito que llegó á importar con gastos de oficinas, y de renovacion 200 millones de reales anualmente,
cuya suma no podia satisfacerse sin imponer á lo ménos
390 millones anuales de Contribucion, pues no es un cálculo excesivo, atendiendo al estado de nuestra Administracion, esté aumento mas para Empleados de estas nuevas
Contribuciones, y para fraudes. Si los demas Gobiernos co-
metian un error muy perjudicial en crear Papel moneda, la
España cometia uno aun mucho mas importante. Aquellos
con la creacion de un dinero símbolico se perjudicaban,
porque aumentando su riqueza representativa encarecian, y
disminuían sus verdaderas producciones; mas la España, ademas de perjudicarse de este modo, se perjudicaba porque
envilecia el oro, y la plata, que eran una mercancia, y
cosecha privativa suya. Aquellos es verdad que envilecian

su moneda, mas como al mismo tiempo no podian ménos de
envilecer la que circulaba en países extrangeros, de algun
modo reparaban aquel perjuicio, porque no siendo el dinero un género de su cosecha, nada les importaba que perdiese de su estimacion con tal que en todas partes quedase nivelado su valor, mas la España se perjudicaba envi-
leciendo el dinero, que circulaba en otras Naciones, porque siendo cosecha privativa suya, quanto mas se abaratase
la moneda en el país extrangero, otro tanto mas perdería
de su valor al salir de la Nacion cosechera, como forzosamente tenia que salir. Como la principal cosecha, que cultivaba el individuo Americano, era el oro, y la plata, quedaba aun mucho mas considerablemente perjudicado que el
individuo de la Península con la invencion de un signo que
suplia la falta del género, que era cosecha del Americano.
Y como quanto mas acreditado estubiese el signo ficticio mas
supliría el signo verdadero, ó lo que es lo mismo mas abarataría el dinero, quanto mayor fuese la cantidad de Papel,
y su crédito, mas graves serian los perjuicios que causase
á la Nacion.

No eran estos únicamente los perjuicios singulares que
causaba á la España el Papel inventado por D. Francisco
Cabarrús. Aun producia otros resultados todavia mucho mas
perniciosos, y que no eran comunes al Papel sin rédito de
los demas Gobiernos de la Europa. El Conde de Cabarrús
seguramente no pudo haber pensado en la extravagante, y
perniciosa idea de conceder un rédito al Papel moneda con
otro objeto, que el de que el Gobierno se deshiciese pronto de quantas emisiones de Papel quisiese hacer, mas era
muy fácil prever el absurdo de su misma idea, y los males que por otra parte habia de producir forzosamente. O
el Gobierno era, ó no, exâcto en el cumplimiento de las
condiciones del Crédito, que intentase abrir. Si era exâcto,
ningun Español se incomodaría de admitir en pago un Papel moneda; como admitia las Cédulas del Banco, mientras
este estubo acreditado. Si el Gobierno no era exâcto, ningun Español querría admitir, ni comprar el Papel, aun
quando tuviese el atractivo del interés, que le dió Cabarrús. Es pues claro el absurdo de semejante idea; veamos ahora quales eran los otros males particulares que

:producia. Primeramente como el capital empleado en este Papel en poder de su mismo dueño, y en disposicion este de hacer úso á todas horas de aquel mismo capital, le producia un 4 por 100, interés bastante considerable, y al parecer sin riesgos, sin quebrantos, sin necesidad de mayordomos ni operarios, sin temor de la mala fé de un tercero, sin disputas ni pleytos, cuyos riesgos, siendo de la mayor importancia, jamas se evitan empleado el capital en qualquiera otro género de industria, produccion, ó comercio, se debia seguir que teniendo el individuo Español un destino tan ventajoso en la apariencia para emplear sus capitales, y el Gobierno un medio de absorverlos sin hacer ninguno productivo, los ramos de pública prosperidad se habian de ver tanto mas pronto abandonados, quanto mayor fuese el rédito, la cantidad, y el crédito del Papel. Si el Papel sin rédito aumentando la riqueza representativa disminuye el número de trabajadores como uno, el Papel con rédito disminuye este número como ciento, pues que aquel sin trabajo es improductivo para su dueño, y este sin trabajo es productivo. Por otra parte como este Papel era el único en toda la Europa, que producia un rédito, era tambien por esta razon el único, que circulaba en paises extrangeros. Aunque esta circulacion, que tal vez sería conveniente para otro Gobierno, se consideraba como un bien, era un mal de la mayor importancia para la España, porque con su circulacion se aumentaba la riqueza representativa de las otras Naciones, y con este aumento se disminuía así el valor del dinero, lo que no debia ser indiferente para la España miéntras fuese la cosechera del oro, y de la plata, perjuicio que no podian sufrir las otras Naciones por no ser cosecheras de estos metales. Era un mal esta circulacion, porque, quanto mas Papel Español se comprase en paises extrangeros, mayores cantidades de dinero se habian de extraer al fin de la Península á causa de su rédito, y no por cambio de verdaderas producciones, en cuyo caso unicamente sería útil su extraccion. De este modo la España contribuía visiblemente á envilecer su misma cosecha. Era finalmente un mal esta circulacion, porque quanto mayor fuese el interés, el crédito, y la cantidad de Papel, que

se tomase en paises extrangéros , mayor sería la facilidad
que el Gobierno Español tuviese de contraer deudas , y mayor tambien la necesidad de contraerlas.

Por fortuna el Papel Español se desacreditó muy pronto en el país extrangero , é inmediatamente, ó dexó de circular , ó circuló muy poco , y los efectos no fueron muy
transcendentales. El Conde de Cabarrús para que el Gobierno Español recibiese de pronto la mayor cantidad posible
de moneda efectiva , habia negociado de Banqueros de Paris
letras por la cantidad de nueve millones de duros, cuya cantidad fue la de la primera creacion. Los dueños de las letras,
y otros varios acreedores del Estado fueron pagados con Papel , é incomodados con esta operacion poco delicada de Cabarrús , por la qual eran verdaderamente perjudicados , pues que
por el artículo V. de la Cédula de Vales se les precisaba á to-
marlos como si fuesen moneda efectiva , desacreditaron inmediatamente este Papel , como es forzoso que suceda siempre que
la autoridad trate de violentar la confianza. El Ministro de
Francia Necker no solo manifestó al Gobierno Español el
descontento de la mala fé de pagar á los Banqueros Franceses en Papel , sino que temiendo la extraccion de la moneda para comprar Papel Español , ó tal vez zeloso de los
progresos de la España , para evitar este mal procuró inspirar la desconfianza , y habiendo escrito á los principales
Banqueros de Paris , y de Amsterdan , consiguió que los
tenedores Extrangeros de Vales Españoles se apresurasen á
deshacerse de ellos , y con esto logró desacreditar desde un
principio el Papel Español , y hacer un bien á la Nacion,
que trataba de perjudicar. Cabarrús entónces para consolidar el crédito de los Vales dió otro paso en falso inven-
tando un segundo proyecto tan equivocado como el primero. Tal ha sido el de la ereccion de un Banco Nacional
presentado en 22 de Octubre de 1781 , y aprobado por un
Decreto de Carlos III. dado en Aranjuez á 2 de Junio de
1782. El principal objeto del Banco segun el artículo II.
de su ereccion debia ser el de descontar los Vales en dinero efectivo á fin de consolidar su estimacion. Sin meterme á tratar de este Establecimiento , que no podia dexar de
ser muy perjudicial , como lo serán quantos de esta naturaleza se formen baxo los auspicios inmediatos de un Go-

bierno, por mas que nos dexemos arrastrar de ilusiones, y prestigios de voces que imponen quando no son
exâminadas, y que ninguna idea de utilidad anuncian
analizadas, diré que era fácil conocer que si el Gobierno obrase de buena fé, no acudiría á un recurso tan in-
sensato, y tan costoso como el de crear un Banco para
acreditar su Papel. Sin grandes luces todos perciben que
un Gobierno para conservar su Crédito no necesita otra cosa que pagar puntual, y exâctamente. Todos conocen que
quando un Gobierno tiene este deseo, para manifestarlo á
sus acreedores no debe tomar el camino torcido, y dispendioso de valerse de nuevos gastos formando una Compañía ostentosa, cuyo principal patrimonio se ha de fun-
dar en los privilegios, y sueldos que ha de recibir del Gobierno en cambio de sus esteriles servicios. Este paso sería
igual al que diese un Grande arruinado por sus deudas, y
gastos excesivos, y que, para hacer ver sus grandes facultades á fin de buscar el crédito, y la confianza que habia
perdido, aumentase considerablemente el número de sus criados inútiles, y el luxo de sus trenes.

Por fortuna la necesidad, y los apuros, que, como la
naturaleza en los seres vivientes, son los grandes médicos,
que curan á las Naciones de todos sus errores políticos,
quando estos llegan al colmo, vienen por último en todas
las Naciones creadoras de papel al socorro, y remedio de
los desastres causados por aquella invencion, que tanto habia lisongeado á los Gobiernos. El Papel comienza á desacreditarse; tiemblan los tenedores, porque es un mal para ellos,
aunque no tal ni con mucho como se figuran, y comien-
zan á desengañarse de la necedad que habian cometido; sobre todo los que fiados en su seguridad habian comprometi-
do en él todo su caudal, y su existencia; tiemblan tambien
los Gobernantes mas porque vén que se les vá á agotar el
manantial, del qual hasta entónces habian satisfecho todos
sus desarreglados caprichos, que por la infeliz suerte, á
que vá á quedar reducida una porcion de familias infelices, que tubieran una fortuna segura, al mismo tiempo
que hubieran contribuido á la prosperidad de la Nacion, si
mas reflexivas hubiesen impuesto sus capitales en algun ramo de agricultura, ó de fábricas. En fin tiemblan mas por

ver su orgullo abatido que por las funestas conseqüencias
políticas, que pueden sobrevenir. Mas este descrédito, á los
ojos del hombre inteligente, es el primer síntoma benéfico
de la enfermedad, y una crisis, que si viene pronto, no
es temible, ántes bien es apreciable, porque de otro modo
se arruinaría la prosperidad de la masa general de los ciudadanos verdaderamente útiles. Principia ya á ser un bien para la Nacion, porque es el único medio de curar la enfermedad Papel, cuyo crédito no se cree un mal quando es
el mas perjudicial, y que mas contribuye á la decadencia
de las Naciones, no pudiendo el crédito dexar de encarecer todas las cosas, y esta carestía de impedir su multiplicacion. Si no viniese pronto el descrédito, la Nacion perece-
ría por consuncion; entonces su decadencia seria mas lenta,
aunque mas segura, porque jamas ningun Gobierno tuvo tal
vez ni voluntad, ni medios de amortizar el Papel, pues
que nunca hemos visto, que uno solo lo hubiese verificado
por mas que todos lo hubiesen prometido. Desde entónces
principia á ser menor el número de individuos, que pretenden imponer su capital en el Papel para mantenerse con su
producto. Desde entónces principia á ser mayor el número
de los que, despreciando tan vano recurso se dedican al
trabajo de las verdaderas producciones, en las quales únicamente consiste la prosperidad de las sociedades. Desde entónces, siendo menor la riqueza representativa, es forzoso
que los ciudadanos busquen su subsistencia en la verdadera riqueza, pues esta, y aquella están siempre en razon
inversa, no pudiendo el hombre apetecer la representativa
sino para adquirir en cambio la verdadera, y ahorrarse el
trabajo de producirla. Desde entónces en la práctica, aunque no en la teoría, tal es la fuerza con que la preocupacion se apodera de los hombres, se conoce que es necesario acudir á la verdadera fuente de las riquezas, mas no
se desengañan aun de que la riqueza de una Nacion no
puede depender de que entre sus mismos individuos valga
mas dinero un Papel marcado con un sello del Príncipe.
Desde aquel momento el Gobierno se vé forzado á moderar gastos, y caprichos, que de otro modo no mode-
raría; dexan de ser tan frequentes las pensiones concedidas al favor, los sueldos excesivos, y los empleos

inútiles ; sobre todo principia á disminuirse aquella cater-
va de rentistas ; hidrópicos devoradores ; de oficinistas multi-
plicados , é inútiles , que no sirven mas que de carga al
Estado ; de aglotadores usureros ; de proyectistas , ó hambrientos , ó ambiciosos , y siempre mas temibles aun que las
otras clases , pues regularmente son los autores de tan perniciosos sistemas ; y finalmente principia á disminuirse aquella multitud de haraganes de todas especies , la polilla , y
da ruína de los Estados ; por ser toda gente improductiva
mantenida hasta entónces á expensas del Crédito público , y
este á costa de Contribuciones , y de Impuestos , que solo paga el propietario , el comerciante , el labrador , y el artesano , quienes oprimidos con carga tan insoportable , ó habian
de perecer , ó habian de sacudir tan pesado gravámen con
una explosion siempre fatal , ó el Papel habia de principiar
á desacreditarse hasta quedar enteramente nulo ; y en la eleccion irremediable de uno de estos males el hombre sensato
no puede dudar el decidirse por el descrédito.

Disminuyendose desde entónces una cantidad de riqueza
representativa igual á la suma , que importa el descrédito,
ó la pérdida del Papel , la cantidad de dinero , que queda en la Nacion , adquiere mas valor , ó se estima mas,
porque en esa misma proporcion las producciones de verdadera necesidad principian á abaratarse , principian á concurrir al mercado comun con las de otras Naciones , con
las que ántes no podian concurrir por ser estas mas baratas ; principia á ser mayor la facilidad de obtenerlas ; principia de consiguiente á ser menor el número de mendigos ;
y finalmente la prosperidad de la Nacion comienza á renacer , y á fomentarse por un efecto forzoso de aquel equilibrio de precios , que es necesario subsista entre todas las
Naciones , que tienen entre sí alguna relacion mercantil , equilibrio , que se destruye igualmente por la cantidad excesiva de dinero , que por la de su signo acreditado. Por último el Papel llega á desacreditarse por el todo ; se verifica entónces lo que llaman los Economistas *Bancarrota nacional*, tan quimérica como hemos visto que lo es el valor de su
riqueza representativa ; y á pesar de que entónces es quando desaparecen enteramente los perniciosos efectos del Papel,
á pesar de que entónces es quando la riqueza representati-

ra, ó dinero, que resta á la Nacion, representando entre
sus individuos, lo mismo que representaba ántes. Papel, y
dinero, representa mas, con respecto á los extrangeros, por
que aumentando los naturales, por el mayor número de trabajadores sus verdaderas producciones, disminuirán con este
mismo aumento, no el consumo, sino el precio de las de
aquellos, pues que la abundancia abarata siempre el género; á pesar de que entonces el nivel de precios, resti-
tuido por el descrédito del signo ficticio del dinero, faci-
litará la concurrencia de las producciones de unas, y otras
Naciones á un mercado comun, impedida ántes por la mayor carestía de las de unas, que con precision habia de producir el crédito de su Papel; á pesar de que entónces, es
quando la Nacion, libre de los obstáculos nacidos del exceso de riqueza representativa, que tantos brazos quitaban
á la agricultura, artes, y comercio, se vé ademas libre
de aquella carga insoportable, con que tenia que contribuir para satisfacer el inmenso rédito de una deuda contraída entre deudores profesos, y acreedores, quando ménos
necios, rédito que, proporcionando en el ócio subsistencia
á un número muy crecido de individuos, aminoraba considerablemente la cantidad de productos nacionales, ó lo que
es lo mismo la suma de riqueza nacional; á pesar finalmente de, que entónces es, quando todos los ramos de pública prosperidad deben forzosamente principiar á hacer progresos; á pesar de todo esto, repito, es quando se supone á la Nacion en un estado de quiebra, ó Bancarrota general, y efectiva; y quando se verifica tan forzoso, y útil
trastorno, el origen de la feliz regeneracion de todas las
Naciones creadoras de Papel, es la epoca que mas se mal-
dice, y que se crée mas lastimosa. Un sabio Naturalista
opina que los hombres nacen viendo los objetos al revés,
esto es, lo de arriba para abaxo, lo de abaxo para arriba, y que solo por el tacto rectifican el sentido de la
vista. ¿No se pudiera decir otro tanto de todos los hombres, quando tratan de materias Económicas, sugetándolas á
principios abstractos, ininteligibles, y contradictorios, sin
querer aprovecharse del sentido de la experiencia, el único que pudiera rectificar su inverso método del ver en
Economía!

Z

Que pueda jamas una Nacion en masa sufrir Bancarrota por una operacion, que aumenta forzosamente la cantidad de sus productores, y productos, aunque por esta misma operacion una parte de sus individuos dexe de satisfacer á la otra parte una deuda, que al fin habia de arruinar la industria general, es una quimera, tal como lo seria la de decir que uno puede ser acreedor, y deudor de hecho de sí mismo, y que nunca se halló en peor situacion, que quando principia á poder hacer mayores progresos que en ninguna época anterior. Que por el descrédito del Papel se disminuya la cantidad excesiva de riqueza representativa, siempre perjudicial á las sociedades por confesion de la mayor parte de los Economistas, y que en opinion de estos mismos se mire como un mal este descrédito, es una de aquellas contradiciones de hechos, y de ideas, que manifiestan hasta la evidencia los delirios, de que se alimentan los hombres. Que se creyese un mal efectivo para una Nacion la pérdida de todo su dinero es concebible, porque al fin el dinero es una verdadera riqueza representativa, esto es, en todos los paises, á cuyo mercado se llevase, tendria mas, ó menos valor; pero que se crea un verdadero perjuicio el descrédito total del Papel, quando nada representa fuera de la Nacion que lo creó, y cuya representacion en la Nacion creadora es suplida forzosamente, y con ventajas conocidas por qualquiera cantidad de dinero, que lo reste, ó aun sin este por sus verdaderas producciones, es un absurdo, que apenas se puede concebir como pudo entrar en la cabeza de seres pensantes. La posteridad se resistirá á creer la historia de nuestros errores Económicos, ó á lo ménos se resistirá á creer que la misma experiencia no hubiese sido suficiente para habernos desengañado.

Aunque todo, lo que se acaba de decir, es una consequencia de los principios asentados en el Tratado de la moneda, en los que no dudan convenir los Autores mas recomendables, como todas las ideas de este Tratado se oponen enteramente á quanto se escribió sobre el particular, y como los mas de los hombres equivocan las causas de los sucesos, tal vez me opondrán el exemplo contrario de la Inglaterra. La Gran Bretaña, se dirá, tiene mayor deuda que las demas Naciones de la Europa; tiene mas Papel moneda

que todas ; tiene mas crédito que las otras ; y á pesar de
esto por el gran crédito, con que circuló, y circula el Papel , su agricultura , artes , y comercio progresaron mucho
mas que en todas las otras Naciones. Es constante que la
Inglaterra en medio de estas circunstancias vio progresar rápidamente todos los ramos de verdadera riqueza, mas tambien , es innegable que jamas el crédito de su Papel , ni de
su deuda , cuyos efectos son unos mismos , contribuyó á su
prosperidad. Nada hay mas fácil , como acabo de decir, que
desconocer las causas de la prosperidad , y decadencia de
las Naciones , y de aquí la poca estabilidad de la primera,
y el constante tránsito de todas á la segunda. A la libertad civil, que el individuo goza en la Gran Bretaña ; á la
absoluta libertad , que se dispensa á su comercio interior ; á
la completa seguridad, que las leyes conceden á toda propiedad ; á la libre eleccion del individuo para dedicarse al
trabajo , que mas le acomode ; y á la soberana proteccion,
de que igualmente disfrutan todas las Clases , la Inglaterra debe el progreso de su agricultura , artes, comercio, y
navegacion , y de ninguna manera al crédito de su Papel,
el qual ántes bien causará con precision su ruína , como
percibirá qualquiera , que atienda á lo que allí sucede actualmente. A pesar de lo adelantados que se hallan en aquella Nacion todos los ramos de pública prosperidad, sin embargo es el país mas caro de toda la Europa. En ninguna parte valen tanto dinero los productos principalmente de
la agricultura , y de la mano de obra , y en ninguna parte valen mas los de todas sus manufacturas , si se excep-
tuan los de las fábricas de algodon , y de tal qual de la
na. Quando el Continente se vea libre de la devastadora
guerra de conquista, que lo aflige despues de veinte años,
y que las Naciones se puedan dedicar tranquilamente á mejorar su agricultura , industria , y comercio, aboliendo como lo hizo la Gran Bretaña , las trabas interiores, que las
tienen encadenadas , no es posible que la Inglaterra , teniendo una deuda tan enorme , y cuyo rédito se ha de satisfacer á costa de sus producciones , pueda concurrir con ellas
á un mercado comun en competencia de las demas Naciones, que las llevan libres de tan pesado recargo , y cuyo
mejor terreno por otra parte equivale á lo ménos á la ma-

yor perfeccion de los artefactos Ingleses. Aun en el dia á
pesar de todas estas trabas las manufacturas, y producciones del Continente son mas baratas que las de la Gran Bretaña. La decadencia de sus fábricas será pues entónces mas
rápida que lo fué su prosperidad. Esta decadencia debe ser
un efecto forzoso de la carestía, y esta un resultado preciso de las grandes Contribuciones indispensables para satisfacer el rédito de su deuda; debe ser efecto de la gran cantidad de Papel, pues que á ninguna Nacion se le regúla
tanto numerario en circulacion como importa el valor íntegro del Papel del solo Banco de Londres; y debe ser efecto del gran crédito que conserva este Papel, y la misma
deuda de la Inglaterra. Todo esto encarecerá los géneros
Ingleses de tal modo que los hará invendibles, porque las
demas Naciones libres de deudas, libres de Papel, y sin
tanta cantidad de riqueza representativa como supone el Papel de Inglaterra, gozando de un crédito completo, estimarán mas el dinero, y podrán ofrecer mas baratos todos
sus géneros. No hay medio, toda Nacion, ó ha de nivelar su riqueza representativa con la de las demas Naciones, y para esto es necesario anular el Papel, y la deuda, la que lo tenga, ó ha de sufrir la decadencia, y ruina de todos los ramos de prosperidad inmediatamente que
otra Nacion nivele con ella sus producciones, esto es; luego que en razon de su poblacion produzca tanto.

De lo dicho se deduce que por mas que Autores irreflexivos, ó por adular á los Gobiernos, hayan elogiado la
invencion del Papel, su creacion es un mal muy considerable, y mal que solo es causado por su crédito, pues este nunca puede servir sino para disminuir la estimacion de
la riqueza representativa; quando su creacion se hace con
el objeto de suplir el valor de la misma riqueza representativa. Se deduce que semejante invencion es mas perjudicial á la España, y á la América que á ninguna otra Nacion por ser la cosechera de las materias, de que se fabrica la verdadera riqueza representativa, y no ser posible
que el crédito del Papel dexe de envilecer estas materias.
Se deduce por último que el Gobierno Español debe despreciar constantemente quantos proyectos quiméricos, é ilusorios se le presenten con el objeto de suplir el dinero.

CAPITULO VII.

DE LOS PERJUICIOS QUE CAUSAN A TODAS LAS Naciones los Créditos públicos, ó los Empréstitos. Todas tendrán que ponerse por grado, ó por fuerza en un estado de insolvencia, si no abrazan otro plan diferente.

Todos los Económistas, sin excepcion de uno solo, aseguran que el Crédito es uno de los resortes mas activos para avivar, aumentar, y perfeccionar la agricultura, la industria, y el comercio; que sin Crédito aquellos ramos no tienen mas que una forma cadavérica; finalmente que el Crédito aumenta los fondos públicos igualmente que los del particular, y que es tan conveniente á una Nacion en masa, ó Gobierno, como lo es á un individuo. Sin embargo de ser esta opinion tan general que no hay un solo Autor, que sostenga lo contrario, yo me atrevo á considerarla como uno de los grandes errores, en que se halla envuelta la ciencia de la Economía política, que aun no ha salido de su infancia. Si se exâmina esto sin preocupacion, me persuado que nos convencerémos de que todo Crédito público es siempre en extremo perjudicial, al paso que el Crédito del individuo debe ser muy útil siempre que se haga el úso debido. Por mas que en materias de Economía sea cierto el principio que lo que es conveniente para el individuo lo es regularmente para el Gobierno, yo hallo diferencias notablemente opuestas éntre estos dos Créditos. Todas las principales ventajas que resulten del Crédito del individuo, no pueden ménos de consistir en la buena conducta del individuo, que logra el Crédito. De otro modo le arruinará infaliblemente, si tiene medios de satisfacerlo; y en caso de no tenerlos solo servirá para desacreditarlo. Esta buena conducta exîge, que el individuo sea frugal, laborioso, inteligente, y moderado en sus negociaciones para no exponer, y arriesgar á un solo accidente toda su fortuna. Mas un Gobierno, por sabio que sea, no es posible que reuna estas circunstancias, y virtudes con respecto al Crédito público. El particular regularmente logra el Crédito para hacer fortuna no para remediar sus necesidades ;

el Gobierno lo busca para cubrir, y satisfacer sus apuros, jamas para aumentar sus riquezas, y fortuna; aquel con el Crédito siembra para coger, emplea para producir, y no para consumir; este con el Crédito coge para sembrar solamente, emplea para consumir, y no para producir; aquel de consiguiente puede ser frugal, laborioso, y prudente, en una palabra obra con libertad; este no puede ser frugal, laborioso, y prudente, porque está precisado á gastos fixos, y determinados por circunstancias, que no dependen de su voluntad, en una palabra no tiene libertad para dexar de gastar. Las operaciones de aquel son muy sencillas, y su resultado de clara, y fácil prevision; las operaciones de este son muy complicadas, y su resultado de obscura, y dificil prevision. Pero lo que mas que todo constituye una diferencia diametralmente opuesta entre estos dos Créditos, son dos motivos muy poderosos. Primero; Aquel con el Crédito aumenta sus producciones, y las de sus conciudadanos, y de consiguiente la riqueza de la Nacion; este con el Crédito público disminuye forzosamente las producciones de todos los individuos, y disminuye la riqueza de la Nacion. Segundo: Aquel, sin aumentar la cantidad de riqueza representativa nacional, con el Crédito no puede ménos de aumentar su valor, aumentando la cantidad de las verdaderas riquezas, ó producciones; este, sobre todo quando adquiere su Crédito por medio de la creacion de Papel, aumenta la masa de la riqueza representativa nacional disminuyendo el valor de la anterior, pues que el valor de toda ella, sea qual fuere su cantidad, no puede exceder, como ya diximos, del importe de todas las producciones permutables, y al mismo tiempo disminuye estas, porque no puede dexar de encarecerlas.

Un sabio Ingles dice: "Los gastos anuales de un Gobierno no no deben exceder jamas á sus rentas; si para defensa del Estado se necesitan mayores sumas deben recargarse á proporcion que se vayan necesitando, pues ménos malo es aumentar las Contribuciones que aumentar las deudas, porque con estas no se ahorran aquellas, y los réditos de las deudas necesitan ser mas crecidos porque es preciso que haya mayor número de Empleados; y porque es necesario ofrecer un interés muy crecido para que los em-

» préstitos se llenen voluntariamente. Ademas todos los hom-
» bres, añade, se someten tranquilos á satisfacer lo que exi-
» gen las públicas calamidades, pero una vez estas pasan,
» sienten la carga, y no quieren sufrirla con tanta faci-
» lidad." Aunque los fundamentos expuestos por este Autor
prueban suficientemente que los Gobiernos no deben valerse
de Créditos para salir de sus apuros, sin embargo hay otros
fundamentos mucho mas poderosos en favor de su opinion.
Como el valor del dinero está en razon inversa de su cantidad, ó de la extension del Crédito público se sigue que
un Gobierno con aumentar la cantidad de riqueza representativa jamas aumenta su valor; no logra otra cosa que hacer el que corresponda á cada produccion, mercaduría, ó ramificacion de comercio mayor cantidad de dinero, esto es, encarecer todas las cosas, y de este modo estorbar que las producciones de su país puedan ser vendidas en concurrencia
de las de las otras Naciones que no tengan tanta cantidad
de riqueza representativa, y que tengan igual industria.
Formar pues un Crédito público es contribuir manifiestamente á la decadencia de una Nacion. Ademas, ó hay un motivo justo, ó no para que un Gobierno haga nuevos gastos. Si no hay este motivo, el Gobierno no debe contraer
deudas, que lo podrán comprometer, y aun quando no lo
comprometan, traerán siempre resultados muy tristes. Si hay
este justo motivo, todo Gobierno no solo tiene un derecho
para exigirlos, sino que tiene una obligacion de exigirlos
sin necesidad de observar mas regla que la de atender á
que se exijan con aquella proporcion que requiere la justicia distributiva, pues de otro modo, se vería precisado á
abandonar la atencion de las cargas indispensables del Estado. Nada es pues mas ridículo que el lenguage usado por
todos los Gobiernos para abrir sus empréstitos, y formar el
Crédito público; á saber, que acuden á aquel recurso para
evitar á los Pueblos nuevas Contribuciones. Ningun Crédito
público se puede formar sin que se pague un rédito anual,
y para esto es forzoso imponer nuevas Contribuciones, y
poner Empleados para cuidar del mismo Crédito, y Empleados para cuidar de las Contribuciones, pudiendo alibrarse
quando menos los salarios de los primeros.
De lo dicho se deduce que *todas las Naciones creadoras*

de Papel, ó que adoptan el sistema de salir de sus apuros, formando un Crédito, tienen que hacer con precision lo que llaman Bancarrota. Ningun Crédito público puede satisfacerse á no ser á costa de Contribuciones; y estas con precision disminuyen el valor del dinero, ó lo que es igual, aumentan la carestía de los demas artículos; esta carestía impedirá que se lleven al mercado, á que concurran los de otra Nacion qualquiera, que no se halle en iguales circunstancias; esta falta de comercio causará la decadencia general de la Nacion; y de esta decadencia será un resultado forzoso, la Bancarrota. El equilibrio de la riqueza representativa de todas las Naciones, que tengan entre sí relaciones de cambios, es semejante al de las aguas; como estas busca su nivel natural; como estas destruirá con el tiempo todo obstáculo, que se le oponga para contrariar su tendencia; y como estas causará al fin tanto mayor estrago, quanto mayor hubiese sido la cantidad amontonada, ó detenida. Consultando la historia de la España, de la Francia, y de la Inglaterra, las tres Naciones de mas recursos de toda la Europa, la experiencia viene en apoyo de esta verdad. España á pesar de ser la única cosechera de toda la plata, y de la mayor parte del oro, que circula en la Europa, se hizo insolvente de todos los diferentes Créditos, que contraxo despues de la posesion de las Américas; no obstante que parece debian ser inagotables sus caudales. Carlos I. contraxo un Crédito, que ascendia á la suma de 3□919,999□936 reales; y Carlos II. en 1688 tuvo que declarar solemnemente la Bancarrota de esta deuda, pues todas sus rentas no alcanzaban á cubrir el rédito. Felipe II., y Felipe III., para sostener la dilatada guerra de quarenta y tres años en los Paises Baxos contraxeron un Crédito, cuya suma liquidada en tiempo de Felipe IV. ascendió á 5□760,000□000 reales. Este Principe estipuló pagar su rédito á un 5 por 100, y se formalizó toda la deuda en escrituras, segun la cantidad del acreedor, con el nombre de *Juros*, cuyas obligaciones, por quanto se podian traspasar por qualquiera contrato, hacian las veces de un verdadero Papel moneda. Este mismo Monarca fué el único, aunque valiéndose de medios poco decorosos, y útiles para los Españoles, que satisfizo el rédito estipulado, y aun amortizó una gran parte del Capital. Felipe V., aunque no liabia declarado la Baácarrota, en un principio ningua rédito pagó, pero, viendose precisado á contraer un crédito de 900 millones de reales, á fin de adquirirlo, y no por otro motivo, ofreció pagar el rédito de la deuda de sus Antecesores á un 3 por 100. Fernando VII amante del dinero, atemorizado con tan enorme deuda, y escudado con el dictámen de una Junta de Teologos, y Jurisperítos declaró: *que un Rey no estaba obligado á satisfacer las deudas de su antecesor.* En efecto así lo verificó, y qualquiera que sea el nombre que los Cortesanos quieran dar á esta declaracion, el acreedor, y el hombre de probidad la llamarán Banearrota nacional. Carlos III., mas delicado que lo habia sido su hermano Fernando por lo que miraba á las obligaciones de su Padre, trató de satisfacer su deuda, cuyo rédito estipulado á un 6 por 100 fué puntualmente pagado desde 1761 hasta 1767, en cuyo año por un Decreto lo rebaxó á un 4 por 100, cuya rebaxa por el hombre de severidad ho puede dexar de ser considerada como una Bancarrota parcial. En 1768 se satisfizo ademas del rédito la cantidad de 60 millones de reales, pero al año siguiente ya fué necesario suspender las pagas del rédito de esta deuda. Aunque este Príncipe para lograr la confianza perdida en la Nacion por el mal éxito de los Créditos anteriores, y principalmente por la declaracion de Fernando, decretó en los articulos IV., y XIV. de la Cédula para la creacion de Vales, que sería extinguida su deuda por el todo en el espacio de 20 años, y que en todas sus Tesorerías sería admitido aquel Papel como si fuese moneda efectiva, no solo no la extinguió sino que la aumentó muy considerablemente, y solo en el año de 1785 amortizó la suma de un millon, y doscientos mil duros, mas á lo ménos siguió satisfaciendo el rédito de su deuda. Carlos IV., mas desacreditado aun por los gastos excesivos de su casa que por los del Estado, y con mucha ménos confianza que su Padre, necesitaba mayores esfuerzos para buscar, y llenar sus empréstitos. Por lo mismo declaró que sus Sucesores quedaban obligados á sus deudas, y en su conseqüencia reconoció las de todos sus antecesores inclusas las de Fernando V. las mas antiguas de que habia memoria. Las admitió pues á la par en la nuevamente

Aa

eontraida por él, aunque solo hasta llenar una quinta parté
de la nueva. Este Monarca no solo renovó para consolidar
el Crédito público todo lo prometido por su Padre, sino
que impuso Contribuciones muy fuertes para la extinción de
toda la deuda nacional, mas á pesar de todo esto no solo nó
la redimió, sino que despues determinó que no se admitie-
se en sus Tesorerías el Papel á no ser por el valor de la
Plaza, y, á pesar de sus repetidas promesas de la extincion anual, solo fué executada en el año de 1799, y en
los cinco restantes, no habiéndose redimido en todos ellos cinco millones de duros. Al fin aunque la Nacion llegó á recobrar el exercicio de la Soberanía, la necesidad verificó lo
que sucederá á la corta, ó la larga con todos los Créditos
públicos, esto es, ponerse la Nacion en un estado de insolvencia, y verificarse de hecho una Bancarrota.

La Francia en tiempo de Luis XIV. era sin duda la Nacion mas poderosa de la Europa no solo por su poblacion,
sino tambien por el estado floreciente de su agricultura, fábricas, comercio interior, y aun por su navegacion, ó comercio exterior. A pesar de esto á la muerte de este Príncipe vió completamente desacreditado el Crédito público, y
sin satisfacerse su rédito, sin embargo que la deuda toda de
aquel Monarca no pasaba de treinta y tres millones de libras, cuya causa dependió del exceso enorme de un Papel
que aunque no sonaba del Gobierno era este el que habia
consumido su importe. El Banco Real de Paris en poco mas
de dos años habia creado en Billetes la espantosa, é increible
suma de mas de dos bicuentos y medio de libras. Si esta excesiva, y escandalosa cantidad de Papel, que importaba poco
ménos que toda la propiedad de aquella Nacion hubiese estado
acreditada en la brillante fantasia de los Franceses del modo
que ellos mismos decian que lo estaba su fondo, no hubiera
quedado un solo Frances en la necesidad de trabajar la tierra, ni de manufacturar sus producciones, pues que habia empleado un capital suficiente á mantener á todos. El efecto de
este Crédito entónces sería convertir la Francia entera en una
Sociedad de hombres ociosos, y si no sucediese esto, veriamos á
personas ricas de dinero precisadas á trabajar la tierra para mantenerse. A fin de llenar el deficit de los gastos del Estado origi-
nado por un efecto forzoso de aquella cantidad excesiva, des-

pues de varias Contribuciones impuestas anteriormente, Luis
XVI. quiso imponer una de cinqüenta millones de libras,
cuyo proyecto sin llegar á verificarse ha sido el orígen de
la Revolucion Francesa , y de los males todos que actualmente sufre la Europa. Verificado ya el Gobierno Republicano en Francia , y estrechada esta por las circunstancias, en
que se hallaba, á abrir un nuevo Crédito , y á sostenerlo
á toda costa ; para verificar uno , y otro no perdonó aquel
los medios de hipotecar al seguro de un nuevo Papel , que
creó , los inmensos bienes nacionales, cuya grande masa se
componia de todas las propiedades de los Emigrados , de las
propiedades todas Eclesiásticas , y del Patrimonio de la Corona, ni olvidó promulgar las leyes mas severas para for-
zar á todos los ciudadanos á acetar el nuevo Papel , y aun
se estableció la terrible *ley del maximum* ; pero todo fué en vano. Agricultura , industria , y comercio decayeron de tal modo
que no hubiera quedado señal de estos ramos de pública
prosperidad si la necesidad no hubiese podido mas que las
disposiciones insensatas de aquel Gobierno, y lo acaecido en
Francia manifiesta igualmente que lo acaecido en España,
que mi pronostico se verificará en todas las Naciones , y
que su Bancarrota será tanto mas funesta quanto mas se re-
sistan los Gobiernos á alargar su período.

La Inglaterra, aunque no ofrece iguales Bancarrotas que
la España, y la Francia á causa de la diferencia de su Gobierno mas interesado en moderar sus gastos, y en que
no se verifique la insolvencia del Crédito público ; sin embargo á fin de no realizar su total quebranto, unas veces
ha tenido que rebaxar el interés estipulado de su deuda anterior, como por última vez lo verificó en 1749, rebaxan-
dolo de un 5 á un 3 por 100 , llamado comunmente el *tres
por ciento consolidado*, lo que viene á ser una Bancarrota
moderada ; y otras veces ha tenido que buscar, para pagar
este mismo rédito, un capital muy costoso , que, no pudiendo sostenerse por el Estado , viene á ser lo mismo que aproximarse á hacer la Bancarrota. En 1708 para sostener la
confianza del Crédito público el Banco á ruegos del Parla-
mento tuvo que satisfacer el rédito de aquel año, mas no
teniendo dinero, se vió en la precision de ofrecer para esta nueva deuda el interés de un 6 por 100 cada tres me-

ses. Reflexionando pues en la marcha del Crédito público de
esta Nacion, no puede ménos de preveerse igual resultado
que en los de todas las demas Naciones. A principios del
reynado de Guillermo en 1668 su deuda no llegaba á millon y medio de libras esterlinas. En 1767 ascendia ya á
ciento treinta y dos millones, deuda que atemorizaba á los
Ingleses mas ilustrados de aquella época. En 5 de Enero de
1810 su Crédito compuesto de deuda, que llaman *infundada,*
que es la que no cobra intereses, y de deuda *fundada,*
que es la que los cobra, ascendia á la espantosa suma de
811,898081 libras esterlinas, cuya cantidad reducida á moneda de España, regulando el cambio á 90 reales libra,
compone la suma de 730070,827092 reales. A pesar del interés, que la Cámara Baxa tiene en no aumentar la deuda, y en que se satisfagan los réditos, que devenga, con
todo cada dia va en un aumento muy considerable, aumento, que forzosamente, sin otra causa, sería producido por
sola la satisfaccion de este rédito. Hemos dicho que las Contribuciones disminuyen el valor del dinero, y siendo esta una
verdad indudable, cada dia el Gobierno Ingles necesita mayores cantidades para sostener unos mismos gastos, miéntras
exista una causa, que disminuya el valor del dinero, y que
al mismo tiempo aumenta el de aquellas cosas en que muchas veces necesita convertir el dinero. El rédito anual de
la deuda de la Inglaterra asciende hoy á tres mil y sesenta millones de reales, cantidad que ninguna otra Nacion
de la Europa tiene de renta. La Contribucion impuesta para satisfacer tan crecida suma, que no puede salir de otra
cosa, que de las producciones nacionales, es un Impuesto,
que estas llevan sobre sí irremediablemente á donde quiera
que se conduzcan. Un recargo tal imposibilita á la Inglaterra llevarlas en concurrencia con las de otra Nacion, en
donde no sufran igual Contribucion. Esto causará infaliblemente la decadencia del comercio, y esta decadencia atraerá forzosamente la Bancarrota, y con tanta mas precision
quanto la Inglaterra no puede sin comercio nivelar sus riquezas con las de la España, y la Francia, cuyo terreno
ofrece recursos incomparablemente mayores. Por mas ilusiones que por algunos Autores Ingleses se quieran hacer diciendo que las Contribuciones para satisfacer el rédito de su

deuda son pagadas por una mano de la Nacion, y recibidas por la otra, esto es, que quedan dentro del país, y que, lo que es á la Nacion en masa, ninguna riqueza se le extrae, el hombre que medite, verá de una manera muy diferente. Aun quando todos los acreedores de la Inglaterra fuesen individuos de aquella Nacion, ¿quién no conoce que si fuese cierto lo que aseguran estos Autores, lo seria tambien el que las Contribuciones no podrian arruinar ninguna Nacion, siempre que su importe quedase dentro de ella? ¿Y quién no está bien penetrado que sería un absurdo en Economía semejante principio? Pero prescindiendo de esto una parte de los Acreedores Ingleses son Extrangeros, que exportan una gran cantidad de caudales, lo que se conoce bien en la actualidad, en que interrumpido todo comercio entre la Inglaterra, y la Francia, el cambio está siempre muy en favor de la última, lo que tanto quiere decir en el caso presente, como que la primera es deudora á la segunda, y esto á pesar del grande contrabando de dinero, que continuamente se hace en la actualidad con Francia, no circulando sino muy poco oro en toda Inglaterra. En segundo lugar el dinero del Crédito de la Inglaterra repartido entre los mismos acreedores Ingleses no circula de productor en productor Ingles, de cuyo modo podria ser cierta la proposicion, que se pretende establecer; hace un tránsito del productor al que solo es consumidor, porque con este rédito muchas personas componen una renta para poder vivir comodamente sin precision de trabajar la tierra, y de este modo todo Crédito público disminuyendo el número de trabajadores, disminuye la masa de la riqueza nacional. Rebaxando el rédito de la deuda de la Inglaterra á tres mil millones de reales, y computando, como se suele regular, que con sesenta libras anuales se puede mantener con decencia una persona en aquel pais sin trabajar, pasan de quinientas y cinqüenta mil personas las que el Crédito público de aquella Nacion quita á la agricultura, artes, y comercio, ó á lo ménos á las que dá subsistencia suficiente para que se mantengan cómodamente sin necesidad de trabajar. Ademas de este número no me parece excesivo el cálculo de cinqüenta mil individuos mas mantenidos por el Crédito, empleados los unos en llevar la cuenta, y razon del pago y otros en hacer los pagos, y otros destinados en los Bancos para cuidar de las muchas operaciones, que allí se executan, y finalmente los otros destinados al cobro, distribucion, y cuenta de las infinitas Contribuciones, impuestas para satisfacer el rédito, y amortizacion del Crédito. A vista de estos datos innegables es evidente que la Inglaterra, por mas que las circunstancias hayan alargado el período, y por mas que por este motivo hayan sido desmentidas las profecias de algunos Sabios, tendrá que hacer forzosamente una Bancarrota, luego que varíen las circunstancias de ser la única Nacion de la Europa, que está haciendo exclusivamente todo el comercio.

CAPITULO VIII.

TODAS LAS NACIONES, SIN HACER BANCARROTA, pueden con facilidad en qualquiera época satisfacer por entero la deuda pública con beneficio conocido de todos los naturales. Exámen de los medios, y de las ventajas que resultarian de adoptar esta medida.

Por mas que varios Autores de opinion á costa de grandes contradicciones, y absurdos sostengan las ventajas de los Creditos, ó Empréstitos nacionales, y se empeñen en probar que siendo siempre naturales los acreedores de un Estado, las Contribuciones impuestas para satisfacer el rédito de esta deuda, á ninguna Nacion pueden perjudicar, por lo expuesto en los dos capítulos anteriores, y por lo que demuestra la experiencia, todos los Gobiernos se hallan ya convencidos de lo contrario. Todos, por mas que, por una de aquellas contradicciones, que tan comunes son en su conducta, no dexen de acudir en apuros á los Empréstitos, se hallan ya bien penetrados de los perjuicios que ocasiona siempre una deuda pública. En vista pues de estos males, y de que hasta ahora ninguno ha descubierto ideas útiles, y practicables acerca de un objeto tan interesante, nada aventuraré yo en exponer las mias por ligéras que parezcan. Quando nada bueno, ó reconocido como tal se halla escrito, á lo ménos no se podrá decir que mis opiniones en esta parte puedan destruir algun plan juicioso, y que podria ser útil á la Sociedad. Basta que no sean perjudiciales, y que, aunque me equivoque, las contemple útiles para que las manifieste. "El primer derecho de todo hombre, que »» piensa, dice uno de los. ciudadanos mas sabios con que »» se ha honrado la Inglaterra, es poder anunciar libremen- »» te á sus conciudadanos quanto no sea contrario á la bue- »» na moral. La primera de las obligaciones sociales es co- »» municar á sus semejantes la ideas que haya podido adqui- »» rir, y que puedan ser útiles. Lo contrario es propiedad »» de esclavos, y doctrina de los Tiranos, ó de los Agentes »» de la tiranía."

Prescindiré de qüestiones, que tengo por rídiculas, y por lo mismo me abstendré de exâminar la opinion de los que sostienen que una Bancarrota nacional no perjudica á nadie. Aunque estoy bien persuadido que una Bancarrota no puede perjudicar á una Nacion en masa, y que el perjuicio que hace al particular no es tan grande ni con mucho como se figuran los mas, sin embargo á los que les corresponde ser mayores acreedores que deudores del Estado no puede dexar de perjudicarles conocidamente una Bancarrota nacional, y debiendo sufrir con proporcion á sus facultades todos los ciudadanos el peso de la deuda pública, ningun Gobierno justo puede permitir un perjuicio de esta naturaleza. No puede haber contrato alguno entre personas tan sagradas, que no ligue igualmente á todas las partes contratantes, y que no deba ser exâctamente cumplido en tódo lo estipula- do, siempre que su execucion sea posible. La propiedad del individuo es la base de todas las sociedades; es el lazo mas necesario para unir á todos sus individuos. Atacarla es ata- car la ley mas fundamental, que puede conocerse; es tras- tornar el órden establecido entre todos los hombres civiliza- dos; es por lo mismo ocasionar voluntariamente crisis, y conmociones muy peligrosas. Siendo estos principios de jus- ticia tan inmutables como la misma justicia, el Gobierno, que por falta de vigor dexa de buscar medios para satis- facer su deuda, se cubre de oprobio, y merece la abomi- nacion de todo hombre de probidad.

Si los Gobiernos no satisfacen el rédito de la deuda pú- blica, cometen la injusticia mas chocante, y por lo mismo no, deben decidirse por este partido. Pero por otra parte si todos los Gobiernos, que tienen una deuda muy crecida, son exâctos en la satisfaccion del rédito, con precision contribuyen á sostener á costa de grandes fatigas la causa misma de la decadencia de la Nacion, y la que por último precisará irremediablemente á hacer Bancarrota. Una Nacion muy adeudada tiene que recargar sus producciones, y manufacturas con crecidas Contribuciones, indispensables para satisfacer el interés, que devenga su deuda. Aun quando recargase todas estas Contribuciones sobre las mercancias que consume al Extrangero, el efecto seria igual, pues que en aquel caso el consumidor, y no el productor es el que paga la Contribucion. Otra Nacion, que no tiene deuda, lleva á todas partes sus frutos, y mercancias libres de este recargo. Por lo mismo las producciones de estas dos Naciones no pueden concurrir á un mercado comun, porque la primera no las podrá ofrecer tan baratas como la segunda. Esta falta de comercio arruinará sin remedio la industria de aquella, y por último la precisará á ponerse en un estado de insolvencia. Descubriendo una de las máximas favoritas, y secretas de los Gabinetes, convendré con los que opinan que todo Gobierno, por adeudado que se halle, tiene medios para turbar la tranquilidad de las demas Naciones á fin de precisarlas á contraer deudas crecidas. Prescindiré, como suelen prescindir los Gobiernos, de una moral tan poco delicada, y convendré voluntariamente en que seria un medio muy á proposito para que el Gobierno adeudado alargase la época de la Bancarrota; mas es preciso confesar que al fin tendria que hacerla, pues, aunque consiguiese que la Nacion rival hubiese contraído una deuda crecida, nada adelantaba. El desnivel del dinero, que era el que impedia que estas dos Naciones concurriesen con sus mercancias á un mercado comun, subsistiria al fin de la guerra como subsistia ántes. Si la una contraía una nueva deuda, la otra á la deuda, que anteriormente tenia, aumentaría quando ménos una cantidad igual á la de su rival. No conseguirian mas que debilitarse mútuamente, mas el equilibrio de su fuerza respectiva quedaría qual se hallaba ántes de comenzar la guerra. Todos los conductos de la circulacion general de diferentes Naciones, que pretenden tener relaciones mercantiles, necesitan conservar las leyes del equilibrio, para que todas puedan prosperar. Todo obstáculo que trastorne el precio de los trabajos de estas diferentes Naciones es el principio que alternativamente arruinará á todas; y la deuda pública es uno de los obstáculos mas fuertes, que se conocen en las Naciones modernas, y destruye las leyes del equilibrio tan precisas en el sistema general de la circulacion para la felicidad recíproca de las Naciones, como lo son las del equilibrio de los fluidos para que se conserven las obras de los hombres. Es decir toda deuda pública trabajará contínua, é insensiblemente hasta obligar á hacer la Bancarrota, y poner á la Nacion, que la tiene, en aquel estado natural, sin el qual falta el equilibrio, que es forzoso subsista entre consumidores, y productores, ó entre consumos, y productos. Tales son los inconvenientes, y perjuicios que se siguen de no pagar el rédito de la deuda pública, y de pagarlo, perjuicios que no permitirán á ningun Gobierno sabio abrazar ninguno de estos dos partidos.

De lo dicho se deduce que es forzoso acudir al único recurso natural, qual es el de pagar de pronto toda la deuda nacional. Exâminar pues si los Gobiernos tienen medio de hacerlo, y manifestar qual sea, es el grande objeto, que me propongo tratar. Los primeros pasos en todas las empresas son siempre los mas dificiles, porque entónces el hombre camina sin mas guia que la de su razon, y abriéndose un camino, que luego fatiga al mas robusto. Siendo pues esta una materia tan nueva, el lector no debe prometerse ver un discurso con aquella claridad, que solo puede ser producida por la experiencia, maestra de todas las ciencias. Todo esto me constituye acreedor á la indulgencia, que se debe dispensar á quantos arrostren una empresa tan árdua, y que no son conducidos por otro objeto que el de contribuir á la prosperidad de sus semejantes. Si lleno en el todo, ó en alguna parte mis deseos habré hecho un servicio importante á todas las Naciones.

Los hombres las mas de las veces disputamos, porque suponemos entender, y no entendemos los principios mas sencillos, de cuyo conocimiento depende descubrir la verdad, que se trata de averiguar. Prescindamos pues por un momento de lo que nos dicte nuestro orgullo, y no nos

avergonzemos de analizar, y descender á cosas muy triviales. Antes de todas cosas; para saber si hay deuda es necesario identificarla; ésto es, que sea el alcance líquido,
que resulte en virtud de una cuenta saldada entre dos,
ó mas personas; supone un acreedor, y un deudor; y se
supone solvible, ó insolvible en el todo, ó en parte, quando el deudor tiene medios para satisfacerla por entero, ó
para satisfacer solo una parte, ó quando absolutamente nada puede satisfacer. Contraigamos ahora á nuestro caso todas estas circunstancias indispensables tanto á una deuda
pública como á una deuda particular, para saber en que
situacion se halla una Nacion adeudada; para formar un
juicio exácto de la posibilidad que tiene de satisfacer su
deuda; y para deliberar con acierto previendo los resultados.
No habiendo jamas llegado el caso de que ninguna Nacion
tratase de satisfacer en el momento toda su deuda, tampoco llegó jamas el caso de que ninguna hubiese saldado su cuenta.
Miéntras no se sepa qual es el alcance neto, no puede
decirse qual sea la deuda nacional, ni si la Nacion se halla, ó no en estado de satisfacerla. Antes de hacerse esta
operacion tan precisa, es un error asegurar, señalando de-
terminada cantidad, que la suma total de una deuda nacional es esta, ó aquella. Veamos ahora quien es el acreedor,
y quien el deudor.

En las deudas públicas el deudor es toda la Nacion, co-
lectivamente, esto es, los individuos que la componen, y el
acreedor muchisimos, quando no todos, individuos nacionales,
y muy pocos Extrangeros, porque, aunque se diga que hay
un número muy crecido de estos, es con respecto al perjuicio, que ocasionan exportando anualmente una cantidad de
dinero suficiente para incomodar á la Sociedad, pero es
siempre un número tan corto con respecto á los primeros
que con consideracion al todo equivale á poco mas de cero.
Es decir se puede asegurar que los individuos de la Nacion,
son acredores, y deudores de sí mismos, razon por la qual
se puede afirmar que toda deuda pública es del todo quimérica, ó poco ménos, y puramente nominal, como se pudiera afirmar que lo sería la de un deudor particular, que
por algun título legítimo se hubiese hecho dueño del patrimonio, y derechos de su acreedor, ó por el contrario. Si

se dixese pues que á un individuo, á un mismo tiempo
acreedor, y deudor, le agoviaba semejante deuda, toda persona juiciosa se burlaría, y conocería, ó que no podia ser
cierto, ó que si verdaderamente le perjudicaba, sería por
efecto de algun vicio fácil de ser corregido. ¿Cómo es pues
que toda deuda pública, que en nada realmente se diferencia de esta, y que es tan quimérica como esta, produce
efectos tan reales, y tan perniciosqs? ¡La Nacion paga su
deuda,; la Nacion cobra su deuda; y esta deuda aniquila
la Nacion entera! ¡La cantidad de esta deuda ha sido in-
vertida en gastos, que la Nacion contraxo ya, y no para invertir en otros gastos á fin de salir de un nuevo apuro, y á pesar de esto, y de no tener que satisfacerla á
otra Nacion, ni á individuos Extrangeros; no satisfacerla
ha de arruinar la Nacion entera, como verdaderamente sucede! ¿Cómo es, pues que Autores del mayor crédito en la
ciencia de la Economía, sostienen opiniones tan diametralmente opuestas, que los unos suponen que el quebranto de
una deuda pública arruinaría á todos los Naturales; y los
otros suponen que á ningun individuo perjudicaría? Tal es
el resultado efectivo de los prestigios, y de los errores envueltos en los bellos planes de Proyectistas ambiciosos, ó ignorantes, que, baxo el disfraz del bien público, solo aspiran
á hacer su fortuna, y que por desgracia del Género humano en todas partes logran seducir á los Gobiernos, hacien-
doles creer que es un alivio para los Pueblos acudir en las
grandes necesidades á abrir un Crédito público para evitarles una nueva Contribucion.

Exâminemos si una deuda pública es, ó no insolvible, ó
si es solvible en parte, ó en el todo. Prescindo de probar
porque lo creo notorio, y lo conocerá qualquiera que lo medite, que los acreedores de un Crédito público son casi todos nacionales, y por lo mismo hablo siempre baxo de este supuesto. En todo contrato civil, en donde la legislacion no haya autorizado algunas leyes bárbaras de las edades Goticas, el individuo, apto para contratar, queda con
todos sus bienes responsable á lo estipulado. Con mayor razon cada individuo de la Nacion, si la necesidad lo exige,
debe ser responsable á la deuda nacional, que se supone
contraída para sostener el bien de la Comunidad, y cuyo

contrato se supone formado por la ley misma. El individuo debe ser responsable no en razon del número de asociados, como quisieran algunos, sino en razon de sus facultades; aquel á quien se le defiende mayor cantidad, justo es que contribuya con mayor cantidad. Así es que en todo Gobierno justo á cada ciudadano se le exige tambien una quota proporcionada á su riqueza para satisfacer anualmente el rédito total de la deuda pública. Es pues claro que la deuda nacional es afianzada con todos los créditos particulares que forman la misma deuda, los que deben contribuir igualmente que toda otra riqueza, pues que son los mas beneficiados; y ademas es afianzada con las distintas fortunas de los otros varios individuos, que no son acreedores contra el Estado, y por lo mismo la idea de que una deuda pública sea insolvible envuelve una contradiccion manifiesta. De esto se deduce que quando un Gobierno por debilidad, ó por ignorancia se pone, ó se declara en quiebra, viene á decir este absurdo; *la deuda del Estado es ya muy crecida; no la pueden sufrir ni pagar todos los individuos, que componen la Nacion, y por lo mismo que la sufra, y pague una sola parte de individuos.* Siendo pues solvible toda deuda pública, y siguiéndose males incalculables de no ser pagada, veamos como debe satisfacerse, y quales podrán ser los resultados.

Nada es mas comun que alimentarse los hombrrs de ilusiones, y quimeras, que llegan á degradarlos á un punto increible, y durante épocas muy largas. Los efectos de la ignorancia, y de los errores mas vergonzosos hasta en los principios mas sencillos de todas las ciencias, si es que han desparecido ya de entre las Naciones mas cultas, no hace tanto tiempo que se ha verificado; y si preocupaciones groseras, y aun químericas ocupaban á nuestros padres, y les afligian con males verdaderos; no debemos extrañar que un error en la invencion moderna, y abstracta de los Créditos públicos nos esté todavia incomodando. Tratemos ya de descifrar el enigma, que tantos males verdaderos ocasiona, y cuyo misterio tanto impone á todos los Gobiernos, y tanto hace delirar á los Autores, que sostienen uno, y otro partido, porque solo vén el asunto por un solo reverso, sin que ni unos ni otros lo exâminen por los dos, como es ne-

cesario á fin de descubrir la verdad. Para mayor claridad
seguirémos la comparacion á que hemos dado principio. Si
un individuo se empeñase por fin en realizar ser acreedor,
y deudor de sí mismo, lo conseguiria, y para conseguirlo
era muy fácil, y muy regular que se arruinase. Supongamos que un Grande hubiese contraído una multitud de deudas, y que en el hecho mismo de contraerlas hubiese aumentado un número muy considerable de Empleados en sus
Oficinas para llevar la cuenta, y razon, y para hacer á
su debido tiempo las pagas, y recoger los documentos competentes. Supongamos que el acreedor de todas sus deudas
era otro Grande, que por su parte tambien habia aumentado un número muy considerable de Empleados para formalizar los asientos de los Créditos á su favor, para cuidar de los documentos que los acreditaban, y para atender á la puntual cobranza de sus réditos. Supongamos ahora que estas dos casas se hubiesen reunido en un solo poseedor, al qual aquella multitud de Empleados, por la influencia, que estos lograban sobre el carácter del poseedor
de estas dos casas, hubiese persuadido que sus antiguas operaciones eran muy necesarias para saber lo que debia el patrimonio A al patrimonio B, y que en efecto, ó por vanidad, ó por rutina, ó por apatía, vicios bastante comunes en la gente rica, el Grande no quisiese despedir ningun Empleado, ni ocuparlos en otro destino. Este Grande
por un empeño tan ridículo, aunque tuviese mucha renta
se empobreceria. Creo que la comparacion es bastante exácta en la parte que puede serlo, y que, además de otros
muchos males, es aplicable á toda deuda pública.

No conocer lo que forzosamente habian de venir á ser todos
los Créditos públicos, ó Empréstitos nacionales es lo que induxo á los Gobiernos á males, y errores incalculables. Los Gobiernos por debilidad, ó por una ilusion figuráron, ó trataron de imponerse á sí mismos una Contribucion, quando
necesitaban exigirla de los ciudadanos, y el efecto ha sido
siempre muy funesto. Por mas pues que los Gobiernos hayan pretextado lo contrario, todo Crédito público no es otra
cosa que una Contribucion impuesta á un número determinido de Capitalistas, pero baxo la condicion tácita, ó expresa de que serian reintegrados, desfalcada la parte, con que

ellos deben contribuir , á costa de las producciones , de la
industria , ó de las rentas de los otros individuos que
componen toda la Nacion.

Si todos los individuos de una Sociedad fuesen acreedores
contra el Estado de una cantidad igual á la que por razon
de sus facultades le deben ser deudores ; entónces, qualquiera persona conocería que era ridículo decir que había deuda nacional ; entónces qualquiera conocería que era muy
perjudicial mantener una gran porcion de Emp cados sin mas
objeto que el de pagar al ciudadano F cien pesos á que era
acreedor , quando con precision se le habian de exigir ciento y veinte ; los ciento para pagar al mismo F lo que se
le debia , y los veinte para satisfacer los sueldos de los Empleados , pues que los salarios de estos forzosamente han de
salir de las Contribuciones , con que los ciudadanos tienen
que subvenir á los gastos del Estado ; qualquiera finalmente conocería que la Nacion se hallaba en el caso propuesto del
Grande , porque el Gobierno precisaba á cada individuo á
constituirse baxo aquella tutela ridícula , inepta , y costosa,
en que voluntariamente se habia constituido el Grande de nuestra comparacion. Entónces toda la operacion, que tenia que hacer el Gobierno , era tan sencilla que se reducia á declarar can-
celado el Crédito público , esto es , á decir que nadie pagase ni que nadie cobrase , de lo qual resultaría una justa compensacion á todos ; resultarían quitadas las cargas gra-
vosas , pero precisas para pagar sueldos de Empleados inútiles ; en fin resultaría abolido el Crédito público sin que el
Estado hubiese hecho una Bancarrota real , y sin que nadie
quedase agraviado. Mas no hallándose los acreedores, y deudores del Estado en el caso de esta igualdad de deuda , y
de Crédito , se dirá que la comparacion de que se ha hecho
úso , no es aplicable á ninguna Nacion , y que de consiguiente toda deuda pública es como qualquiera otra deuda
efectiva , esto es , que siempre hay necesidad de aprontar
su importe para verificar el pago. Convendré en que habrá
siempre que aprontar , y traspasar de individuos á individuos cierto valor , ó importe de la deuda , pero no es lo
mismo aprontar una parte que aprontar el todo ; ademas si
no todos los deudores del Estado son acreedores contra él,
todos sus acreedores le son deudores ; y de este modo si la

comparacion del Grande no es aplicable en todas sus partes á nuestro caso, lo es en la mayor parte. Toda la dificultad pues para no poder quitar, y satisfacer un Crédito público consiste porque no todos los ciudadanos son deudores al Estado en una cantidad igual á aquella en que son acreedores. ¡Y será posible que por esta sola circunstancia las Naciones se arruinen, y no puedan satisfacer su deuda! Resta pues practicar una operacion por la que se nivelen créditos, y deudas, y hacer del Crédito público lo que realmente es, á saber, una Contribucion; pero no una Contribucion, que estando ya consumida, sus empleados nos están consumiendo. Para verificarla el proyecto está reducido á esta sencilla proposicion: *Saldese el Crédito, y la deuda de cada ciudadano; esto es, saldese la suma total del Crédito público, y el haber de cada ciudadano; prorrateese á los unos la parte de valor ya en dinero, ya en bienes, segun acomode á cada uno, con la que deben contribuir, y adjudiquese á los otros la porcion neta, que deben recibir.* Descender á la parte minuciosa del modo fácil de ajustar, transigir, y satisfacer esta cuenta nacional no es mi objeto, pero diré que no puede añadir otra dificultad que de ménos á mas á la cuenta que pudieran tener dos, ó mas comerciantes.

No dudo que á primera vista la sencillez misma del plan será el fundamento mas fuerte, y tal vez el único con que se le hará aparecer despreciable. Nuestro orgullo jamas por el pronto dexa de herirse de que se le haya ocultado una verdad quando su conocimiento es demasiado sencillo. Sin embargo me persuado que exâminado con detencion se hallará justo, y exâcto, y que es el único partido, que debe abrazarse, y el único, que, presentando infinitas ventajas, no ofrece un solo inconveniente. Las grandes verdades en todas las ciencias no son otra cosa que los resultados reducidos á una simple proposicion, por mas que todos los hombres seamos comunmente afectados por voces, y no por ideas. Créditos públicos, Papel del Gobierno, Bancos privilegiados, Compañías poderosas, Direcciones de Rentas, Gremios de comerciantes, Consulados, Aduanas, Contadurías, Secretarías, y Oficinas con mil, y mil nombres para dirigir y fomentar todos los ramos de agricultura, industria, y comercio, son los principales instrumentos con que preten-

den trabajar todas las Naciones en el fomentó de estos ramos, y los medios, y voces que únicamente imponen á los
hombres de todos los paises quando se trata de hacer la prosperidad de las Sociedades. Pero analizados, y descubiertos
por una luz clara no son mas que los talismanes, de que
en un principio hizo úso algun Proyectista charlatan para
seducir á los Gobiernos, y para fasçinar á sus conciudadanos,
á fin de vivir á costa del sudor de estos en el ócio, y el
regalo. Mas en el dia no son otra cosa que las cataratas,
que absorven las riquezas, la poblacion, y la felicidad de
las Naciones. No son ya otra cosa mas que los manantiales ricos, y fecundos en donde los intrigantes saben descubrir el modo de enriquecerse sin trabajar. Son finalmente las
fuentes de donde salen todas las grandes plagas, y errores
en la interesantisima ciencia de la Economía, que despue-
blan, y devastan el Globo entero por el empeño de convertir á todos los Pueblos en Naciones de Empleados, y asalariados para vivir sin trabajar la tierra, quando de esta salen todas las riquezas, y quando esta solo ofrece sus dones
á fuerza de cultivo, de trabajo, y de continuos cuidados.
Pero cortemos ya esta digresion, que, aunque larga, ofrecía
materia para formar una historia, que ningun hombre podría
acabar de leer en una vida longeva, y volvamos á nuestro proyecto.

Para manifestar la posibilidad de mi idea, y las grandes utilidades que se seguirian de realizarla, reduciré lo
que me resta por decir á demostrar tres proposiciones. Primera: *Para que todos los acreedores queden completamente satisfechos, no se necesita tal vez que se apronte la centésima parte del valor de la suma total por la que suena la deuda pública.* Segunda: *No se necesita que el valor de la deuda pública sea satisfecho en dinero.* Tercera: *A los mismos ciudadanos, que son meramente deudores al Estado; esto es, que no tienen ninguna parte de crédito contra el Gobierno, no se les disminuye su riqueza ántes bien se les aumenta considerablemente, y
de consiguiente no puede haber un solo ciudadano á quien no
convenga adoptar este proyecto.* Siendo generalmente indudable que toda deuda pública arruina á toda Nacion, y quedando demostrada esta verdad en lo que se lleva expuesto
en este capítulo, y en el anterior, me creo dispensado de

una quarta proposicion, que tendria que probar en otro caso, reducida á decir que solo satisfaciendo por entero la deuda pública, se evitan los perjuicios particulares que se seguirian de que hubiese una Bancarrota, y la decadencia de la Nacion si no la hacía. Creo que si demuestro estas tres proposiciones, ó por mejor decir la última, queda demostrada la gran utilidad del proyecto. Voy pues á tratar de demostrarlas; mas ántes debo advertir que el lector no debe olvidarse que yo solo hablo de satisfacer una deuda pública, cuyo rédito se esté pagando; no hablo en el caso de que una Nacion hubiese hecho Bancarrota, esto es, que no satisfaga ya el rédito de su deuda, pues aunque en este caso se pudiera pagar igualmente, sería necesaria otra explicacion para demostrar que á nadie perjudicaba la satisfaccion ni aun en aquellas circunstancias.

Primera proposicion: *Para que todos los acreedores del Estado queden completamente satisfechos no se necesita tal vez que se apronte la centésima parte del valor de la suma total, por la que suena la deuda pública.* Quando se trata de averiguar si una Nacion, ó Gobierno se halla en disposicion de satisfacer su deuda, lo único que se procura saber es qué dinero importa aquella, y qué cantidad es la que tiene el Gobierno, ó quando mas la que circula en la Nacion. Se dice por exemplo que aquella importa doscientos millones de pesos, y que el Gobierno no los tiene, ó que en la Nacion solo circulan cinqüenta millones de pesos, pues sin detenerse mas, y sin dudar se resuelve que es imposible satisfacer la deuda pública, y en efecto por esta sola razon se dexa de satisfacer, y la Nacion sigue viendo su decadencia irremediable. No se advierte que se incurre en un error muy grosero, y perjudicial en suponer deudor al Gobierno, y acreedor á la Nacion, quando la Nacion tiene que serlo todo en la realidad. Por no advertir este error se incurre en otro error aun mucho mas perjudicial; á saber, que siendo unos mismos individuos deudores, y acreedores, saldada la cuenta, con dos millones de pesos, ó tal vez con dos millones de reales, que se traspasasen de unos individuos á otros, se podria satisfacer por entero el alcance líquido de una cuenta, que suena de doscientos millones de pesos, y que no es tal vez de quatro, pero cuyos resultados efectivos son

Cc

como si realmente se debiesen no los doscientos millones, sino quando ménos trescientos, ó quatrocientos millones, como veremos al exâminar la tercera proposicion. No se advierte que por no hacer la sencilla operacion, que propongo, la Nacion se está arruinando, y que entre ella, y el Gobierno pasa lo mismo que sucedería entre dos, ó quatro comerciantes, que tuviesen entre sí dobles deudas, y dobles créditos, y que por no liquidar sus cuentas estuviesen todos manteniendo una multitud de subalternos destinados con el único objeto de cobrarse, y pagarse mútuamente, quando nada habria que pagar, y cobrar, si las cuentas estuviesen líquidadas.

Pero dexando á un lado estos errores exâminemos la proposicion asentada. Siendo constante que los acreedores de toda deuda pública son nacionales, y siendo tambien constante que estos mismos individuos son deudores al Crédito público, es evidente que saldada á cada individuo la cuenta de su crédito, y de su débito, para que el Gobierno pudiese satisfacer por entero su deuda, no necesitaba tener toda la cantidad porque suena, pues rebaxando á cada acreedor la parte que debia, y entregándole el importe del alcance líquido, quedaba este completamente satisfecho, y desaparecia la ilusion, que hacía aparecer la deuda mayor de lo que era en realidad. Nada nos importa saber á quanto podria ascender la rebaxa de toda deuda pública. El lector se penetrará de esto mismo en el exâmen de la tercera proposicion. Sin embargo es muy creible que la liquidacion la haría baxar á poco ménos de cero, porque en todas las Naciones los ciudadanos son acreedores, y deudores al Estado en razon de sus facultades, y no mas; esto es, solo un número muy corto es el que ha impuesto todos sus Capitales en el Crédito público, y de consiguiente la diferencia, que puede resultar entre su Crédito particular, y su deuda al Estado, ó debe ser muy corta, ó ninguna. Esto no es decir que absolutamente no haya alguna diferencia, ó desigualdad, pues aun quando fuese tan grande como se quiera figurar, la operacion siempre causaría los mismos efectos.

Segunda proposicion: *No se necesita que el valor de la deuda pública sea satisfecho en dinero.* He creido necesario asentar esta proposicion mas para evitar una objeccion que

para hacer ver su verdad. De otro modo acaso se me diria
que mal se podría pagar el Crédito público de una Nacion,
en la que; tal vez no circulase una cantidad de dinero igual
á la suma que importaria el alcance líquido, que resultase
de la cuenta general despues de saldada. Todo acreedor, y
principalmente quando su deuda corre riesgo de ser insolvible, debe darse por muy contento si puede reintegrarse
de su valor, aunque no sea en dinero, porque como se
suele decir comunmente, oro es, lo que oro vale. No siendo pues de otro interés para nuestro asunto la proposicion
presente, y no pudiendo figurarme que ninguna persona juiciosa tenga que objetar, paso á exponer la tercera y última.

Tercera proposicion: *A los mismos ciudadanos, que son
meramente deudores al Estado, esto es, que no tienen ninguna
parte de Crédito contra el Gobierno, no se les disminuye su riqueza, ántes bien se les aumenta considerablemente satisfaciendo
la parte, que les corresponde en el pago total de la deuda
pública.* Dependiendo de la verdad de esta sola proposicion
el convencimiento de las grandes ventajas, que produciría
el plan propuesto, y la resolucion del interesante problema, que se discute, el lector me deberá dispensar qualquiera repeticion, y la difusion, que sería imperdonable en un
Discurso Académico de pura literatura.

Una Nacion jamas contrae una deuda sin que ofrezca
un interés. Aunque en un principio el Gobierno satisfaga
este interés á costa del mismo capital de la deuda, es preciso que luego despues exija nuevas Contribuciones, y que
las exija, si es justo, á cada ciudadano en razon de sus
facultades. Así es que por mas que los Gobiernos, para no
dar á los Pueblos una idea de nuevos Impuestos, aparen-
ten evitarles esta carga, y suplirla con un Empréstito, este no puede ménos de ser una Contribucion, y una Contribucion, que debiendo ser por su naturaleza muy momentanea, se hace muy duradera, mas complicada, y de consiguiente mas costosa. Por mejor decir los Gobiernos entónces, sin reportar ningun beneficio, y con perjuicio conocido de todos los ciudadanos en lugar de una Contribucion,
que debia ser por una sola vez, imponen dos Contribuciones perpetuas mucho mas perjudiciales. Procuremos hacer pa-
tentes estas verdades. Qualquiera persona confesará que un

Gobierno debe tener de Contribuciones fixas lo que se contemple suficiente para sostener las cargas del Estado, y no
mas, y así quando acude á un Empréstito, ó á qualquiera otro Crédito público, no está en su mano dexar de exi-
girlo como una Contribucion, ni decir que lo satisfará con
las Contribuciones futuras, esto es, con lo que está asignado
para sostener las cargas ordinarias, y precisas. Quanto diga
en contrario es risible. Si el Gobierno se hubiese valido de este medio, que era el mas natural, pues aquel, á quien se
le debe contribuir con todo lo que necesita, no es justo
que pida prestado á su mismo deudor, sin aumentar el número de Empleados hubiera podido recaudar el nuevo recargo, mas acudiendo á un Crédito público, es necesario
que desde entónces mismo aumente considerablemente sus gastos, nombrando, y asalariando una porcion de Empleados
nuevos para atender á las muchas, y diferentes operaciones de qualquiera Crédito á que acuda, por simplificado que
sea el mecanismo, que dirija á los encargados de su cuidado : primera de las dos Contribuciones, enteramente inútil,
y siempre muy costosa. Como inmediatamente que un Gobierno abre un Crédito ademas de las Contribuciones, que
necesita para satisfacer el rédito anual del mismo Crédito,
las necesita tambien para asalariar la multitud de Empleados, que son indispensables en solo aquella cuenta y razon
perpetua adicta al mismo Crédito, es preciso que las Contribuciones nuevas sean mucho mayores, y tales que ya no
pueden estar al cuidado de los antiguos Empleados, y de
consiguiente para estas Contribuciones de Contribuciones necesita crear otra porcion de nuevos Empleos, y Empleados,
y, como todo salario ha de salir del ciudadano, la parte quando ménos de estos sueldos es la segunda de las dos Contribuciones inútiles, pero indispensables, siempre que los Gobiernos acudan al recurso de los Créditos. Esta complicidad
de Contribuciones, y de Recontribuciones, de nuevos Empleos, y de innumerables Empleados es tal que aun en las
Naciones mas sabias, contando salarios, costos, establecimientos, y fraudes, se puede calcular una tercera parte de aumento en las Contribuciones al importe de la suma total del
rédito de la deuda. Pero el mal no consiste precisamente en
el importe de tanto sueldo, que pudiera ser escusado, si los

Gobiernos hiciesen uso del medio sencillo , y natural , que
dicta la razon , qual era el de una exâccion segun lo exi-
giesen las circunstancias. El mal está principalmente en que
con tanto Empleado se disminuye en gran manera la masa
de la verdadera riqueza nacional , que depende del mayor
número de hombres dedicados á producir , manufacturar , y
comerciar. El mal está en que con esta Contribucion tan
complicada se disminuye extraordinariamente el valor del dinero , ó por mejor decir se encarecen todos los demas artículos. El mal está en que disminuyéndose el valor de la
moneda , y subiendo el de los otros géneros , es preciso que
se trastorne el equilibrio en el precio de las mercancías de
diferentes Naciones , y desde entónces es forzoso que la mas
adeudada venda ménos producciones así dentro como afuera.
El mal está en que , encareciéndose de este modo las subsistencias , es forzoso descontar del número de los que trabajan , no solo á los Empleados , y á los que disfrutan una
renta por el rédito de la misma deuda , sino tambien á una
porcion muy considerable de labradores , y artesanos , que por
falta de medios para subsistir , pasan á la clase de mendigos. El mal está en que entónces es mayor la cantidad de
consumos que de productos , y que si desde un principio no
se corta la causa , que produce un mal tan grave , luego
se formará una cadena de desórdenes , que muy pronto arrui-
narán la Nacion. Finalmente el mal mayor con exceso está
en que , no siendo todo Crédito público otra cosa que una
Contribucion impuesta , y consumida en aquel momento , ó
momentos , en que el Gobierno lo contraxo , su administracion , ó mayordomia es de tal naturaleza , que jamas se concluye , y que no sirviendo para cuidar de ninguna renta
del Gobierno , es pagada por costa de los ciudadanos sin mas objeto que el de cobrar hoy de estos lo que les
ha de entregar mañana , esto es , hacerlos acreedores , y deudores de sí mismos para convertir sus productos en patrimonio de Mayordomos ridículos , y de gente ociosa , quando de otro modo debería emplearse en aumentar la masa
de la riqueza Nacional. A poco que se medite se conocerá
quan perniciosos efectos debe producir el error de una administracion tan descabellada , en la qual hay dobles Empleados igualmente inútiles los unos que los otros , y la

qual de consiguiente es la mas complicada , la mas costosa , y la mas perjudicial de quantas se conocen. ¿Qué sería de una Nacion que se empeñase en establecer por el mismo método todas sus Contribuciones , se pudiera preguntar á los Economistas , que están en favor de los Créditos ? ¡Qué sería de las Naciones , que se empeñasen en tener Empleados para las Contribuciones exigidas un siglo hace ? ¿Y qué otra cosa practican los Gobiernos , quando los Créditos no son mas que una Contribucion impuesta , y consumida muchos años hace ? Todo Gobierno justo no puede dispensarse de pagar , y atender á las cargas del Estado. No son suficientes las rentas ordinarias , debe exigir el aumento que se necesita. Sobran las rentas ordinarias , debe descargar á la Nacion de la parte sobrante. Prescindiendo de la cantidad del rédito , que por fin vuelve al Contribuyente , y prescindiendo de los robos , y fraudes indispensables , el costo de la Administracion de todo Crédito público es el mas caro de todas las Administraciones , aunque no se cuente mas que la del mismo Papel , sin contar la de las Contribuciones impuestas para satisfacer el rédito. En España por los Estados presentados á las Cortes por el Encargado del ministerio de Hacienda , resulta que por un cálculo medio de unas rentas con otras su administracion , ó Mayordomia importa un 25 por 100 , y resulta igualmente que hay Contribucion , cuya administracion importa 100 por 100. Por esta consideracion , y por el dersórden notorio nada tendria de inexâcto calcular que costasen las dos del Crédito público 300 por 100. ¡Y se pretenderá aun consolidar , y sostener un Crédito público ! ¡Y se ignorará aun el modo de remediar un mal tan conocido ! Para que el lector se penetrase facilmente de lo que voy á decir , he creido oportuno hacer ántes estos preliminares.

Admitido el plan de pagar por entero una deuda pública se ahorraría una parte de Contribucion , que solo sirve para sueldos de Empleados , y se convertirían en brazos, que aumentasen la cantidad de riqueza nacional , aquellos mismos , que poco ántes la disminuían , que es en lo que consiste todo el mal que sufre una Nacion adeudada. Veamos como se podria verificar en todas épocas la satisfaccion completa de una deuda pública sin perjuicio , ántes bien con beneficio del ciudadano que tuviese solo que pagar. Miéntras una Nacion no haga Bancarrota, esto es, miéntras pague el rédito de su deuda, el interés de esta no puede exceder de la cantidad de sus productos, descontada la parte de estos indispensable para la manutencion de sus individuos. Tampoco puede satisfacerse puntual, y exâctamente por mucho tiempo el rédito de una deuda pública á no ser á costa de los productos anuales de los ciudadanos. Para mayor claridad contraigamonos á un caso. Supongamos que el rédito anual de la deuda pública de una Nacion importa dos millones de pesos, siendo el capital de esta deuda cinqüenta millones. Por el cálculo mas baxo que acabamos de ver, en España el Gobierno necesita imponer una Contribucion anual de tres millones destinada á satisfacer el rédito de los dos millones de su deuda, y los salarios de los dobles Empleados, que tiene todo Crédito público, regulando únicamente á un 25 por 100 cada una de las dos Contribuciones. Aunque se pretenda rebaxar la cantidad de los sueldos, nada importa. La diferencia, que resultase de mi cálculo, sería únicamente de mas á ménos, pues no puede suponerse una deuda pública, cuya administracion no cueste al Estado por los salarios de los Empleados, y por los brazos que inutiliza. Supongamos que al tiempo de contraer el Gobierno esta deuda todos los individuos de aquella Nacion eran veinte, que todos tenian un capital igual en una propiedad territorial, cuyo capital importaba el valor de 100 millones, que producia quatro millones, pero al tiempo de abrirse el Crédito diez de estos individuos tenian ademas de la propiedad territorial una cantidad de 50 millones, cantidad que entregaron al Gobierno, y de consiguiente quedaron ellos solos los acreedores de toda la deuda pública. Como para formar el Crédito el Gobierno necesitaba ofrecer un interés, quando ménos igual al que el capital, que queria recibir, hubiese de producir empleado en otro destino, con precision tenia que recargar la Contribucion para el pago de la deuda igualmente sobre todos los veinte individuos, como lo verificó, injusticia irremediable en todo Crédito público. Pagada la Contribucion forzosa para el rédito de la deuda resulta, que esta consume los tres quartos de toda la propiedad de los

diez individuos que no son acreedores contra el Estado , y
que solamente les viene á quedar libre un capital de 12½
que les produce ¼ , á pesar de que tenian que aplicar su
trabajo á cultivar otros tres tantos mas de propiedad , que
no produce para ellos, quando si reconcentrasen su trabajo en su capital libre , les produciría con precision mas del
¼ millon. Veamos ahora como quedarian estos mismos ciudadanos si el Gobierno, como debia, tratase de satisfacer
por entero la deuda. Este prorrateaba los 50 millones de
su deuda no entre los dueños de un capital que producia
solos 4 millones , que tenian los contribuyentes al pago del
rédito, como hemos visto, sino entre los dueños de un capital , que producia 6 millones , pues que debia comprender
los 2 del Crédito, porque no hay un motivo para que el
capital, que produce esta renta , dexe de contribuir en la extincion del Crédito público como contribuye el capital de
toda otra renta. Es decir , de este modo el Gobierno se ponia
en aptitud de hacer que todo capital contribuyese á las cargas
del Estado , quando, acudiendo al recurso de los Créditos,
forzosamente tenia que dispensar de esta obligacion á los
capitales , que hubiesen de formar la deuda, lo que perjudicaba á los demas capitales. De esta operacion resultaría
que los 50 millones de la deuda debian ser pagados por
20 individuos , que tenian 150 millones , pero los 10 solo
tenian 50 , y los otros 10 tenian 100. Resultaría que hecho
el prorrateo á proporcion de las facultades de cada uno como exige la justicia, los primeros solo tenian que satisfacer
16¼ , y de consiguiente les quedaban 33¼ millones de propiedad libre , pues que con el resto hasta 50 , que importa-
taba su propiedad recargada, satisfacian por entero la parte que les correspondia para la extincion total de la deuda. Resultaría en último analisis que con la Contribucion
anual para el rédito de la deuda solo les quedaba libre,
esto es , que produxese para ellos un capital de 12½ , y que
con la extincion total de la deuda les quedaba un capital
de 33¼ ; por decirlo en una palabra , entónces resultaría des-
cifrado el enigma, que tanto arruina á todas las Naciones;
se vería que en todo Crédito público, cuyo rédito es satisfecho, importa mas el interés devengado que el mismo Capital , porque este con respecto á la Nacion en masa es

del todo nulo, siendo ella deudor y acreedor de sí misma, y aquel es efectivo no precisamente por los sueldos concedidos á los Empleados, pues estos al cabo siempre son parte de la Nacion, sino porque se priva á una porcion muy crecida de ciudadanos de dedicarse al trabajo. Se vería que con respecto al individuo saldada la cuenta el Crédito era ó enteramente, ó en gran parte nulo, porque los mayores acreedores contra el Estado regularmente resultarían tambien los mayores deudores. Se vería que si es cierto que no perjudica, como dicen los Economistas, lo que da con una mano á la otra una Nacion, no lo es quando lo da con la precision de inutilizar á la que recibe. Se vería que la cantidad dada por la Nacion con una mano á la otra no es lo que le perjudica, sino la cantidad de trabajo, y de tiempo perdido por un número tan crecido de individuos, en el que mas ó ménos son comprendidos todos los Empleados, todos los Capitalistas de la deuda pública, y todos los Contribuyentes, pues en cobrar y satisfacer, en pagar y en recibir, es forzoso que se consuma algun tiempo por todas estas clases, y es forzoso que todo ese tiempo ménos se pueda emplear en producir, fabricar, y comerciar. Si se pudiese hacer un cálculo exâcto de los productos que se pierden en este tiempo inútil, asombraría. Verosímilmente resultaría que la mayor parte de acreedores pierden tanto como importa su verdadero Crédito. Se vería que en todo Crédito público no perjudica lo que el Gobierno exige para sí quando nada le queda ; que no perjudica tampoco lo que entrega á los acreedores, ni la necesidad de aprontar una cantidad de dinero para defender la Nacion ; se vería que solo perjudica aquella mayordomia perpetua tan ridícula como costosa para administrar una Contribucion que fué, y que ya no existe. Se vería por último que calculado todo esto con exâctitud importa siempre mas el rédito de toda deuda que el mismo Capital, y por consiguiente no se dudaría que toda Nacion, que paga el rédito, puede satisfacer en qualquiera época el Crédito público por entero, pues quien tiene para satisfacer lo mas, tiene para satisfacer lo ménos. Queda pues demostrado que aun *á los mismos ciudadanos, que son meramente deudores al Estado, esto es, que no tienen ninguna parte de Crédito contra el*

Dd

*Gobierno, no se les disminuye su riqueza, ántes bien se les au-
menta considerablemente satisfaciendo la parte que les corresponde
para el pago total de la deuda pública.* Como esta es la clase de una Sociedad que puede contemplarse perjudicada en
el pago de la deuda, y no creo que haya un solo acreedor, que se contemple perjudicado con la satisfaccion de su
Crédito, me creo dispensado de hacer ver que por el todo
le resultan aun mayores ▉▉tajas, que á los que no son
acreedores.

Tal vez se dirá que todo lo expuesto son verdades muy triviales que á nadie se ocúltan. Mi deseo sería reducir todos los problemas, y proposiciones á verdades muy triviales,
porque no pueden ser otra cosa todos los buenos principios
de Economía. Mas si estas verdades son conocidas tan generalmente ¿ por qué no se practican, quando son tan palpa-
bles las ventajas que se siguen de su execucion, y quando
son tan fatales las conseqüencias forzosas de no ponerlas en
práctica? Pero aun diré mas; ¿si tan conocidas son estas
verdades, cómo es que aun Economistas de la mayor opinion sostienen que los Créditos públicos son siempre ménos
gravosos que toda otra Contribucion, y que la Nacion entónces recibe con una mano lo que dá con la otra? Algunos llegan hasta el extremo de decir que son útiles al Estado, y que extinguirlos satisfaciéndolos sería un mal, porque se privaría á la circulacion de un capital, que aunque
imaginario es equivalente á uno real, que vivifica todos
los ramos de pública prosperidad. No conocen, que trasladar
de una mano á otra la moneda, no es hacerla circular, ó
que si es una circulacion, es una circulacion muerta, que
no produce el efecto de cambiar géneros por dinero, ó dinero por géneros á fin de consumir, y producir mas, en lo
qual únicamente consiste toda la utilidad de la circulacion de
la moneda. Yo creo que no se puede hacer ver un solo inconveniente razonable, que se siga del plan propuesto, ni que
sea posible manifestar que dexen de seguirse mas, ó menos las ventajas, que expongo.

Por mas vueltas que se le quiera dar, todo el capital verdadero de una deuda pública á favor de sus acreedores no excede de la suma líquida que les quedaría rebaxado su débito, y
el rédito de esta misma deuda no puede dexar de compren-

der el interés del capital total, por el que suena la deuda, cuya cantidad sola debe aproximarse al verdadero capital; no puede dexar de comprender los sueldos, y dilapidaciones de una multitud de Empleados; y sobre todo no puede dexar de comprender el importantísimo patrimonio, que se pierde anualmente inutilizando de tantos, y tantos modos una multitud de brazos, que de otro modo producirian una gran cantidad de verdaderas riquezas; es decir el rédito importa mucho mas que el capital. Por mas vueltas que se le dé todo Credito público no puede dexar de ser una Contribucion consumida; y una Contribucion, que, aunque nula enteramente para el Gobierno, es eterna, y efectiva para arruinar á todos los ciudadanos, sin exceptuar á aquellos mismos en cuyo beneficio se dice establecida. Finalmente por mas vueltas que se le quiera dar, un error tan generalmente admitido por todas las Naciones, y de tan fácil enmienda, por mas que mortifique nuestro orgullo, manifiesta evidentemente que el hombre es siempre rutinero; que es animal de imitacion; que casi nunca es conducido por su razon; y que era imposible que errase tanto, si no se le enseñase á errar continuamente.

Tal vez se dirá que una Nacion puramente industriosa no podrá satisfacer su deuda, como si el capital de su industria fuese nulo. Es indudable que podrá verificarlo aun mas facilmente, y con mas ventajas que una Nacion territorial. En la Nacion industriosa el crédito, y la deuda del particular con el Gobierno estarán mas nivelados; quiero decir, se verificará casi siempre que cada ciudadano sea mas acreedor, y deudor de sí mismo, y de consiguiente saldada la cuenta general resulta que la deuda será allí aun mas quimerica, y por lo mismo será menor la cantidad que haya que traspasar de unos individuos á otros, y mas fácil su execucion. Por pobre que fuese la Nacion, no puede haber una, que no tenga excesiva propiedad para satisfacer toda la deuda, quanto mas el alcance neto, y su extincion sería aun mas conveniente á una Nacion industriosa que á otra meramente agricultora, pues que su prosperidad depende únicamente de su trabajo, y no puede ser suplido por la calidad del terreno como en esta.

Todo otro medio de satisfacer la deuda pública, ó es im-

posible , ó es perjudicial , y no pueden menos de considerarse como ridículos , y quiméricos en sus efectos quantos,
planes se pretendan adoptar ; por mas fácil que sea su execucion. Aun quando fuese posible que un Gobierno, sin exigir nuevas Contribuciones , tuviese medios de satisfacer la.
deuda Nacional ya en dinero, ya en propiedades territoria-
les , no solo no resultaría ningun beneficio á los ciudadanos, sino que les resultarian perjuicios muy conocidos , y
muy funestos. El error de creer lo contrario proviene de
haberse persuadido que todas las cosas tienen un valor absoluto , quando ninguna tiene sino un valor respectivo ; de
no conocer en que consiste el verdadero valor de las cosas;,
de no conocer quales son las mas apreciables ; y de no conocer que todas las causas , que alteran el equilibrio una
vez establecido sin violencia en una Sociedad , ocasionan las
mismas violentas flutuaciones , que desconcertando el nivel
de las aguas causan las tormentas , cuyos efectos son tan
temibles, y cuyo peligro no desaparece hasta que se restituye aquel equilibrio tan necesario para la tranquilidad , y
para que todos puedan existir sin zozobra , y con comodidad.
    Supongamos que á un Gobierno le fuese dado desenterrar
un tesoro con la cantidad de dinero suficiente para pagar
la deuda pública , y que en efecto hubiese satisfecho á todos sus acreedores. El valor de la riqueza representativa.
de la Nacion de ninguna manera se aumentaría , pues , como hemos visto , no puede exceder del valor de las cosas.
permutables. Sucedería lo que sucedió con el caso de los.
zapatos de Sevilla. Lo que ántes costaba seis quartos, cos-
taría despues quarenta reales , esto es , la mayor masa de.
numerario puesto en circulacion tendria el mismo valor que tenia ántes una cantidad menor. Como con esta cantidad se tri-
plicaria , ó quadruplicaría la masa de numerario entre los.
que la habian recibido , y que componian una parte sola de
los individuos de la Sociedad , estos con precision desconcerta-
rían el nivel , que anteriormente existia , y causarian infaliblemente una tormenta en el Sistema Económico de la Nacion.
Con precision cargarian con mayor cantidad de moneda los:
conductos de su comercio, ó de su industria ; esto es ofre-
cerian por todo lo que necesitasen ya para su consumo, ya:
para sus mismos trabajos una cantidad que no podrian ofre-

cer los demas ciudadanos, quienes privados de este modo de lo necesario, ó con precision sufririan grandes penalidades, ó serían víctimas de estas flutuaciones metálicas, del mismo modo que lo son los navegantes de las flutuaciones del mar quando estas arrastran cantidades muy enormes de aguas. Unos, y otros, no podrian contar con una existencia segura hasta que se restableciese el equilibrio, sin el qual todo es riesgos tanto en el órden civil, y en el económico, como en el físico, y el resultado sería siempre el mismo que sufrió la España con la abundancia de oro, y plata traídos de la América, esto es, se arruinaría su agricultura, y su industria.

Si el Gobierno paga la deuda pública con propiedad territorial los efectos de esta paga con corta diferencia serán tan ilusorios como los de la paga verificada con el tesoro desenterrado, á lo ménos con respecto á la masa total de ciudadanos. El valor de la riqueza representativa no se aumentaría, porque este no se aumenta en razon de la cantidad de terreno ni de dinero ; solo se aumenta aumentando las producciones, la industria, y el comercio. Tampoco se aumentarían las verdaderas riquezas, porque estas solo se aumentan con la mayor cantidad de productos, y esta mayor cantidad de productos solamente puede provenir de la mayor emulacion al trabajo, y principalmente de aumentar las manos productoras, las que solo se aumentan nivelando las fortunas, y no aumentando el terreno. Los ciudadanos, que regularmente resultarían mayores acreedores contra el Estado, serian los grandes Capitalistas, quienes son manos productoras, aunque no lo sean de las riquezas de primer órden. Los grandes deudores del Estado que son los grandes propietarios, inclusos los muchos cuerpos poderosos que hay en todas las Naciones, principalmente en España, y que son todos manos improductivas, satisfecha la deuda por el Gobierno quedarian como estaban, lo que sería un mal para la prosperidad general. El valor de la propiedad territorial de los particulares con precision baxaria mucho. La cesion, ó traspaso que hiciese el Gobierno á los acreedores tendria el mismo efecto, que si los pusiese en venta, esto es, se abarataría el género. Es lo que hemos visto en España con los bienes de las obras pias puestos en venta, cuya abundancia disminuyó una mitad su valor; y esto mismo es lo que se verificó en Francia con la venta de los bienes nacionales, cuya abundancia hizo baxar mas de dos tercios el valor, que tenian anteriormente. Pagando el Gobierno, tampoco se aumentarian las manos productoras, ántes bien se disminuirian, pues muchos capitalistas pasarian á ser grandes propietarios, de cuyo modo dexarian de ser manos productivas. Por último las fortunas de los ciudadanos quedarian tanto, ó mas desniveladas que lo estaban anteriormente.

Admitido el plan propuesto de convertir los Créditos públicos en lo que debieron ser desde un principio, esto es, en una Contribucion satisfecha por los ciudadanos pudientes, y aplicando el Gobierno los bienes nacionales á los fines, á que deben ser destinados, segun diremos, los resultados serían mucho mas ventajosos tanto para el particular como para la prosperidad de la Nacion. Como pagando los Ciudadanos la deuda pública, los unos pagarian con dinero, y los otros cediendo una parte de sus bienes, la propiedad territorial conservaría mayor valor que si el Gobierno pagase con bienes nacionales, porque el valor de todas las cosas es siempre respectivo, y jamas absoluto. Pagando el Gobierno forzosamente se presentarian en venta mayores cantidades de bienes, y la abundancia del género abarata siempre el género. Satisfecha la deuda por el particular ya con dinero, ya con propiedad, la cantidad de bienes, que quedase á los propietarios deudores, valdria con corta diferencia tanto como valdria entera en el otro caso. Considerado el resultado por esta parte, al particular propietario debe serle indiferente pagar él, ó que pague el Gobierno. Mas considerado el resultado por otra parte, tanto el particular como el Gobierno deben conocer, que es un interés de todos, que el pagador sea el propietario particular. Como entónces los Capitalistas resultarían satisfechos con menor cantidad de bienes, porque estos tendrian mayor valor, las fortunas de los ciudadanos quedarian mas niveladas, y los Capitalistas, adquiriendo una propiedad mucho mas corta, no pasarian en tanto número á ser manos improductivas, porque el rédito no siempre se debe regular por el capital. De esta manera la prosperidad de la Nacion ganaría considerablemente. El Gobierno no debe tener jamas otro patrimonio que el de todos los ciudadanos, ni puede tener otro mas seguro, y para estrechar mas, y mas á todos los individuos de la sociedad le conviene borrar hasta la idea de que puede tener un patrimonio diferente. Por lo mismo debe deshacerse de todos los bienes nacionales, cuya posesion, por otra parte produce muy poco, ó nada en sus manos. Pero para que estos bienes sean tan útiles á la Nacion, como es posible, en vez de pagar con ellos la deuda pública, cuyo resultado es en un todo quimérico, como acabamos de ver, los deberá repartir entre los ciudadanos mas beneméritos, que no tengan propiedad suficiente para emplearse en un continuo trabajo á sí, y á una numerosa prole, con que debe contar todo hombre. De esta única manera podrá conseguir que los bienes nacionales tengan todo el valor, que es posible darles; de esta manera el Gobierno contribuirá á nivelar mas, y mas las fortunas de los ciudadanos; de esta manera impedirá que se acumulen en masas grandes, de cuyo modo, ó nada valen, ó valen muy poco; y de este modo finalmente conseguirá aumentar las manos productoras, pues los que los trabajen, ó no trabajaban ántes, ó trabajaban para manos improductivas, de las que un número igual pasará á la clase de trabajadores. De este modo conseguiria disminuir las necesidades de la Nacion en gran parte, porque aumentaría los productos, y aumentaría el número de los contribuyentes al Estado, en lo qual ganarian considerablemente los antiguos propietarios, que pagasen la deuda, y ganarian los Capitalistas; porque habiendo como era preciso mayor cantidad de productos, el valor del dinero se aumentaría, y el capital que les restase valdria mas que su capital íntegro, pagando la deuda el Gobierno. Todos los males que sufre la España provienen de haber olvidado el Gobierno, y los Ciudadanos el interés, que tanto aquel como estos tienen en que sea muy crecido el número de Contribuyentes. Desconociendo este gran interés han disminuido el número de las clases, que sostienen las cargas del Estado, estableciendo leyes, é instituciones por las quales sacando de su quicio natural todas las cosas se empeñaron en que las riquezas estuviesen en razon inversa del trabajo, sin advertir que el hombre solamente trabaja con gusto, y con fruto quando ha de disfrutar del producto de su trabajo.

No nos empeñemos en resistirnos contra lo que la experiencia nos enseña. Si la prosperidad de una Nacion dependiese de conceder á un corto número de individuos el dominio de grandes cantidades de excelente terreno, y de dinero y hace tres siglos que España debia ser la Nacion de
mayor prosperidad del mundo, y á pesar de eso es tal vez
la mas indigente de la Europa. Brazos empleados, emulacion al trabajo, y nivelacion de fortunas, y no terreno con
exceso, ni oro, ni plata, es lo que se necesita para hacer
rica, y próspera una Nacion. Inglaterra, y Holanda sin
minas de estos metales, y con mucho ménos terreno cultivado que España es mas feliz la primera; y la segunda
lo ha sido. Los individuos Españoles poseen terreno para
tres veces mas de poblacion de la actual, ¿para qué pues
mortificarse el Gobierno por concederles aun mas terreno?
Para que el que tienen ya ofrezca toda la cantidad de
productos que puede ofrecer; para que haya este mayor
número de brazos empleados; y para que se verifique esta
emulacion al trabajo, es necesario conservar el mayor equilibrio posible tanto en la propiedad territorial, como en el
valor del dinero. El equilibrio en la propiedad territorial basta que exista entre sus individuos; mas el equilibrio en
el valor del dinero, al qual nada se opone tanto como un
Crédito público, ó una deuda nacional, es necesario que
exista entre todos los ciudadanos del Globo comerciante. Todo dique, todo obstáculo, toda ley prohibitiva no pueden
servir mas que para desconcertar este equilibrio. Así es que
en todas las Sociedades los ciudadanos mas felices por todos respetos son los que mas se aproximan á la situacion,
que les correspondería estar, si se mantuviese aquel equilibrio tan preciso en todas las cosas para evitar el desórden, y la ruina. Las clases mas felices, quiero decir, son
siempre las clases medias; ni sufren los perjuicios que arras-
tra consigo la miseria; ni ocasionan los que aun á pesar
suyo han de causar los excesivamente ricos; ni son domi-
nadas de los vicios inseparables del pobre, ni conocen los
que son inherentes á la clase poderosa, y cuyos resultados
todos son igualmente nocivos á la Sociedad, porque todos los
extremos se tocan. Demasiado pronto se desconcertará este
nivel que tanto se debe apreciar, y cuya falta causa todos

los males , todas las quejas , todas las injusticias , y todas las conmociones tanto internas como externas , sin que leyes insensatas contribuyan por su parte á trastornarlo. Tales serian las de satisfacer el Crédito público de la España con bienes nacionales. Por mas loable que parezca su objeto, su resultado seria tan ilusorio como el del tesoro desenterrado. Nada sirve terreno sin brazos. Nada sirven brazos con terreno y sin trabajó. Semejantes leyes no contribuirian mas que á desconcertar, aun mas de lo que está en el dia, el nivel de las fortunas. No servirian mas que para apagar la emulacion al trabajo. En vez de aumentar la masa de la riqueza nacional, no servirian mas que para producir efectos muy parecidos á los que produxéron aquellas instituciones bárbaras de los tiempos Góticos, conocidas con el nombre de *Vinculaciones*, y cuyas fatales conseqüencias tanto debemos llorar. De todos modos para que todas las Naciones puedan prosperar es forzoso que en todas partes desaparezcan los créditos públicos ó deudas nacionales, que tanto desconciertan aquel equilibrio metálico, cuyo desnivel con precision arruinará alternativamente á todas sin permitir á ninguna gozar tranquilamente el fruto de sus trabajos, y qué será el que lleve y arrastre á todo el Globo las tormentas casi únicas que se conocen desde Cárlos V, y que tan comunes son en todas las Naciones. Finalmente si los créditos públicos ó deudas nacionales arruinan á las demas Naciones alterando el nivel de precio de sus producciones, á la España, mientras sea la cosechera del oro y la plata, la arruinan mucho mas, porque sin abandonar el cultivo de estos metales, le inutilizan, ó le envilecen esta cosecha, y los Americanos se hallan cada vez mas distantes de gozar de la prosperidad á que son acreedores todos los pueblos de la tierra, y por la que todos los hombres en razon del conocimienio de sus derechos harán justamente continuos esfuerzos, que solo podrán ser desaprobados por genios malignos, esclavos ó estúpidos.

CAPITULO IX.

DE LOS MALES POLITICOS Y MORALES QUE LA abundancia del dinero produce á todas las naciones en el Sistema militar.

El que exâmine los buenos principios de Economía, no puede dexar de conocer los atrasos, que debió causar á la agricultura, ártes y comercio de la Península, y de las Américas la abundancia excesiva de dinero; mas el filósofo no puede dexar de extremecerse al meditar sobre la cadena inmensa de males políticos y morales que produxo siempre, y que debe producir á todas las Naciones tan perniciosa abundancia. El dinero, la principal si no la única causa de la inmoralidad, y de todos los vicios, y males de las sociedades civilizadas, es siempre el único agente, que al fin enerva todo el poder, y fuerza de las Naciones, pues habituándolas al ócio, y á la molicie les hace por último perder su libertad, y su independencia política. Privando á los Pueblos de las virtudes absolutamente necesarias para resistir los ataques de otra nacion aguerrida y frugal, el dinero es incompatible con todo buen sistema, y disciplina militar, indispensables para asegurar la tranquilidad, y la independencia de las Sociedades. Terrible cosa es tener que confesar que de ningun otro arte deben gloriarse ni cuidar tanto los hombres como del arte cruel de matarse; mas aunque sea con vergüenza de la especie, á que correspondemos, es preciso reconocer y practicar tan horrorosa verdad, si no queremos entregar la suerte de las Naciones á la merced de un ambicioso astuto, ó al capricho de un conquistador feroz. Mientras el hombre nazca sujeto á pasiones es forzoso que aprenda por principios á vencer, y matar á su semejante, ó que sea víctima de un enemigo cruel, pues que aquellas no pueden menos de producir entre los hombres disensiones y guerras, cuyos estragos solo se evitan, ó disminuyen aprendiendo el arte militar, ó arte de matarnos; arte que no puede poseerse y sobre todo practicarse con exîto sin frugalidad, sin privaciones de todos géneros, y sin continuos sacrificios, y penalidades, virtudes en un todo incompatibles con la abundancia excesiva del dinero, y con los hábitos que este hace contraer á los pueblos y á los individuos. Un General filósofo, arrojando al mar el dinero, decia á sus soldados: *lo pierdo para que no me pierda, y no os pierda.*

Una Nacion solamente podrá ser invencible, resistir á sus enemigos, y aun subyugarlos, por mas numerosos que sean quando conozca, y posea la disciplina militar. Solo podrá conocer y conservar la disciplina militar, mientras no tenga una abundancia excesiva de dinero. Exâminemos con rapidez una en pos de otra estas dos proposiciones, cuyos resultados están íntimamente trabados, y cuyo conocimiento tanto debe interesar á la Península y á las Américas, los dos únicos paises, en dónde se explota, y por donde pasa todo el dinero del Globo. Los progresos de un exercito disciplinado serán siempre rápidos, y felices, mientras no se les oponga mas que una multitud ignorante, é insubordinada. La ciencia de vencer no es concedida á la virtud sola del valor. La disciplina podrá suplir muchas veces el valor, pero ni el valor, ni el número jamas podrán suplir la disciplina. La historia de la ciencia militar no ofrece á nuestros ojos un solo exemplo, que desmienta esta asercion.

Un puñado de Griegos aguerridos, y familiarizados con la disciplina militar resisten, y derrotan las innumerables falanges de un Xerxes, el Príncipe mas poderoso de su tiempo, compuestas de esclavos, y mercenarios indisciplinados. Un Alexandro el Grande sin mas recursos que su genio, y la disciplina de su pequeño exercito, subyuga, y somete á su Imperio toda la Asia, la parte mas poblada, y mas rica del Globo, pero cuyos Príncipes acostumbrados á las delicias de los Arenes, habian descuidado instruir á sus esclavos en la disciplina militar. Los Romanos de un pueblo de pastores pasan rápidamente á ser los señores del mundo sin deber á otra causa todos sus progresos mas que á las lecciones de disciplina, y de los conocimientos militares, que supieron tomar de sus mismos Contrarios. La Europa moderna admiró los prodigios, las campañas, y las victorias de las tropas de un Gustavo Wasa debidas á su disciplina mas bien que á su número, ni á otra causa. Su nieto Cárlos XII sin mas apoyo que la confianza en un corto número de soldados bien disciplinados, y aguerridos aterró varias veces á todos los Príncipes vecinos, que tenian á su sueldo exércitos muy numerosos, pero muy inferiores en disciplina á su pequeño exército. Un Federico II de Prusia, restableciendo en su exercito la disciplina mas bien que por haber creado una nueva táctica, sabe resistir con gloria y con exîto enemigos muy poderosos, y arrancarles victorias muy importantes. Mas ¿para qué acudir á buscar fuera testimonios, que comprueben los portentosos efectos de la disciplina militar, quando tantos, y tan gloriosos nos ofrece nuestra Patria? Un Pelayo reducido á los estrechos límites del último rincon de la Península, solamente con restablecer el órden, y la disciplina principia á derrotar aquellas mismas huestes de Arabes tan formidables por su número, que al modo de un torrente impetuoso inundándo en pocas semanas casi toda la Península, no pudieron ser contenidas por ningun obstáculo hasta que las hizo estrellarse la disciplina de un puñado de reclutas acaudillados, y amaestrados por tan célebre General. Habia tanto que admirar en los efectos de la disciplina de tan célebre Caudillo, que sus contemporaneos no pudieron creerlos sin atribuirlos á obra del cielo, cosa no poco comun quando se ignoran las causas naturales. En fin por no ser prolixo refiriéndo los repetidos exemplos, que nos ofrece nuestra historia en los reynados de los Alfonsos, de los Sanchos, y de los Fernandos, recordaré el último, que nos presenta en la época de nuestra gloria militar. Un Cárlos V con menos recursos, que tubieron sus sucesores, dió la ley á la Europa entera, y la hizo temblar, solo porque fue el General mas severo, y atento á conservar la disciplina de sus tropas.

Una Nacion solo podrá conocer y conservar la disciplina militar mientras no tenga una abundancia excesiva de dinero. El militar, como qualquiera otro ciudadano, es conducido en todas sus acciones por un cierto interes, mas este es diferente en el militar, que sigue las banderas de un conquistador ambicioso, ó de un Príncipe qualquiera, que no sea el que hace la felicidad de sus pueblos, del interes que tiene el militar, que abraza tan penosa carrera por defender la libertad de su Patria. Aquel se propone por principal objeto el vil estipendio pecuniario, que suele estar asignado á las fatigas que sufren los de su clase, ó los ascensos con que los déspotas necesitan premiar á sus soldados para estimularlos á perder voluntaria y estúpidamente sus vidas. Mas el

segundo solo se propone por principal objeto la gloria, y satisfaccion de ser el defensor de la libertad de sus conciuda-
nos, objeto en un todo incompatible con el mezquino interes
del primero. Aquel solo podrá satisfacer su objeto, y llenar
sus deberes quando sabe que no faltará dinero para recompensar sus fatigas. El segundo sin dinero y sin ascensos está
siempre seguro de una recompensa infalible, qual es la gloria de servir á la Patria. Como el interes de este es mas vivo, mas noble, mas seguro, y enteramente distinto de el de
aquel, jamas veremos que un pais pobre sea dominado por
uno rico. El arte de la guerra, dice un sábio Militar, na-
ció en el pais de los ambiciosos, y fue perfeccionado por ellos.
Es muy extraño que un sábio tan ilustrado, y en honor del
mismo arte que profesaba, no hubiese conocido, que por mas
que este arte hubiese debido su origen á tan injusto principio, á lo menos debió su perfeccion al deseo, y obligacion de
resistir tan criminal ambicion. Sus progresos casi siempre fueron debidos á la necesidad, en que el hombre insultado se
vió de defenderse, y ofender para cumplir con aquella primera ley, que nos impuso el Ser Supremo, quando nos man-
dó crecer, multiplicarnos, y cuidar de nuestra existencia, y
felicidad, ley, que no podriamos cumplir, ó que por mejor
decir, abiertamente contrariariamos, si cobardes nos dexasemos matar indefensos ó si viles nos dexasemos esclavizar
sumisos. En fin sea qual fuere la verdad de estas opiniones
extrañas á nuestro asunto, lo que no tiene duda es, que la
ciencia militar solo progresa en paises, que no conocen el exceso del dinero, ni los efectos forzosos de su corrupcion, y
cuyos habitantes virtuosos, austeros, y frugales estén habituados de antemano á todo género de fatigas, y privaciones.
La ciencia militar en todas partes decae á proporcion que
las Naciones se enriquecen, porque con esa misma gradua-
cion sus individuos se afeminan y habitúan á las delicias y
á las comodidades de una vida blanda, que proporciona la
abundancia excesiva del dinero. Quanto mas acostumbrado
se halle el hombre á los placeres, mas duro y dificil le será, sufrir las privaciones, que forzosamente ocasiona la carrera gloriosa, pero ingrata de las armas. Los servicios de
los militares estan siempre en razon inversa de los premios
pecuniarios, y de los ascensos, que ofrece la milicia, del mis-

mo modo que lo está siempre la cantidad de trabajos de una
Sociedad con la cantidad del signo que representa estos trabajos. Si recorremos la historia de todos los pueblos, hallaremos que esta verdad no admite una sola excepcion.

Los Egipcios, amigos siempre, mas que ninguna otra Nacion, de las artes de puro luxo y del dinero, en todas épocas hicieron muy pocos progresos en la ciencia militar. Los
Griegos, aquel pueblo republicano y fiero, al que sus divi-
siones intestinas por conservar su libertad, y la necesidad de
resistir á los Persas, habian hecho en su tiempo la Nacion
mas aguerrida y mas consumada en el arte de la guerra,
mientras habian sido frugales y pobres, inmediatamente que
dueños de dilatadas Colonias comenzaron á gustar del luxo,
y á disfrutar los inmensos tesoros, que estas les proporciona-
ban sin hacer ya esfuerzos, alargaron las manos á los hier-
ros que les impusieron los Romanos, y se contentaron gustosos con que estos les dexasen cultivar las bellas artes, con-
solándose vilmente de reynar por medio de estas sobre el pueblo, que les acababa de despojar del imperio de las armas.
Los conocimientos, y experiencia de un Anibal muy superior
á su Contrario, y el capitan mas experto, y mas prudente
que jamas se conoció, no bastan á salvar á su Patria, y Car-
tago desaparece para siempre del catálogo de las Naciones,
solo porque era adinerada y rica, y porque esta es la suerte de los pueblos ricos. Roma lleva al punto mas alto de
perfeccion su disciplina militar, mientras sus Generales aban-
donan los arados para pasar á tomar el mando de las Legiones, ó mientras educados en las fatigas, y en los trabajos desconocen los vicios inherentes á las riquezas, y al ocio, pero luego que señora del mundo, se le presentan por enemigos las riquezas y los vicios, sus compañeros inseparables,
no sabe ya combatirlos, y desde entonces dexa de ser aquella Roma guerrera y militar, que tanto habia impuesto á
todas las demas Naciones. Sus Legiones hasta entonces invencibles no pueden ya resistir en ningun punto de sus fronteras las incursiones de unas vandas de Pueblos medio bárbaros, quales eran los Germanos, los Vándalos, los Suevos, y
los Godos, y de la gloria de Roma solo resta un recuerdo,
que no sirve mas que para acreditar que la decadencia de
la gloria militar de todas las Naciones es siempre efecto

preciso del dinero, por el que tanto suspiran en el dia los militares, y sin el que les parece imposible que los exércitos
progresen, y consigan victorias. Por una desgracia singular, la
España, como dice un sábio historiador, era el Mexico y el
Perú del antiguo Mundo, y por esta sola razon fue conquis-
tada mas veces que ningun otro pais de la Europa. Siempre que es invadida por un pueblo pobre, y frugal, á pesar
de su abundancia de oro, y de plata, los habitantes tienen
que ceder, ó no saben resistir á sus enemigos, hasta que corrompidos estos por el exceso de los metales, de que se habian
posesionado, son á su vez víctima de otros pueblos, que ó
desconocen, ó no poseen con igual abundancia aquellos metales tan perniciosos á la libertad del hombre. En esta triste alternativa los habitantes de toda la parte de la España
Meridional, en donde se explotaban abundantísimas minas de
oro y plata, fueron dominados por los Fenicios, luego estos fueron arrojados por los Cartaginenses, los Cartaginenses por los Romanos, estos por los Godos, los Godos por
los Moros, y luego estos por una pequeña porcion de aquellos mismos Godos, que habitaban ó que se habian retirado
á la parte del Norte, en donde en vez de minas de oro y
plata se beneficiaban minas de fierro, cuyo uso de tal modo está identificado con la libertad del hombre, que sin él
todos los pueblos son esclavos, porque sin este metal ni pueden ser frugales, ni laboriosos, virtudes inseparables del hombre, que ama la libertad. En comprobacion de quanto llevamos expuesto debemos observar que los pueblos de esta
parte de la España son los únicos de toda la Península, ó
que jamas fueron sojuzgados, ó que á lo menos supieron resistir en todas épocas con mas firmeza tanto el yugo de sus
enemigos exteriores, como el despotismo de sus Gefes reco-
nocidos. Ademas de otras muchas minas de oro y plata que
todas estas diferentes Naciones explotaron en todo el Mediodia de la España, se dice que los Romanos beneficiaban una
de plata cerca de Cartagena de Alicante, que daba diariamente 21 mil dracmas, esto es, 672 millones de reales annualmente.

Las noticias que nos ofrece la historia de España, aunque truncadas, é incompletas, son sin embargo suficientes
para hacernos creer que la Corte de Rodrigo se hallaba cor-

rompida con todos los vicios, que nacen de la excesiva abundancia del oro, y de la plata, y no se puede percibir otro motivo para que aquellos mismos Godos, que, pobres y guerreros, poco antes habian dominado toda la Península, no hubiesen podido despues en mayor número resistir la invasion
de un enemigo que tenia que luchar contra todos los obstáculos que la naturaleza ofrecia á los Españoles en su defensa, principalmente quando solo por mar podian ser estos
atacados. Una prueba de la abundancia del oro y de la plata que
tenian ya los Godos en tiempo de Rodrigo nos la ofrece nuestra historia, quando nos dice que en uno de los primeros bo-
tines, que hicieron los Moros, era comprendida una mesa
de plata maciza, de 25 pies de largo y 9 de ancho que habia en
Xerez de la Frontera. Para que los Godos reparasen sus pérdidas
fue preciso que la necesidad crease una nueva Corte y unos
nuevos Gefes tan llenos de energía como faltos de oro y plata; y al paso mismo que los Arabes dominaban mas terreno y se hacian mas ricos, eran menos guerreros, y menos
dispuestos á sufrir las fatigas de la guerra. Los Españoles en
todas las diferentes épocas, que refiere la historia, mientras
no conocen la abundancia excesiva del dinero son los soldados mas aguerridos de la Europa, y quándo eran mas pobres
de dinero conquistan con un puñado de hombres un nuevo
Mundo lleno de minas de oro y plata, pero desde el momento que son poseedores de tan vastos Dominios y de todo
el oro y la plata del Globo, no presentan ya ningun aspecto guerrero y desaparece para ellos toda su gloria militar.
Desde esta época á pesar de sus inmensos tesoros y de su
grande poblacion no son para conservar sometidos á su Imperio á
los habitantes de los Paises Baxos, que al fin amaban su libertad, porque no conocian la abundancia del oro y la plata,
pero ni aun son para mantener baxo de su Dominio á los Por-
tugueses, que no peleaban por ser libres sino por substraer-
se de nuestro despotismo. La historia de la revolucion de
los Cantones Suizos nos ofrece otra prueba nada equívoca de
quan poco aprovecha el dinero para que un exército pueda
conseguir victorias aun sobre un enemigo el mas poderoso.
Por último á esa misma Francia, cuyo poder hoy tanto nos
amedrenta, para conseguir tan repetidas victorias contra toda
la Europa coligada contra sí no le bastó tener que luchar

por defender su libertad injustamente atacada, y los que mas puede contribuir á hacer las naciones, y los individuos invencibles, sino que tuvo que hacer antes una bancarrota, y que formar exércitos de hombres medio desnudos, que arrostraban voluntariamente fatigas, y riesgos, que jamas se arrostran por soldados conducidos por el vil interes del dinero, ó habituados á los placeres blandos, que este proporciona.

De todo se deduce que la gloria militar de las Naciones, y su opulencia están siempre en razon inversa. Considerar pues el dinero como un medio indispensable para que pueda progresar un exército, es un absurdo nacido de una corrupcion vergonzosa á fin de evitar los peligros, y las fatigas indispensables de la guerra. Por lo mismo se debe mirar como perjudicial, y detestable aquella máxima mas celebrada aun que su mismo autor, y que entre los militares pasa por un axioma, á saber: *para hacer la guerra tres cosas son necsarias, dinero, dinero, y mas dinero.* Quando ni un solo exemplar ofrecen las Naciones antiguas y modernas que manifieste haber debido sus triunfos á sus riquezas, ni á su dinero, no sé porque se admira como indudable una máxima tan errada. Quando en todas épocas vemos Genios capaces de hacer triunfar las armas de su Patria, aun en medio de la mayor penuria y escasez de plata, no sé porque á aquel axioma del dinero no se substituye otro cierto, y comprobado eternamente por la experiencia, á saber: para hacer la guerra tres cosas son necesarias, ya que se quieren tres cosas, *virtudes, virtudes, y mas virtudes.* Finalmente en todas las edades, y en todas las Naciones se ven Generales capaces de sostener la gloria de su Patria sin mas instruccion que su genio fecundo, y sin mas recursos que su disciplina severa. ¡Y aun habrá militar, que á vista de de tan repetidas experiencias se persuada que el exito de sus tropas pueda depender del dinero! Las grandes virtudes de que mas que ninguna otra clase necesita estar adornado un buen militar, son siempre suficientes para hacer invencibles las tropas de un digno General, que las eduque y las mande; pero estas mismas virtudes desaparecen sin remedio en todo país adinerado, porque nada las destruye tanto como el dinero. Buenos militares sin virtudes, y virtudes en los militares con mucho dinero, ó con amor al dinero, son cosas incompatibles.

Ff

Esto no es decir que se ha de despreciar el estúdio de los vastos ramos, que comprende la ciencia militar, ni descuidar el que los exércitos tengan la mas cómoda subsistencia. Estoy muy distante de querer persuadir ninguna de estas dos proposiciones; todo lo contrario. Quiero solo decir que el fruto de la ciencia militar es mas bien el resultado de una disciplina severa que el producto de una ciencia de pura especulacion ó teoría. Quiero solo decir que la educacion militar de una Nacion debe reducirse mas á prácticas sencillas que á reglas complicadas; mas á exercicios de verdadero patriotismo que á meditaciones de un entendimiento muy ilustrado; y sobre todo que el mayor cuidado debe reducirse á acostumbrar la juventud á ser laboriosa, frugal, y virtuosa. La experiencia nos acredita esta verdad, y la historia de lo pasado es la historia de lo presente, y de lo futuro. En la revolucion Francesa, en la Anglo-Americana, y en las demas revoluciones sostenidas por defender la buena causa casi todos los Generales, que tan repetidas victorias consiguieron en favor de sus conciudadanos, poco antes eran ó simples paisanos, ó meros soldados sin haber hecho ningun estudio de la guerra. Es decir la virtud sola reunida á un deseo activo aventaja á quanto se supone necesario para que una Nacion pueda progresar en su gloria militar.

Decir que las virtudes militares desaparecen en todo país adinerado, y que el exceso del dinero en vez de servir perjudica á los progresos de los exércitos, no es decir que se descuide de proveer al soldado de lo necesario para que disfrute una vida cómoda, y goce de toda la robustez posible. Quiero decir que no sirviendo el dinero para mantener al soldado, y sí solo para comprar lo que necesite, una Nacion, que tenga todos los articulos, de que debe proveerse su exército, es por demas que tenga dinero, para que aquel pueda progresar. Quiero decir que siempre que el dinero sea el objeio de las fatigas del soldado, este no podrá progresar á menos que su enemigo sea conducido por un interes tan poco noble, y tenga menos medios de satisfacer sus deseos. Quiero por último decir que el dinero corromperá al militar, como corrompe á las demas clases de la Sociedad. El exército de Alexandro el Grande durante el corto periodo de su estancia en la Corte voluptuosa, y adinerada de Da-

No, es unicamente quando vé empañada su gloria militar, y á pique de abandonar á su Caudillo; los soldados de Napoleon solo en España, el pais de mas oro y plata de toda la Europa, sufren por primera vez derrotas, y derrotas repetidas; murmuran de su Gefe; y detestan de su profesion, porque el dinero, de que se apoderaron los Gefes, les hizo relaxar en gran parte la disciplina; debiendo observarse igualmente que al modo que en España las provincias mas pobres son las que mas tratan de su defensa, del mismo modo la clase mas necesitada es tambien siempre la mas dispuesta á tomar las armas, y á prestarse á los sacrificios que exige la Patria.

En buen hora los ciudadanos, haciendo todos los sacrificios posibles, se apresuren á recompensar los dignos defensores de la Patria, cuyas fatigas, y riesgos continuos de perder la vida no pueden ser jamas suficientemente premiados. En buen hora al helado egoista, que oculta sus caudales para no concurrir con la quota, que le corresponde, en defensa de aquella Patria que le proporcionó todas sus comodidades, todos sus placeres, gruesas cantidades de dinero, y propiedades excesivas, se le arranque por el Gobierno la parte con que debe contribuir, y aun la que en castigo de tan enorme crímen, y para escarmiento de otros se le debe imponer. Pero que esos mismos defensores dexándose embelesar de discursos irreflexivos de militares déspotas, que, baxo de aparentes pretextos de buscar medios para salvar la Patria, no llevan otro objeto que el de buscarlos para hacer una fortuna escandalosa, y criminal, ó para entregarse á las disipaciones que las sugiere su imaginacion viciada con una educacion corrompida, no se conviertan en árbitros de la propiedad del ciudadano. Quando el exceso del dinero llega á corromper una Sociedad, será muy raro el Gefe militar, que no cometa estos abusos, y entónces los que debian ser los defensores de sus conciudadanos se convierten en conquistadores. Mientras el dinero sea tan estimado como actualmente lo es en la Europa, es muy dificil que dexe de ser el principal premio, que busquen los soldados, y mientras así suceda, jamas estos dexarán de ser unos mercenarios asalariados, á quienes poco o nada podrá interesar la gloria de su Patria. Mientras el dinero

sea considerado como un recurso forzoso para los progresos
de un exército, nada podrá bastar, á satisfacer los inmensos
gastos, que ocasione. Ningun premio podrá acallar los continuos, y vergonzosos clamores de sueldos, y grados, que siempre se prodigaron mas en las épocas en que se merecieron
menos, y á proporcion que se prodigaron mas, contentaron siempre menos. Quando despreocupados los Gobiernos conozcan
que la fuerza moral de una Nacion depende de la educacion
cuidada de la juventud connaturalizada con el trabajo, con
la frugalidad, y cuyas principales miras sean el amor de la
Patria, entónces sabrán remediar todos sus males sin necesidad de acudir al clamor de dinero, y mas dinero. Entónces se palparán, y conocerán las causas, que paralizan
los progresos de nuestras armas, y se sabrá resistir enemigos mucho mas numerosos que lo son actualmente. Si llega
este caso, la España, y las Américas conocerán los perjuicios,
que les causa la abundancia del dinero, y se desengañarán
de la necesidad que tienen de abandonar sus minas de oro
y plata á fin de emplear los brazos, que las explotan, en
el cultivo de las verdaderas producciones; á fin de aumentar
su poblacion tan disminuida por los obstáculos que pone á
la agricultura y á la industria la abundancia de tan inútiles
metales; y á fin de que educada la juventud en los verdaderos principios del amor á la libertad sea capaz de resistir
las fatigas incompatibles con los hábitos, que inspira el dinero, é indispensables para conservar la libertad, y la independencia nacional.

CAPITULO X.

*De los perjuicios que causan las Aduanas á todas las Naciones,
y de la utilidad que se les seguiria de la abolicion de tan
pernicioso Establecimiento.*

Habiendome propuesto hablar de todos los abusos, que
hacen irreconciliables los intereses de Americanos y Españoles
de la Península, no me parece ageno de esta idea tratar del
sistema de *Aduanas*, la principal causa de la decadencia y
ruina de todas Naciones, y de consiguiente el origen de la

mayor parte de las querellas y disensiones nacidas no solo entre los individuos de distintas Naciones sino tambien entre los individuos de una misma Sociedad, pues que no puede dexar de producirlas quanto sea causa de su infelicidad. Si la abolicion de tan pernicioso Establecimiento fuese adoptada unanimente, á todas resultarian ventajas incalculables, y al mismo tiempo serian mucho mas fuertes los vínculos, que estrechasen á todos los pueblos, que forman una misma Sociedad. Al ver este Establecimiento tan generalmente adoptado, y que las Naciones mas sabias, y mas poderosas se persuaden que reposa en él toda su prosperidad, tal vez parecerá aventurada mi asercion, principalmente á los que deciden sin comparar los bienes que produce con los males que ocasiona. Las grandes calamidades, que todas las Naciones sufren de resúltas de un Establecimiento tan respetado, son una prueba nada equívoca de su política errada, y si hacemos un exâmen detenido, tendremos sobrados fundamentos para detestarlo, y no para admirarlo; para desecharlo y no para abrazarlo. Sus odios interminables, sus guerras continuas, sus deudas inmensas, la ninguna ó corta estabilidad de su prosperidad, y las continuas variaciones, que todas tienen que hacer en su Sistema fiscal, todo es una prueba manifiesta que un Establecimiento semejante, creado para tiranizar á los ciudadanos, y conservado con el único objeto de hacerse mal unas á otras, solo puede ser sostenido por el empeño con que los Gobiernos se obstinan en desconocer sus errores, ó en no querer prescindir de sus zelos. Sin hacerse cargo que no puede haber comercio, ni entre dos individuos, ni entre dos pueblos, ni entre dos Naciones sin beneficio igualmente recíproco, por medio de las Aduanas, Establecimiento directamente contrario á este principio sencillo, y esencial de la naturaleza de qualquiera comercio, y contrato, todos los Gobiernos se empeñan en practicarlo con continuas trabas á fin de reportar cada uno exclusivamente, ó con desigualdad las ventajas, y el beneficio. La triste experiencia de sus males ya deberia desengañar á todos de la imposibilidad de gozar de esta quimérica, y exclusiva prosperidad, y de que una libertad absoluta es el único recurso para disfrutar aquella verdadera y justa igualdad de beneficios; de que es el único medio de hacer desaparecer todos los obstáculos, inven-

tados por la astucia, ó por la fuerza para contrariarla; y de
que es la única medida razonable, y sabia capaz de concidiar los intereses de todas las Naciones, y de causar la felicidad de todos los hombres.

Las Aduanas en un principio fueron establecidas meramente con el objeto de imponer una Contribucion para sostener las cargas del Estado. A la política de Augusto es debida la invencion de tan perjudicial Establecimiento. Para consolidar su autoridad usurpada, y su despotismo naciente, ocultando al pueblo las vexaciones que pagaba, inventó tener á su disposicion una suma considerable sin necesidad de humillarse á pedir subsidios á los pueblos. Cárlos I de España, fertil en recursos para llevar al cabo sus grandes planes de ambicion, y de despotismo, hizo revivir este Establecimiento olvidado ya por el todo, ó poco menos. Pero en este segundo nacimiento de las Aduanas los Gobiernos inmediatamente las consideraron como una invencion muy á propósito para fomentar todos los ramos de la prosperidad nacional, deteniendo los progresos de la industria extrangera. De qualquiera manera pues que se trate de averiguar los efectos de las Aduanas, habrá que considerarlas baxo de uno de estos dos puntos de vista, á saber, ó como un Establecimiento formado con el objeto de sacar por su medio una Contribucion, ó fondos para sostener el todo, ó parte de las cargas del Estado, ó como un Establecimiento á propósito para fomentar la industria nacional deteniendo al mismo tiempo la extrangera. Para decidir de la utilidad ó perjuicio de las Aduanas, igualmente que de otra medida relativa á Economía política, no tenemos que atender en último resultado á otra cosa que á saber si dan ó quitan brazos á la agricultura, artes, y comercio, pues no resultando la riqueza de una Nacion sino de la mayor cantidad de productos sobrantes que provengan del trabajo de los naturales, quanto mayor sea el número de brazos, que una Sociedad, con respecto á su poblacion, tenga empleados en aquellos ramos, mayores serán sus progresos, y prosperidad. Para descubrir la verdad, que procuramos averiguar, analicemos las Aduanas en estas dos consideraciones, exáminando cada una baxo su verdadero punto de vista; y entonces no dudaremos atacar un Establecimiento tanto tiempo defendido por el terror, y respetado por la preocupacion.

Exâminando las Aduanas baxo el primer punto de vista, esto es, como una Contribucion, apenas tendré que detenerme, puesto que todos los hombres de una razon medianamente ilustrada, aun aquellos, que las contemplan útiles baxo el segundo aspecto, confiesan de buena fé que no pueden menos de ser perjudiciales. Los Impuestos, que se echasen, ó recargarian sobre los artículos de gran consumo, ó sobre los artículos de luxo, esto es, sobre los que solo pueden ser del uso de los ricos. Si el Impuesto recae sobre los primeros, la Contribucion es muy desigual, y muy perniciosa. Es muy desigual, porque necesitándo del mismo modo el pobre que el rico consumir de aquel género, igualmente sufre la Contribucion aquel que este, lo que nunca podrá ser conveniente, ni justo, pues todas las Contribuciones deben ser siempre arregladas á las facultades del que las haya de pagar, y jamas á los consumos que se puedan hacer por personas de diferentes facultades. De otro modo un labrador con diez hijos pagaria diez veces mas de Contribucion que un poderoso sin hijos, siempre que aquel tubiese que proveerse para si y toda su familia de un género introducido en la Aduana, lo que seria muy injusto. Es perniciosa ademas esta Contribucion porque muchos ciudadanos no pudiendo comprár los artículos recargados, pasarán forzosamente á la clase de méndigos, de cuyo modo dexarán de ser Contribuyentes, pues por falta de subsistencia dexarán de trabajar, esto es, de aumentar la cantidad de los productos de la Sociedad, ó lo que es lo mismo, sus riquezas. Si el recargo se impone sobre artículos de luxo, este recargo como Contribucion será mal entendido, y perjudicial, pues que su colectacion importaria mas que su producto, el que apenas sufragaria para los sueldos de los empleados, y la Sociedad tambien se veria privada en este caso de la cantidad de las verdaderas riquezas con que aquellos por medio de su trabajo pudiesen aumentar la masa general de productos nacionales. Sobre todo las Aduanas consideradas como una Contribucion, de qualquiera manera que se arreglen, son sumamente perjudiciales, porque de todos modos es forzoso privar á la Sociedad, en donde se establezcan, de una porcion de brazos útiles á la agricultura, industria y

comercio, las únicas fuentes de toda riqueza, para destinarlos en el servicio de aquel Establecimiento, ya recaudando,
y ya evitando que los artículos se importen ó se exporten
sin satisfacer los derechos que deben devengar. No creo que
necesite detenerme mas tiempo en hacer ver que las Aduanas consideradas baxo este aspecto son perjudicialisimas,
quando ademas los fundamentos, que se expondrán para manifestar que ni aun baxo el otro punto de vista pueden
convenir, son aplicables en la mayor parte al caso presente.

Entremos, pues á exâminar las Aduanas como un Establecimiento util para fomentar la industria nacional deteniendo al mismo tiempo la extrangera. Quando las Aduanas son consideradas baxo este punto de vista, la opinion
clama generalmente en favor de ellas. Exâminadas en este sentido, es quando sus defensores juzgan hallar sobrados fundamentos para apoyar su utilidad. Estoy muy distante de
dedicarme á escribir la trágica historia de las desolaciones
que han causado á todo el género humano, sin excepcion de
aquellas mismas Naciones, que contemplan haber hecho su
prosperidad con el apoyo de las Aduanas; estoy tambien
muy léjos de contemplarme capaz de disipar las tinieblas en
que está aun envuelto un sistema tan errado, y que tanto
perjudica á los hombres de todos los paises; pero no dudo
que mis ideas á lo menos harán detenerse á los que hasta
ahora ni siquiera habian osado consultar á su razon en una
materia tan interesante á la felicidad general, y á lo menos
contribuirán á que otros de mas conocimientos y talento la
desenvuelvan con toda la claridad de que es susceptible.

Antes de pasar mas adelante se puede preguntar á los
defensores de las Aduanas, ¿qual de dos Naciones quedaria beneficiada, si ambas hiciesen un mismo reglamento de
Aduanas, por el que ningun comercio recíproco pudiesen hacer? ¿Qual por mejor decir quedaria perjudicada entre la Inglaterra y la España si hiciesen un Tratado, por el qual
conviniesen en admitir recíprocamente en sus Dominios todas sus producciones sin ningun recargo ni adeudo? Creo
que todo hombre de razon, y de buena fé se hallaria muy
perplexo para responder, y esta sola duda es una prueba
convincente de que no saben como las Aduanas producen los

buenos efectos que se supone. Mas regularmenté la mayor parte de los Ingleses diria que semejante Tratado seria muy perjudicial á la Inglaterra. Diria que el terreno de España ofrece muchas mas producciones que el de Inglaterra, y que las ofrece á menos costa á causa de la bondad de su clima; que desde aquel momento las primeras materias Inglesas, cuyo cultivo es mas costoso, no podrian concurrir al mercado con las Españolas; que asi quedaria arruinada la agricultura de la Inglaterra, su primera y principal riqueza. Diria que España tiene en gran abundancia muchas, de que carece por el todo la Inglaterra, como son el vino, el aceite, y otras varias, que siendo ahora de luxo, ó de poco consumo por los recargos que sufren, permitida su importacion libre de todo adeudo, se harian de primera necesidad en perjuicio de los géneros Nacionales con que se suple su falta; que de este modo pronto la Nacion Inglesa quedaría sin dinero, é imposibilitada de satisfacer estos artículos por no poder ofrecer en cambio producciones tan preciosas, que equivaliesen á aquellos. Finalmente diria que entonces la España surtiria á la Inglaterra de varios artículos, de que carece, y que trae ahora de la India con ventaja conocida, porque menos malo es enriquecer á Naciones, que por su distancia no pueden ser temibles, que enriquecer á una Nacion, que mañana podrá ser un rival de mucha consideracion.

El Español por su parte, respetando un Establecimiento de origen tan antiguo, y en cuyo favor hablan todos sus Economistas, diria que hallándose las fábricas de España muy atrasadas, si todos los artículos de manufactura Inglesa pudiesen entrar en Dominios Españoles libres de derechos, jamas podrian aquellas llegar á perfeccionarse, y á trabajar para entrar en concurrencia de las mercancias Inglesas ni por su precio, ni por su calidad, no siendo posible se veriñquen estas mejoras en fábricas nacientes, mientras compitan con ellas otras perfeccionadas, porque no podrian sostenerse hasta haber adquirido la perfeccion de las que rivalizaban. Por otra parte regulando el beneficio y por el valor, que tiene el género al tiempo de su venta, y no en razon del trabajo aplicado por el hombre, diria que siempre vale, mas manufacturar, que producir materias rudas; diria tam-

Gg

bien que de este modo las producciones mismas de la España, manufacturadas forzosamente en aquel caso por los Ingleses, y vendidas despues en el mercado de la Península, los enriquecerian mas que á los Españoles. En fin diria como el Ingles, que no conviene enriquecer á una nacion vecina, que al dia siguiente puede ser un enemigo temible. Esto es lo que regularmente se diria, porque en estas exposiciones van envueltos los principales fundamentos en que se apoyan los que defienden que las Aduanas son un Establecimiento útil para fomentar la industria Nacional, conteniendo al mismo tiempo la industria extrangera, dos ideas de que jamas se prescinde quando se trata de la prosperidad de una Sociedad, tal es el espíritu de zelos. Pero, prescindiendo de lo que se diria, tratemos de exâminar qual seria el resultado, y en él descubriremos las pruebas para asegurar que los Aduanas son muy perjudiciales á la industria, y prosperidad nacional, y que no sirven para contener los progresos de la industria extrangera.

Todos ven únicamente los perjuicios, que se les siguen; no ven las grandes ventajas, que les resultarian, y que las perjuicios quedarian perfectamente subsanados. Por un lado todos los Gobiernos aparentan querer fixar, y establecer sobre bases de justicia Tratados de comercio recíprocamente útiles, por los que se compensen con igualdad beneficios, y daños, y al mismo tiempo ninguno quiere establecer una perfecta libertad de comercio, quando esta es el único medio para asegurar una perfecta igualdad, y para evitar todo motivo de disensiones. No se hacen cargo que el comercio es un cambio de trabajos recíprocamente útil: que es igual que este trabajo sea aplicado á producir primeras materias, ó á manufacturar estas producciones. No advierten que si la España ganase con respecto á la Inglaterra en el trabajo de aquellas, la Inglaterra ganaria con respecto á la España en el trabajo de estas; y que, quando hay una perfecta libertad de comercio entre dos Naciones, hay un perfecto equilibrio de precios, esto es igualmente gana el labrador que el artesano, y el artesano que el fabricante. No atienden que es conveniencia mútua que se conserve este equilibrio, pues de otro modo si ganase mas el artesano que el labrador, este dexaria de ser labrador para ser artesano, y aquel dexâria de ser artesano por no haber quien cultivase las primeras materias, que él deberia elaborar. No consideran, tampoco que, aun quando esto no sucediese así, el equilibrio de precios es ventajoso para las Naciones, y que el desnivel arruinaria aquella, en cuyo favor se creyese la balanza, pues el momento, en que una Nacion es mas rica en los metales de que se hace la moneda, es la época de su decadencia infalible. Desde entonces mas caras serian forzosamente las producciones de la tierra; mas alto seria el precio de la mano de obra; menos valor tendria el dinero, ó, lo que es lo mismo, mas estimacion tendrian todas las demas cosas; mayor consumo de consiguiente se principiaria á hacer de las mercancías de la Nacion mas pobre de dinero, porque todo seria allí mas barato. Al mismo tiempo la Nacion mas adinerada, haciendo mayores consumos, porque estaba habituada á mayores goces, se iria empobreciendo por este mayor dispendio, al paso que la Nacion menos adinerada, económica aun por hábito, haciendo menores consumos, se iria tambien enriqueciendo de dinero y de verdaderas producciones por esta mayor frugalidad. No atienden á los perjuicios, que ocasiona el desnivel del dinero: no consideran que á proporcion que una Nacion cuente entre sus ciudadanos mayor número de individuos ricos en dinero, habrá menor número de trabajadores; habrá menos artículos de subsistencia; habrá menor multiplicacion de hombres; habrá mayor emigracion á paises mas pobres en donde se pueda vivir con mas comodidad, y menor gasto. ¿Qué sucederia si en una Nacion todos los individuos llegasen á tener quanto oro, y plata quisiesen? Nadie querria ser labrador, nadie artesano, todos los ramos de prosperidad decaerian forzosamente, ó todos los hombres dexarian de mirar el oro y la plata como una cosa apreciable, pues que no servia ya para mantenerlos en la clase acomodada, esto es, sin trabajar. El desnivel del dinero, que ocasionará el establecimiento de las Aduanas, causará siempre la ruina y la revolucion de la agricultura, industria, y comercio, cuya prosperidad solo la podrá fixar una libertad absoluta, y permanente. Lo que sucedió á la España con la posesion exclusiva de las minas del Nuevo Mundo, debe suceder á todas las Naciones con el sistema de las Aduanas, quando por medio de sus restricciones lleguen á amontonar la mercancía

oro y plata en una superabundancia excesiva, á cuyo único objeto y tendencia se dirige tan decantado Establecimiento.

El hombre nace con inclinacion á disfrutar, y á engrandecerse, y por lo mismo trabaja, siempre que le sea posible, por
remover todo obstáculo, que se oponga á llenar tan naturales deseos. Esta inclinacion constante, y no la de dañarse
mutuamente, como han creido muchos filósofos, es sin duda
el orígen de las disensiones entre los individuos, igualmente
que de las guerras entre las Naciones. El interes, que todas tienen de aumentar sus riquezas y medios de subsistir, es una
conseqüencia de aquella justa, y natural inclinacion de disfrutar, y engrandecerse. Pero si todos los Individuos conocen
bien el modo de satisfacer esta inclinacion, todos los Gobiernos se equivocan en las disposiciones, que adoptan para
conseguir este intento. Exâminemos los efectos de las leyes
prohibitivas, de las restricciones, y de las trabas que todas
ponen al comercio de las demas, y nos convenceremos de
esta verdad. La conveniencia de dos Naciones igualmente que
de dos Individuos debe ser recíproca en el comercio. Si esta conveniencia resultase á una sola Nacion ó Individuo, las
permutas no se verificarian, ó, si se verificasen, seria por
una sola vez, ó durante un periodo muy corto. Siempre que
no haya obstáculo alguno, la libre contienda entre el comprador y el vendedor, ó entre la necesidad de comprar y
la necesidad de vender, es lo único que puede balancear las
ventajas que resultan de hacer el contrato. Es decir, nadie
compra, ni vende sin que tenga un interes en hacerlo. Por
esta razon la conveniencia de dos Naciones, que comercian,
no puede menos de ser recíproca é igual á ambas. De consiguiente toda Nacion que prohibe la introduccion ó venta
de artículos extrangeros, se priva de un interes igual al que
tendria la Nacion, que los exportase, y obliga á que esta
inmediatamente adopte otra providencia, cuyos efectos deben
tambien ser recíprocamente perniciosos, y de prohibicion en
prohibicion caminan hasta que conocen la necesidad, en que
se hallan de hacer sus cambios, pero, como los Gobiernos
no tienen jamas la franqueza de enmendar sus errores, acuden á su último raciocinio el cañon, esto es, la guerra.

Siempre que en una Nacion haya completa libertad para comerciar con el Extrangero, los Individuos destinarán

sus Capitales é industria á aquel ramo, que les proporcione mayores ventajas y riquezas, y de este modo todos con-
currirán á dar el mayor impulso posible al fomento de la riqueza nacional, que no puede dexar de ser el resultado de
las riquezas particulares. Es un delirio persuadirse que el
Individuo dexe de consultar bien la guia de su interes. Entonces si el Individuo abandona al Extrangero un ramo de
industria, en que pudiera aventajarle, es porque tiene mayor
utilidad en dedicarse á otro, que le proporciona mayores
ventajas. Igualmente si compra al Extrangero algun género
con preferencia al nacional, es porque tambien en esto vé su
conveniencia. No hay duda que algunas veces podrá enga-
ñarse, mas este error será muy pasagero, porque la pérdida que le ocasiona le obligará á enmendarse, enmienda que
no es tan comun en los Gobernantes, porque estos no pueden conocer tan facilmente el perjuicio que se sigue, y por
otra parte rara vez saben prescindir de las sugestiones de
varios monopolistas, que con daño del bien general solici-
tan leyes prohibitivas, ó privilegios exclusivos. Quando hay
una absoluta libertad, todos los ramos de industria no reciben mas fondos ni trabajo que aquel que les conviene; todos los conductos ó ramificaciones toman la dirreccion natural que deben tener; finalmente se conserva el equilibrio del
valor del dinero entre las diferentes Naciones, sin el qual,
como hemos visto, toda prosperidad es quimérica, y la decadencia infalible.

En todas partes, en donde haya una absoluta libertad
de comerciar con el Extrangero, los Naturales no podrán
ménos de ser activos, é industriosos. Todos exâminarán con
afan qual es el ramo de agricultura, ó de industria mas
apetecido ó mas lucrativo, y todos se apresurarán á perfeccionar ya este, ya aquel, abreviando el trabajo y procurando que proporcione mayores comodidades, porque verán que
con esta perfeccion logran tener mayor número de compradores. De esta libre concurrencia resultará una lucha justa
y continuada entre todos los vendedores, que, sin desconcertar jamas aquel equilibrio preciso para la prosperidad de
todo ramo de industria, contribuirá á perfeccionar, y refinar
el género, á simplificar su elaboracion, y á aumentar la suma de comodidades, y placeres para que es apetecido, y

esta lucha continua es lo único, que puede estimular la energía de todos los Individuos, y fomentar constantemente la emulacion al trabajo. Prohibida esta libre concurrencia de los Extrangeros lo único que se consigue es sufocar aquella emulacion, que es la que vivifica la energía en el trabajo. Entonces
los artesanos no siguen ya mas que una ciega rutina permaneciendo en un mismo método, porque cuentan su ganancia segura. Entonces las artes principian á hallarse en un estado
de atraso, y de indolencia por haberse impedido el estimulo, y
la rivalidad, que eran las que las perfeccionaban, y que
son las que constantemente hacen á las Naciones activas, y
laboriosas.

Cada Nacion tiene producciones análogas á su suelo, que
ofrece con mas facilidad que otros paises, y para que éstos
las disfruten y satisfagan comodidades multiplicadas, que hacen tan placentera la vida en las grandes Sociedades, les
es mas ventajoso comprarlas de aquella que deberlas á un
trabajo excesivo. Si todas las Naciones se contentasen con
cultivar las que son privativas de su suelo, todas lograrian
una superabundancia, con que poder adquirir las que son
propias de otro clima, y al mismo tiempo venderian mejor
las suyas. De esta manera con menos trabajo todas serian
mas ricas. Pero cada una pretende cultivar y manufacturar
exclusivamente no solo las producciones propias de su terreno, y las necesarias á su consumo, sino tambien las que
vienen forzadas á su clima, y sobre todo se empeñan en manufacturar los artículos que consumen la otras, y no consumir de las demas, ó consumir lo menos posible. Este es
el gran objeto, para que se contemplan precisas las Aduanas. De
este modo el comercio, que deberia ser el vínculo mas fuerte de la amistad de las Naciones, se convierte en el orígen
perpetuo de sus disensiones, y en el manantial perenne de
todas sus guerras. El comercio por su naturaleza exîge que
todas las Naciones se consideren como una sola Sociedad; esto es, que todas comuniquen entre sí con seguridad, y conveniencia mutua; y que se satisfagan sus necesidades pro-
veyéndose unas á otras los artículos que hacen falta; mas
el Establecimiento de las Adunas si no destruye por el todo, á lo menos paraliza tan bénefico objeto; mantiene la rí-
validad, y muchas veces la incomunicacion entre las Nacio-

nes ; y por último haciéndolas mas pobres las priva de las
delicias , que gozarian sus Individuos, si cada una disfruta-
se de las producciones de todas. No se hacen cargo, que ninguna Nacion tiene brazos suficientes para manufacturar todos
los articulos , que necesitan las demas, ni terreno á propósito para producir las primeras materias. Todas se creen perjudicadas , si admiten producciones extrangeras. Para asegurar esto no hacen mas cuenta que del importe de los artículos que consumirian al Extrangero, y calculan que dexando de producir esta cantidad de artículos, quedarian perjudicadas en su importe. Pero debian calcular que el valor de
su trabajo aplicado á otro cultivo mas natural, ó á otra
manufactura mas análoga á las producciones de su suelo importaria mas que el valor de aquella cantidad de artículos
consumidos al Extrangero. La Inglaterra, por exemplo, á fin
de impedir la salida del dinero, y por no consumir sino
la menor cantidad posible de producciones de otro pais, recarga extraordinariamente los vinos de España. Esta en des-
pique recarga con igual proporcion el bacalao y el queso
Inglés. Un labrador Castellano ademas del vino que vende al
Español y que consume para su uso, pudiera vender al
Comerciante Inglés una pipa de vino, y su importe emplearlo en bacalao, y queso de Inglaterra. Al Labrador y al marinero Inglés les sucede lo mismo con respecto al bacalao y queso,
y el resultado es que pudiendo todos estos Individuos, sin necesidad de que pasase dinero de parte á parte, ó que no pasase sino para volver á recobrarlo, disfrutar de vino, bacalao, y queso, solamente les es permitido disfrutar de un solo artículo, y ademas tienen que contribuir para mantener
en el ocio á los mismos que han de executar tan maligna
providencia. Por mas vueltas que se le quiera dar no ofrece otras ventajas, ni otras prosperidades el Establecimiento
de las Aduanas.

No contribuyendo pues para aumentar la riqueza nacional las leyes prohibitivas, es un absurdo temer la competencia de los Extrangeros', que no puede menos de fomentar la
emulacion al trabajo, y de aumentar la cantidad de productos aumentando el número de consumidores á lo menos de
las primeras materias. El libre comercio es el que causa la
prosperidad recíproca de todos los paises, y el que concilia

el interes general. Por otra parte es una contradiccion ridícula conocer que para enriquecerse una Nacion se debe dar toda la extension posible al comercio con las demas Naciones, y al mismo tiempo poner las mayores trabas posibles á este mismo comercio, y trabajar para que las otras Naciones sean pobres, como si una Nacion pobre pudiese hacer á otra rica, y poderosa. El Establecimiento de las Aduanas dirigido á contener los progresos de la industria extrangera, y el afan de enriquecerse con las producciones de otro pais adquiridas por medio del comercio envuelve una contradiccion manifiesta. De tan perjudicial error deberian estar todas desengañadas al ver lo que actualmente sucede en la Europa entera con el Sistema destructor del Bloqueo Continental. Ninguna época presenta un periodo tan lastimoso de repetidas Bancarrotas. Ninguna otra providencia podía motivar un futuro mas triste y nada podia llevar al mas alto grado de su perfeccion el decantado Establecimiento de Aduanas. A esta situacion sin necesidad de los Decretos de Berlin, y Milan, vendrán á parar todas las Naciones, si como hasta aqui se dexan conducir de zelos en zelos, y de rivalidad en rivalidad, y si se empeñan en mantener el fatal sistema de Aduanas, pues ningun bloqueo puede ser tan temible como el que todas se hacen con este Establecimiento. En esta parte todos los Gobiernos son Napoleones, y todos publican Decretos de Berlin y de Milan. La situacion deplorable, en que todas las Naciones se hallan en el dia, manifiesta bien á las claras que todas se necesitan mutuamente; que ninguna puede pasar por sí sola; que todas disfrutan ventajas en hacer el comercio; finalmente que nada tanto como las Aduanas puede contrariar, y oponerse á la inclinacion natural, que tiene todo hombre de disfrutar y engrandecerse por todos todos los medios posibles.

Los Gobiernos mas sabios han conocido que eran perniciosos los recargos sobre la exportacion de producciones nacionales, porque atacan directamente la agricultura, industria, y comercio imposibilitando la venta de estos géneros recargados, que no podrían venderse en concurrencia de otros Extrangeros que no sufriesen igual recargo. En esta parte los mas se han desengañado ya de los perjuicios, que causan las Aduanas, y solo uno ú otro abismado en la ignorancia mas grosera será el que hubiese dexado de enmen-

dar un error tan trascendental. Pero aun los mas de aquellos, han creido conveniente recargar, ó prohibir las producciones Nacionales en tres casos. Han juzgado conveniente la prohibicion absoluta, ó un recargo muy fuerte sobre las
primeras materias quando podian ser manufacturadas fuera del
Reyno. Lo creen necesario por dos razones; porque en otro
caso fomentarian las fábricas extrangeras, lo que contemplan un gran mal; y porque con aquella medida juzgan favorecer la industria nacional manteniendo á un precio baxo
las primeras materias, y aumentando por este medio el número de artesanos nacionales. No advierten, que, aunque
con la libre exportacion de primeras materias fomentasen las
fábricas extrangeras, debian fomentar aun mas la agricultura nacional. Pero con la prohibicion lo único que consiguen es
disminuir el número de labradores nacionales sin aumentar el de
artesanos. Si los Gobiernos fuesen capaces alguna vez de ceder á
la evidencia, ya se hubieran desengañado con la experiencia de
la prohibicion en España de la seda en rama, de cuyos funestos resultados hemos ya tratado. No advierten, que, fomentando la agricultura nacional con la libre exportacion
de las primeras materias, les importaba fomentar las fábricas extrangeras, pues de otro modo no tendrian consumidores ó compradores de aquellas. No advierten finalmente, que,
aun quando fuese cierto su cálculo, entre el fomento de la
agricultura, y el fomento de fábricas, en caso de decidirse
por el uno, debe preferirse el primero, porque toda renta,
que dimana de cultivar la tierra, ó mas inmediatamente, es
la mas necesaria, la mas productiva, la mas facil, y la menos precaria.

Tambien se juzgó conveniente un gran recargo sobre las
producciones nacionales, quando eran indigenas exclusivamente del pais de donde se exportaban, porque se creyó que en
aquel caso el Impuesto recaia sobre el Extrangero, que las
consumia. España nos ofrece otra prueba de las conseqüencias de este error. La España era la única, ó casi unica cosechera de la *Barrilla*, cuya produccion, ó un equivalente
es un género de primera necesidad en la mayor parte de la
Europa, principalmente en todos los paises del Norte. El
Gobierno Español confiado en la posesion exclusiva de esta produccion, y en la necesidad que las otras Naciones tenian

de ella, recargó excesivamente su exportacion, figurándose
por estos motivos que el recargo era una Contribucion, que
imponia al Extrangero. Mas este cálculo era tan ilusorio como todos los demas, y en lo posible sus efectos fueron tan
funestos. Lo que sucedió fué que las otras Naciones ó
buscaron desde entonces un equivalente para suplir la barrilla, que les salia muy cara, ó procuraron traerla de la India, y los labradores Españoles, que cultivaban con exito
esta preciosa materia, tubieron que abandonar casi por el todo su cultivo. Este es el gran resultado de las restricciones
puestas sobre artículos nacionales, aun en el caso en que parece que deben ser excepcion de la regla general. Excelente método de privar á una Nacion de todos los beneficios,
que la naturaleza concede á su suelo.

El tercero y último caso en que los Gobiernos, que pasan por sábios, juzgan que se deben recargar las producciones nacionales, es quando contemplan que se necesita la
produccion para el consumo de los naturales, y temen que
se encarezca demasiado, y que su falta disminuya la poblacion.
Tal es por exemplo el caso en que prohiben, ó recargan excesivamente la extraccion de granos. Mas lo que consiguen es
precisamente, como en las demas prohibiciones todo lo contrario, de lo que se proponen. Todos los ramos de comercio tienden por su naturaleza á ponerse en equilibrio; esto
es, no puede haber uno que sea mas ventajoso que otro á
no ser por medio de una violencia. Las leyes prohibitivas
con precision hacen menos lucrativo aquel sobre que recae
la prohibicion, ó recargo. Los que dedicaban á él su trabajo, inmediatamente lo abandonarán para destinarse á otro,
que sin las mismas trabas produzca mayores, ó quando menos iguales utilidades. Se prohibe por exemplo la salida del
trigo; los que se dedicaban á producirlo, desde que se verifica la prohibicion, logran muy pocas ventajas en conseguir
una superabundancia de este genero, porque es corta la concurrencia de compradores siendo determinado por la ley su
número. No hay duda que por el pronto se conseguirá aba-
ratar el trigo, mas este beneficio será muy pasagero, pues
no podrá durar mas que mientras se restituye el equilibrio,
esto es, mientras que los labradores de esta cosecha buscan
otro ramo á que aplicar con mas utilidad su trabajo, y ca-

pitales. Luego que sucede esto, el trigo se encarece extraordinariamente, porque el resultado forzoso ha de ser que la cantidad de la cosecha sea mucho menor, en razon de que es menor el número de cultivadores, y en razon de que nadie debe gustar dedicarse al cultivo de un género, de cuya propiedad la ley no le permite disponer. Acudamos al testimonio de la experiencia, que es lo único, si algo puede haber, capaz de hacernos desechar errores una vez admitidos. La Holanda, mientras fue gobernada por leyes libres, adoptó en esta parte el mejor sistema, que se conoció en toda la Europa tocante al comercio de granos. A pesar de ser el pais mas escaso de terreno de todas las Naciones de Europa, y de necesitar por lo mismo mas sus granos, jamas prohibió, ni recargó su extraccion, y por ser la única que adoptó este plan, fue tambien la única que jamas tuvo escasez de granos, y la única, en cuyo mercado jamas han llegado á un precio muy subido.

De lo dicho se deduce que las leyes prohibitivas sobre la exportacion de géneros nacionales producen siempre el efecto contrario que se proponen los Gobiernos. No contribuyen á mas que á disminuir el producto del género prohibido. Toda ley prohibitiva, que impide el curso natural de algun ramo de industria, no podrá producir el efecto que se desea, sino mientras aquel ramo recobra el equilibrio perdido, y al que forzosamente ha de volver. Vale caro, supongamos, el trigo; porque hay muchos compradores extrangeros, y se prohibe la salida de este género; se abaratará por el pronto, pero al año siguiente se dedican menos personas á su cultivo, y vale aun mas caro que antes por falta de productores, y de cosecha. De este modo la Nacion, que impone la prohibicion, participará de un mal igual, ó mayor, que el que procuró evitar. Por esta razon, aunque los efectos de semejantes leyes aparezcan benéficos recientemente promulgadas, serán muy perniciosos, luego que aquellos ramos, sobre que recaen, hayan recobrado su equilibrio. Es pues evidente que las Aduanas, por lo que mira á recargar, ó prohibir la salida de géneros nacionales, son con precision muy perniciosas, sin que pueda haber un solo caso, que admita excepcion alguna. Pasemos á exâminar las Aduanas con el objeto de recargar, ó prohibir la industria extrangera.

Todos los Gobiernos se incomodan de ver que los Naturales consumen géneros extrangeros. No hay uno, que para evitar esto no contemple util, y preciso el Establecimiento de las Aduanas. Todos ellos se persuaden, que es el único medio de ensalzar la industria Nacional sobre las ruinas de la industria extrangera, impidiendo que pueda concurrir al mercado con la nacional á causa del recargo que lleva, e impidiendo que el dinero salga de la Nacion. ¿"Como no han de »decaer nuestras manufacturas, se suele decir, quando esta-»mos en la moda de preferir las obras extrangeras á las nues-»tras? Es necesario imponer un freno á la importacion con »nuevas Contribuciones, y suprimir una parte de las que »se habian impuesto sobre la exportacion. Es forzoso, para »que prospere nuestra industria, disminuir el consumo de »todo lo que no se produce, ó manufactura en el pais extrangero, »recargándolo con Imposiciones. Quando formemos un Reglamen-»to sabio de Aduanas, que contenga este desórden, entonces »progresaremos como progresa tal, y tal Nacion, cuyo sabio »Sistema se reduce á favorecer la exportacion de sus géne-»ros, y á recargar los Extrangeros." He aqui la política adop-tada unanimemente por los Gobiernos, y aprobada por la mayor parte de los Economistas. Con tan feliz hallazgo to-das las Naciones se persuadieron haber descubierto la piedra filosofal, ó el admirable secreto de hacerse ricas exclusiva-mente, pero conocido y adoptado por todas ninguna debia hallar compradores extrangeros de sus géneros, y como por otra parte no debia haber Gobernante tan inepto, que igno-rase tan miserable política, todas las Naciones empeoraron de suerte con semejante Sistema, y ninguna debió á él sus mejo-ras, por mas que las haya tenido despues de haberlo realiza-do. Exáminemos pues la nulidad de tan ridículos, y contra-dictorios principios.

Semejantes Políticos no conocieron que todas estas venta-jas eran del todo quiméricas, y que aun quando se llegasen á realizar en parte, no podian menos de ser muy momenta-neas. Si el recargo sobre la industria extrangera, fuese pagado por el fabricante, ó el vendedor Extrangero, los Gobiernos po-drian sostener todos sus gastos sin imponer ninguna Contri-bucion á los Naturales, pues que habian descubierto el mo-do de imponerlas á los Individuos de otras Naciones. ¿En tal caso á qué por otra parte prohibir un género extrangero, cuya introduccion podia servir para imponer una Contribucion al forastero, y cuyo uso podia servir para satisfacer la necesidad de un Natural? Si el comercio exterior ofrece ventajas recíprocas á las Naciones que lo hacen, y las Aduanas sirven para impedir este comercio, y estas recíprocas ventajas, es un absurdo, y una contradiccion establecer Aduanas. Por otra parte si sirven para contener la industria extrangera, y es un perjuicio para la Nacion, cuya industria es contenida, desde el momento, en que las Naciones las establezcan, todas quedarán perjudicadas con semejante Establecimiento. Quiero suponer por exemplo que España contuviese la industria de Francia no comprandole mercancia alguna, ó comprandoselas todas muy recargadas, y que en efecto consiguiese, como lo verificaria, disminuir las producciones Francesas disminuyendo el número de sus compradores, pero en el momento, en que Francia pusiese iguales trabas á las producciones Españolas, la industria de estas dos Naciones quedaria igualmente perjudicada. ¿Qual de las dos Naciones seria en este caso la beneficiada con tales leyes? Por mejor decir, ¿qual de las dos dexaria de ser perjudicada, quisiera que respondiesen los que tan ciegamente defienden las Aduanas? Ellos solo ven felicidades soñadas, y no ven perjuicios reales. No ven que aun quando privasen á su rival del bien, que se imaginan, era á costa de privarse de otro igual, y de hacerse males incalculables. No reflexionan, que quanto menos compre una Nacion á otra, menos le ha de vender; menos ha de producir; y menos ha de manufacturar. No advierten que el comercio es un beneficio recíproco; que no dá sino en una proporcion exactamente igual á lo que recibes, que no es otra cosa que un cambio de valor por valor, y que aun quando fuese posible, que una Nacion se pusiese en estado de no comprar otra cosa de las demas que dinero, y de venderles todas sus producciones, por esta sola causa veria perecer toda su industria encareciendo á lo infinito el precio de todas sus produceiones; y no pudiendo sostener la concurrencia con las mercancias de las demas Naciones. No ven que nada adelantan con que en una Nacion haya mas ó menos cantidad de dinero puesto en circulacion pues, que, como hemos visto, igual valor tiene una cantidad muy reducida que una cantidad excesiva. No vēn que si una Nacion á cada ramificacion, ó conducto de comercio aplica mas dinero que otra, con precision sus producciones valdrán mas caras, y entonces, aun quando se cercase de Aduanas por toda su circunferencia, no podria evitar que los ciudadanos prefiriesen las mercancías extrangeras vendidas á menor precio. Ellos cierran los ojos á la experiencia, y no quieren ver que el dinero causaria una plétora igual á la que causó á España y Portugal, las únicas cosecheras en la Europa del dinero, y cómo hubiera ya ocasionado á la Inglaterra, si el contrabando del dinero, y los gastos enormes de sus continuas guerras no le hubiesen hecho á pesar suyo parte de las copiosas sangrías, que necesitaba para conservar su prosperidad, amenazada mas por su plenitud que por todos los demas enemigos.

Pero aun quando se debiese mirar como un mal la industria extrangera, y aun quando fuese conveniente que el Gobierno se mezclase en fomentar la Nacional, seria un error considerar las Aduanas como á propósito para este intento. España nos ofrece un exemplo bien marcado de esta verdad. La fábrica de *Droguetes* establecida en Sevilla era una de las mejores de la Europa, y una de las mas útiles que podia tener la Nacion por el consumo, que se hacia de esta tela. El Gobierno para fomentarla mas, y mas, y para que no se introduxese de afuera este artículo de un uso tan general en todo el Reyno, recargó excesivamente los Droguetes extrangeros. Los Fabricantes Ingleses, al ver que quedaban imposibilitados de hacer con ventaja el comercio de una mercancía de tanto despacho, formaron una compañía para arruinar la fábrica de Sevilla, y para arredrar á qualquiera Español, que intentase establecer otra igual. Los Comerciantes Ingleses introduxeron por contrabando toda la porcion de este género que pudieron, y otra gran cantidad pagando los derechos impuestos, y vendieron los Droguetes á un precio mas baxo de aquel á que podia darlos la fábrica de Sevilla. En poco tiempo consiguieron arruinar esta fábrica, y quedarse dueños del comercio exclusivo de aquel artículo. Esta táctica suele ser practicada con bastante freqüencia por los Gobiernos de las Naciones que prosperan; igual suerte hicieron sufrir los mismos Ingleses á la gran fábrica de cris-

tales de Saxonia. La libertad absoluta es la única proteccion segura, y justa, que puede ofrecerse por el Soberano á
todos los ramos de industria nacional. Quando se recarga ó
prohibe un género Extrangero, las mas de las veces esta medida solo sirve para aumentar el contrabando, y para arruinar las fábricas Nacionales privándolas del estímulo de la
emulacion, y quando mas no sirve sino para enriquecer á
dos ó tres docenas de fabricantes, precisando al resto de los ciudadanos á comprar los géneros mas caros, y de peor calidad,
como si la prosperidad de una Nacion no dependiese del interes general. Sin libertad ni puede haber equidad en los
precios, ni estímulo en la perfeccion, ni emulaciones en los trabajos. Esta mala inteligencia consiste principalmente en el cálculo errado de persuadirse que es mas útil manufacturar que
producir primeras materias. Del mismo modo que á un Individuo le interesa no hacer en su casa lo que ha de salir mas caro que comprado en el mercado, tambien le interesa á una Nacion comprar los artículos extrangeros, quando puede aplicar
su industria á otros trabajos de mayor valor, ó mas prove-
chosos. La ciencia de la Economía, dificil de entender, quando se la quiere complicar, es facil, quando se simplifica
reduciendola al resultado de la experiencia. Las proposiciones entonces nacen unas de otras como otras tantas
conseqüencias, ó deducciones sucesivamente identicas, que
son otras tantas verdades triviales, que se descubren con
facilidad.

Si al Economista se presentan estos datos irrefragables contra un establecimiento tan ruinoso como es el de las Aduanas,
son aun mucho mas fuertes y poderosas las razones, que el Mo-
ralista hallará para abominar tan iniqua, y antisocial Insti-
tucion. Ella es la que establece aquella valla, que impide á todas las Naciones gozar de la felicidad, á que su
inclinacion natural las convida. Ella es la que mantiene, y
fomenta todos los zelos, todos los odios, todas las rivalidades. Ella es la que divide las Naciones por medio de bar-
reras insuperables, que imposibilitan satisfacer las necesidades, que el Autor de la naturaleza dió á todas, pero cuyos medios de satisfacerlas no acumuló en una sola parte, á
fin seguramente de que su mutua union fuese mas estrecha,
y para que en todos los puntos del Globo pudiesen los hom-

bres ser igualmente felices, disfrutando por medio del comercio en el Norte las producciones del Mediodia; y en el Mediodia las del Norte. El genio maligno no pudo inventar un Establecimiento mas opuesto al engrandecimiento de todos. La humanidad no puede tener un enemigo menos generoso, mas implacable, y mas inmoral. La irreflexion no puede caminar á mayor extremo que á suponer útil en alguna época, ó baxo algun respecto semejante Establecimiento. Acostumbrados los Gobiernos á calcular el grado de su poder por el grado de debilidad de sus rivales, y el aumento de sus riquezas por el estado de decadencia de los otros, toman un punto de comparacion muy errado. Esta comparacion podria servir para conocer qual es menos poderoso, ó menos rico, pero no para deducir que son ricos, y poderosos. Este error importaria poco, si no tubiese conseqüencias, mas por desgracia lós conduce á abrazar la máxima mas perniciosa. Los induce á seguir constantemente el principio, de que es necesario debilitar á las otras Naciones, y los aparta del principio, que á todos vendria perfectamente bien, á saber que á todos seria muy ventajoso tratar de enriquecerse mutuamente. Si adoptasen este principio todos dexarian de ser rivales, y todos serian poderosos. El Establecimiento de las Aduanas es la invencion, que mas puede contrariar tan noble, y benéfico sentimiento. Los Gobiernos, que privan á las otras Naciones de comerciar libremente en sus Dominios, no solamente privan á sus pueblos de recibir por el mismo comercio un beneficio igual, sino que con precision han de reducir á la mendicidad, ó á la estrechez de mil y mil modos á una porcion muy numerosa de familias. Al mismo tiempo que prohiben que los ciudadanos puedan comprar baratos los artículos, que les ofrecia la Nacion extrangera, les impiden de vender mas caras, y en mucho mayor cantidad sus producciones. Por otra parte ofreciendo en la misma prohibicion, ó recargo del género extrangero un interes al contrabando, estimulan, ó obligan á muchos á dedicarse á él en perjuicio de la agricultura, y de las artes. Precisan á otros infinitos, que tienen que abandonar sus trabajos á causa de no poder mantenerse por haberse encarecido todos los artículos de su consumo, ó á robar, ó á mendigar. Tienen que mantener y dotar á costa de la clase laboriosa una infinidad de Empleados en la administracion, intervencion, y resguardo de tan costoso, y complicado. Establecimiento. Se ven tambien precisados á mantener un número considerable de tropa destinada unicamente á cubrir, y guardar todas sus fronteras, y costas para precaver se introduzcan tanto las mercancias prohibidas como las recargadas. Establecidas las Aduanas todo comerciante necesita un capital mas para la exáccion de los derechos devengados en aquel Establecimiento, y de este modo en vez de que las Aduanas sirvan para fomentar el comercio, privan de hacerlo á muchos ciudadanos, que, aunque tengan capital suficiente ó crédito para tomar los artículos de su tráfico, no lo tienen para satisfacer el capital anticipado, que se les exige por los adeudos devengados en las Aduanas. Finalmente no reflexionan qué el producto del trabajo de ese mundo de Contrabandistas, de ladrones, de mendigos, de rentistas, y de soldados del mismo Fisco, brazos todos perdidos para la agricultura, artes, y comercio, importaria infinitamente mas que quanto dinero producen sus Aduanas. No reflexionan que la suma, de que privan á las Naciones extrangeras, aun quando pasase á estas establecida la libertad, volveria con precision á la Nacion por la venta de sus producciones perdidas por el actual sistema. Finalmente no advierten que abolidas las Aduanas el resultado seria que todas las Naciones tuviesen un número mucho mas considerable de productores, de lo qual unicamente dependerá siempre su prosperidad; seria que todas tuviesen una cantidad mucho mas crecida de productos, y de consumidores, en cuyo caso unicamente pueden tener aquellos mayor valor; y finalmente seria que con el libre cambio de sus producciones sobrantes, que es lo único que se comercia, todas las Naciones podrian satisfacer un número mucho mayor de necesidades, de cuyo único modo es como pueden todas las Naciones y todos los individuos disfrutar mayor número de comodidades, y placeres, á lo que aspira, y de lo que jamas puede prescindir el hombre de todas las edades, y de todos los paises.

Si consultasemos bien las verdaderas causas de la prosperidad, y de la decadencia de las Naciones, hallariamos que casi siempre nos hemos equivocado en este exâmen. Nos convenceriamos que es un error grosero, de que no se han libertado las naciones mas sabias, persuadirse que al establecimiento de las Aduanas haya debido jamas una Nacion, no diré su prosperidad, pero ni siquiera un solo beneficio pasagero. Si se atiende á la decadencia de la España, hemos visto, que comienza con el establecimiento de las Aduanas, y no con las causas, á que se atribuye, á pesar de que entónces mismo principió á ser poseedora tranquila de un nuevo Continente mas rico, y mas feraz que el antiguo Mundo. Si se atiende á su prosperidad, hemos visto igualmente, que renace, y asoma inmediatamente que se concede mas libertad á su comercio, y que son en parte rebaxadas las prohibiciones, y trabas impuestas por el bárbaro Reglamento de Cárlos V. Si consultamos la historia de la Inglaterra hallaremos que su prosperidad es debida á las reformas, que en distintas épocas hizo aquella Nacion aboliendo todos los obstáculos, que quitaban brazos á la agricultura, é industria. Hallaremos que es debida á la libertad, y proteccion que ofreció á los artesanos del Continente, perseguidos mas ó menos en todas las epocas desde el reynado del Emperador Cárlos V, en cuyo tiempo por confesion de los autores Ingleses aquella Nacion no pasaba de un pueblo de pastores, pues apenas se conocian las artes, y la agricultura se hallaba tan atrasada, que las ensaladas, que comian los Reyes eran traidas del Continente, no cultivándose en aquella Isla mas legumbres que algo de trigo, cebada, y avena. Pero hallaremos al mismo tiempo que á sus Aduanas no debe otra cosa que casi todas las guerras, que ha tenido desde aquella época. Hallaremos que á pesar de su decantada Acta de navegacion, y de su policía de granos, en que cree ver su prosperidad, y que forman la principal parte del Reglamento de sus Aduanas, los gastos, que estas le ocasionaron, importan mas que toda la propiedad de la Nacion Inglesa. Hallaremos que á pesar de la economía, con que son administradas las públicas Contribuciones, y de que á sus Gobernantes nunca son permitidas las caprichosas disipaciones, de que gimen todas las grandes Potencias del Continente, tiene que consumir en la conservacion de tan pernicioso Establecimiento todas sus rentas, ademas de la enorme deuda contraida por la misma causa, y cuyo rédito se aproxima en la actualidad á la suma del valor de todas sus exportaciones anuales. Hallaremos que este mismo sistema de Aduanas en vez de contribuir á aumentar las riquezas debidas solo á su aplicacion, y á la libertad tanto civil, como de su comercio interior, no sirve mas que para proporcionarle enemigos eternos, é irreconciliables. Las Aduanas son la mina, que traga todos los inmensos caudales que la Nacion Inglesa adquiere por medio de su comercio, y que no podrá adquirir luego que el Continente abra los ojos, y quite las trabas internas que impiden el progreso de su industria. Las Aduanas son el Establecimiento único que impide á la Gran Bretaña gozar tranquilamente el fruto de su industria. No sirven mas que para concitarle enemigos, que amenacen su integridad, y existencia política, y, aun quando no le concitasen enemigos, nunca servirian mas que para arruinar su prosperidad encareciendo todas sus producciones, é impidiendole que pueda concurrir á un mercado comun con las demas Naciones del Continente, quando estas tratan de imitarla en sus aciertos con igual teson que la han imitado en sus errores. Estos resultados, que tuvieron, y tienen las Aduanas en la Nacion, que debia ser la mas rica de la Europa por la extension de sus Dominios, por su localidad, por la fertilidad de su terreno, y por sus preciosas producciones, y en la Nacion, que por su aplicacion, por sus conocimientos, y por su legislacion logró hacer mayores progresos en su agricultura, artes, comercio, y navegacion, manifiestan hasta la evidencia, que las Aduanas deben causar la ruina de todas las Naciones, y que es un error de conseqüencias muy fatales atribuirles la prosperidad de ninguna.

CAPITULO XI.

Aun quando el Establecimiento de las Aduanas no fuese abolido mas que por una sola Nacion, le resultarian ventajas muy considerables, sobre todo á la España, cuyo principal fondo de riqueza debe contemplarse en la perfeccion de su agricultura.

Aunque los Escritores mas sabios de todos los paises reconocen, que las Aduanas casi siempre perjudican á la prosperidad recíproca de las Naciones, con todo los mas de estos mismos escritores las contemplan útiles en algunos casos,

cuyo error hemos impugnado en el Capítulo anterior. Algú-
nos otros, bien que en muy corto número, consideran que
aun en estos casos sería muy útil la abolicion de este Establecimiento, si fuese generalmente adoptada por todos los
Gobiernos; mas ninguno, que yo sepa, ha sostenido que seria útil esta medida adoptada singularmente por una Nacion.
Sin embargo considero mi proposicion como una conseqüencia de la doctrina, que ellos mismos establecen para sostener
la utilidad de la libertad general de comerciar. Sus principios son sin duda muy luminosos, pero sus deducciones ó
no tienen la extension, que merecen, ó se resienten de las preocupaciones mismas, que han procurado combatir. Me persuado por lo tanto que no es necesario un largo exâmen para
manifestar esta verdad.

Los infinitos perjuicios, que, segun hemos visto, ocasionan las Aduanas, se pueden considerar baxo solo dos aspec-
tos. Primero, porque atacan directamente el progreso de la
agricultura, artes y comercio, impidiendo el consumo de las
producciones, y de consiguiente su aumento. Mas este perjuicio es igualmente comun al Extrangero, en cuyo daño son establecidas las Aduanas, que al Nacional, en cuyo favor se
contemplan convenientes. Si este no quiere consumir al Extrangero sus géneros; aquel tampoco consumirá al Nacional
los suyos. Ademas la Nacion, que se contempla agraviada
se vindica con otra disposicion de iguales efectos; si la España por exemplo para impedir el progreso de las manufacturas Inglesas recarga, ó prohibe su introduccion, la Inglaterra para impedir el progreso de las producciones Españolas
tambien recarga, ó prohibe su introduccion. Es decir, en esta parte todas las Naciones se compensan recíprocamente, ó
hablando con exâctitud, todas se dañan con mutua igualdad,
ó todas son ingeniosas para descubrir medios de arruinarse.
Como el comercio no puede recibir sino en razon exâcta de
lo que dá, esto es, como ninguna Nacion puede exportar
mas que en razon de las importaciones que hace, haya ó no
Aduanas, la que estableciese la libertad, nada daria de mas
á la que mantuviese sus antiguas restricciones. Seria un absurdo persuadirse de lo contrario, porque jamas el Extrangero paga los Impuestos establecidos fixamente en las Aduanas. Con precision estos han de recaer sobre el Natural, sea

que se impongan á la exportacion de géneros del pais, que consume el Extrangero, sea que se impongan á la importacion de géneros, que este produce. Un testimonio de esta verdad nos la ofrece el resultado, que sufrió la España con el recargo de los droguetes Ingleses, y de la barrilla producida en la provincia de Murcia. Si pudiese darse caso de lo contrario las Naciones sabrian sostenerse con Contribuciones impuestas á los Ciudadanos de otros Dominios, y ¡qual seria en este caso la Nacion, que existiese ya sobre la tierra, quando no se conoce un Gobierno, que á fuerza de Impuestos no haya arruinado á sus mismos Naturales! Considerada baxo de este aspecto la abolicion de las Aduanas adoptada por una sola Nacion, convendré en que ningun beneficio le resultaria de adoptar esta medida, pero tambien es preciso confesar que ningun perjuico se le seguiria. Por haber mirado todos los autores, que apoyan la abolicion general de las Aduanas, baxo de este único punto de vista tan fatal establecimiento, ninguno ha sostenido que seria conveniente esta medida aun en el caso de ser adoptada por una sola Nacion.

El segundo aspecto de que no puede prescindirse, y baxo del qual se puede considerar que las Aduanas son muy perjudiciales, ó del único modo que tal vez lo son, es por los brazos, de que privan á todos los ramos de pública prosperidad. Todos los perjuicios que causan de esta manera son privativos de cada Nacion; no son comunes, ó trascendentales á las otras Naciones, y baxo de esta consideracion indubitablemente serian muy grandes las ventajas, que se siguiesen á la Nacion, que adoptase su abolicion, aun quando fuese ella sola la que abrazase esta medida. No pudiendo seguirse ningun perjuicio al comercio de la Nacion, que singularmente permitiese una absoluta libertad, el beneficio, que le resultaria, es evidente, pues aquel mundo de contrabandistas, de ladrones, de méndigos, de rentistas, y de tropa, que con precision arrastran tras de sí las Aduanas, sin ninguna utilidad y con notable daño de la Sociedad, desapareceria por entero, y se convertirian en brazos útiles para la agricultura, y para la industria. Para demostrar pues mi asercion con mayor claridad resta solo hacer ver que ningun perjuicio se seguiria á la Nacion que fuese sola en este plan, pues el beneficio, que se le seguiria, á nadie puede ocultarse.

Lo único, que impide que todos los hombres no estén penetrados de esta verdad, depende en gran parte ó tal vez en el todo, de haberse habituado á formar ideas equivocadas de la riqueza, y del modo de adquirirla. Procuremos pues presentar ideas exâctas sobre esta materia. Para que una Nacion sea rica, y prospere, no necesita otra cosa que trabajar, y poder cambiar la cantidad de productos sobrantes, que tenga. Con tal que esta cantidad sea segura, y el género sea apetecido, nada le importa que sea de una primera materia, ó de una manufactura exclusiva, pues el resultado será tener producciones con que poder adquirir lo que necesite. Solo debe procurar que el genero sea de una naturaleza tal que pueda ser producido con facilidad, y que su cambio ó venta sea lo menos precaria posible. El verdadero y único modo de asegurar una Nacion su prosperidad, y riquezas depende de la continuacion de un trabajo semejante, y de la libertad absoluta concedida al comercio de este trabajo. Todo lo demas ó es quimérico, ó funesto. Sin embargo la política de todos los Gobiernos, y la piedra filosofal, que buscan, y que no hallarán, se reduce á todo lo contrario. Se cifra en que las otras Naciones consuman grandes cantidades de sus producciones, y que la suya no consuma, ó consuma muy poco de las demas. Una Nacion descubre un nuevo comercio, ó una nueva fábrica, todas las otras conducidas por los zelos, que las devoran y seducidas por errores los mas groseros, tratan inmediatamente de establecer aquel mismo comercio, ó manufactura. Todas tratan de imitarse, y no piensan mas que en fabricar lo mismo que se trabaja en otra Nacion á fin de no carecer de aquel género, sin necesidad de comprarselo. Ninguna piensa en trabajar solamente las producciones análogas á su suelo, con cuyo trabajo cada una podria consumir la cantidad que necesitase, y tener una cantidad sobrante para adquirir la parte suficiente de las producciones de otros paises. No teniendo los individuos libertad de comerciar, creen conseguirla, ó conseguir sus ventajas, estableciendo el mismo tráfico de otras Naciones, porque es el único que logra una proteccion decidida del Gobierno, aunque sea mucho menos interesante. Si nuestras fábricas decaen, ¿á qué establecer otras nuevas? Si las riquezas mas principales son las que mas inmediatamente provienen de la agricultura, y nuestros campos se hallan incultos, ó mal cuitivados, ¿á qué buscar nuevos trabajos? Tenemos trabajos que hacer ; tenemos terrenos que mejorar; ¡y envidiamos á las otras Naciones los trabajos que hacen! Mas aun quando los Gobiernos lograsen su intento ¿qué adelantarian? Si una Nacion no pudiese ofrecer á otra sino los mismos articulos, que ella tenia, ó se acabaria el comercio, ó seria muy poco ventajoso.

Si la España, cuyas primeras materias son tan apreciadas, y á las que su misma calidad las hace exclusivas en toda la Europa, concediese tanto á la importacion de todos los géneros extrangeros, como á la exportacion de todos sus frutos una libertad absoluta, conseguiria irremediablemente estos dos grandes objetos; á saber, que sus individuos trabajasen con continuacion, y utilidad; y que el producto de sus trabajos constantemente fuese buscado á porfia por todas las Naciones comerciantes. El resultado en este caso, por mas que digan, los que solo viven á costa de abusos, y del sudor de sus conciudadanos, seria la riqueza, y la prosperidad general. Todos debian conocer que así sucederia, si no se persuadiesen que conviene admitir solamente ciertos artículos de comercio, y deshechar constantemente otros para tener en su favor lo que llaman *balanza de comercio*, mas todos se equivocan groseramente. Todos se persuaden que es necesario vender aquellos artículos, que valen mas dinero al tiempo de la venta, y comprar solo dinero, ó los articulos, que valen menos dinero, y cuya manufacturacion aumenta considerablemente su precio, para volver á venderlos á la misma Nacion productora. Procuremos patentizar que todas las Naciones padecen en esto un error muy perjudicial, del qual provienen todos los males que sufren las Sociedades, y de cuya aclaracion depende resolver el problema de esta discusion.

Supongamos que la España concediese esta absoluta libertad de importar, y exportar sin excepcion de un solo artículo, y que las demás Naciones siguiesen en su antiguo sistema. ¿Qué sucederia? Se llenarian al instante nuestros mercados de manufacturas extrangeras de todas clases, y de artículos no manufacturables, y los comerciantes extrangeros solamente tomarian en cambio ó moneda, ó producciones manufac-

turables. Aunque tomasen solo dinero, que no es creible, ningun mal resultaria. La cantidad, que quedase en circulacion,
como ya hemos visto tratando del nivel del dinero, forzosamente tendria un valor igual al de las cosas permutables, y
como la cantidad de estas irremediablemente se habia de aumentar muy considerablemente con la libertad del comercio,
el valor del dinero, por mucho que se aminorase su cantidad, forzosamente habia de ser mucho mayor, y de consiguiente la Nacion con la abolicion de las Aduanas ganaria mucho, aunque saliese la mayor parte de su dinero, pues el que
le quedase habia de tener mayor valor que la cantidad anterior. Ganaria tambien porque con igual poblacion que otra
que tubiese Aduanas, sus producciones debian ser mas baratas en razon que tendria tantos productores, quantos aquel
Establacimiento debia quitar á la que lo conservase, cuyo número no puede dexar de ser muy crecido, como ya se dixo. De aqui resultaria que nuestras producciones serian mas
apetecidas, y mas buscadas que las de ninguna otra Nacion,
pues ninguna debia tener tantos compradores. Es pues evidente el beneficio que resultaria á la Nacion, si aboliese sus
Aduanas; y es un temor pánico la salida del dinero.

De lo dicho se deduce que es un error creer que sea un
bien retener cautiva la riqueza representativa, cuya cantidad
no aumenta su valor, y es igualmente otro error persuadirse que sea posible retenerla por mas prohibiciones que se
impongan. Lo único que se consigue con este estúpido empeño es hacer sacrificios inútiles para el intento, que se proponen los Gobiernos, y el resultado es disminuir el número de los productores de las verdaderas riquezas, y por lo
mismo la Nacion aboliendo las Aduanas, aunque fuese ella
sola, tendria mayor valor de riqueza representativa, porque
esta es siempre en razon directa de la extension de los trabajos
de verdaderas riquezas, y la extension de los trabajos en
dos Naciones, de las quales la una no tenga Aduanas, y la
otra las tenga, no puede dexar de ser mayor en aquella;
pues tendria mayor número de brazos empleados en trabajar.
La prosperidad de una Nacion no puede dexar de ir en aumento, aunque el dinero salga á paises extrangeros en
cambio de su industria, siempre que la emulacion de trabajar sea superior á la emulacion de gastar; mas quando la

emulacion de gastar es superior á la emulacion de trabajar
la prosperidad general declinará forzosamente, y en este caso la ruina de la Nacion será inevitable, ora el dinero salga fuera, ora se retenga precisando á consumir la industria nacional.
Mas en este caso la emulacion al trabajo se extinguirá mucho mas pronto, porque faltará la rivalidad de la concurrencia de vendedores, que es la que excita la energía de todos, los que trabajan el género, que aquellos ofrecen, y
porque la cantidad de verdaderas riquezas está siempre en razon inversa de la cantidad de numerario, y en razon directa de su valor, porque los que llegan á ser adinerados, no
quieren trabajar, pues de otro modo para nada serviria el
dinero. Por otra parte los Gobiernos con promulgar leyes
para limitar, y contener en los individuos la emulacion de
gastar objetos de luxo extrangero, á fin de que no salga de
la Nacion el dinero, jamas conseguirán su intento. Por mucha que sea su vigilancia y las precauciones que adopten, no
podrán impedir que salga el dinero, y que se introduzcan
géneros de industria extrangera; de este modo con las Aduanas no logran su intento; solo logran arruinarse manteniendo un Establecimiento, que quita infinitos brazos al trabajo, y por lo mismo es de absoluta necesidad dar libre y fácil salida al dinero, pues lo contrario ni se consigue, ni
aun quando se consiguiese, nada se adelantaba. ¿Qué apro-
vecharia el dinero si lo tuviesemos con la abundancia que
las piedras, quando no pudiesemos extraerlo fuera para comprar los artículos, que apeteciésemos? La emulacion de gastar, aun quando no se pudiese extraer el dinero seria igual,
y de consiguiente seria infalible la ruina de la Nacion. Con
tal que uno se aventaje á los demas en gastar, esto es, en
dar un testimonio de que es mas rico, satisface su deseo.
Esta emulacion natural al hombre no tiene por objeto, ni
la comodidad, ni el placer; su único objeto es la vanidad
de lucir mas que otros, y publicarlo por todos los medios
posibles. Un brillante muy crecido en la mano de una pe-
timetra ni la hace mas hermosa, ni le proporciona ninguna
comodidad, sin embargo es muy apetecido porque es un testimonio con el qual manifiesta su riqueza, y satisface su vanidad. Quando el hombre no tenga un objeto extrangero sobre que hacer recaer este gasto, él buscará uno nacional para

satisfacer su vanidad, y el resultado será siempre igual, qual
es que se apague la emulacion al trabajo, de cuyo modo la
Nacion se hallará pobre nadando en oro y plata, y atra-
sadisima, como se hallan varios pueblos. Es inegable que,
quando el dinero en gran abundancia sale fuera, la Nacion
se empobrece, mas el remedio de las Aduanas, ó de qualquiera otra ley, que prohiba este curso, no solo es insuficien-
te sino que es muy perjudicial, y contribuye en gran manera á acelerar su marcha. El dinero entrará en una Nacion, y se mantendrá con utilidad dentro mejor sin Aduanas que con Aduanas. Entrará, digo, siempre que la emulacion al trabajo reyne en la masa general de sus individuos, del mismo modo que entra con mas abundancia en poder de un ciudadano laborioso que en poder de otro menos
laborioso, cuyos únicos recursos sean el trabajo. Como esta
emulacion se fomenta solo por la libertad, de que goza el
comercio, y por la mayor concurrencia de compradores, y
vendedores, las Aduanas en vez de aumentar esta emulacion
la apagarán forzosamente no solo por los muchos brazos, que
quitan á todos los trabajos, sino tambien por las infinitas
trabas con que ligan á la clase laboriosa disminuyendole el
precio de sus producciones por la prohibicion de la libre
concurrencia de los compradores Extrangeros, y aumentando
con la prohibicion de vendedores Extrangeros el precio de
las que necesita comprar esta misma clase; pero aun mas
comunmente las Aduanas apagarán la emulacion al trabajo por
impedir la salida de la moneda. El dinero solo sirve á una
Nacion de instrumento para aumentar su verdadera riqueza, ó
la cantidad de sus productos, mientras la industria lo aplica á crear nuevos ramos de trabajo. Mas como estos tienen
sus límites, y como el dinero no es tampoco el único instrumento, segun equivocadamente opinan hasta los autores mas
sabios de Economía, de que se sirven los hombres para aumentar, y crear los ramos de verdadera riqueza, las Naciones
adineradas muy luego aplican mayor cantidad de dinero á
los mismos ramos de prosperidad, que cultivaban antes con
menor cantidad y desde entonces el dinero en vez de ser
útil á la industria es muy perjudicial. Por otra parte cómo
el límite de la emulacion al trabajo es la abundancia del
dinero, desde entonces los trabajos no pueden ser vendidos

al Extrangero que los produce con menos dinero, ni á los Naturales que los tomarán de aquel mas baratos. Entónces para que renazca la industria, que decayó por un efecto forzoso de qualquiera obstáculo opuesto al equilibrio del valor del dinero, es absolutamente necesario que salga todo el sobrante, que descompone su nivel entre la Nacion mas adinerada, y la menos adinerada. De otro modo agricultura, fábricas, y comercio principiarán á decaer con una rapidez proporcionada al desnivel del dinero, esto es, á la may or abundancia que de este genero tenga una Nacion. Como para conservar este equilibrio tan necesario tanto á la prosperidad general de todas las Naciones, como á la particular de una sola, nada puede haber mas opuesto que el establecimiento de las Aduanas, conservadas unicamente con el objeto de desconcertarlo, se deduce con evidencia que es perjudicialisimo; se deduce tambien que la salida del dinero en vez de perjudicar es utilisima, y sobre todo á la España, cosechera del oro, y la plata, pues de otro modo no solamente le seria inutil esta cosecha, sino perjudicial; y se deduce finalmente que á qualquiera Nacion y mas á la Española, que aboliese las Aduanas, ademas de aumentar considerablemente las clases laboriosas, nunca le podria faltar la cantidad suficiente de dinero, y jamas tendria el exceso, que tanto perjudicará á las que procuren estancarlo por medio de un Establecimiento, que por otra parte las priva así de producir, como de comprar las cosas utiles, que debe representar el dinero, si es que puede servir para algun uso.

Por lo que toca á la salida del dinero creo haber demostrado que la libertad absoluta de ninguna manera perjudicaria, y que sus resultas serian muy ventajosas á una Nacion, aun quando fuese ella sola, la que adoptase la abolicion de las Aduanas. Resta exâminar qual seria el resultado por lo respectivo á la salida de materias manufacturables, cuya exportacion tanto procuran prohibir todos los Gobiernos mas tal vez por sus cálculos errados, que por efecto de sus zelos, sin embargo de ser esta una pasion, de que jamas saben prescindir. La base principal, en que toda Nacion debe cimentar el edificio de su opulencia, es la agricultura. Una Nacion sobre todo como la España, cuyo suelo feraz la convida á ser agricola, no debe despreciar el cultivo de las primeras producciones. Si por ser fabricante desprecia las riquezas, que le prodiga el clima, y el terreno, cometerá un error de importancia. Si aplica á sus fábricas los brazos, que podia aplicar á la agricultura, adquirirá sin duda verdaderas riquezas, pero estas riquezas son de segundo órden; son mas precarias, y son menos productivas.

Las Naciones, que son puramente agrícolas, pueden pasar por sí solas, pero las Naciones, que son principalmente fabricantes ó comerciantes, no pueden pasar sin depender de aquellas. Asi pues la prosperidad de estas es incierta, y precaria, mientras no tengan por fundamento la agricultura, porque todo el fondo de su riqueza consiste en el trabajo de una primera materia, con que no pueden contar sin contar con que la quiera vender el pais productor. Por lo mismo toda Nacion, que prefiere las artes á la agricultura, ó que, no teniendo brazos suficientes para atender á esta, procura fomentar las fábricas, ó detiene los progresos de aquella prohibiendo la exportacion de las materias manufacturables, prefiere un trabajo mas dependiente, mas incierto, y menos útil á otro mas independiente, mas seguro, y mas lucrativo. Qualquiera Nacion en uno de estos dos casos por exemplo, el de poder vender lino en rama por la cantidad de un millon de pesos, y tener que comprar por igual cantidad de dinero telas de aquella materia, ó el de tener que comprar lino en rama por un millon de pesos, y vender por la misma cantidad de dinero telas de lino; mas independiente será en el primer caso, porque sin contar con la voluntad de otra Nacion podrá cultivar aquella produccion, y los fabricantes Extrangeros á porfia vendrán á comprarsela, quando, si fuese solo fabricante, tendria que ir á buscar, y solicitar de otra Nacion la primera materia, y luego despues de manufacturada tendria que llevarla otra vez fuera, y buscar compradores. Ademas siendo productora de lino, aun quando le faltasen compradores, esta falta le seria poco sensible, pues los labradores, que lo cultivaban, inmediatamente cultivarian otra produccion que tuviese compradores, quando si fuese solo fabricante de telas de lino, y le faltasen compradores, los artesanos de este artículo quedarian arruinados, y tendrian que aprender otro nuevo oficio antes de poder ganar un salario. Seria tambien mas seguro el producto de este trabajo, porque las pri-

meras materias no estan sujetas como las manufacturadas á la variacion de las modas, y por lo mismo su venta es siempre mas
segura. Mas lucrativo finalmente será siempre el trabajo de
las primeras materias, principalmente quando son análogas á
su suelo, porque no pudiendo el terreno dexar de ser un instrumento ó capital, de que se vale el hombre para aumentar las riquezas, y siendo el único instrumento, ó capital,
que nada le cuesta, que le ofrece una variacion infinita de
producciones, y el instrumento primitivo, con el qual se han
de formar todos los demas instrumentos, ó capitales para adquirir las riquezas provenientes de la industria, su redito no
puede dexar de ser mayor, mas apreciable, y mas seguro
que quando es producido por todo otro instrumento, que
no puede menos de ser obra de una continuacion de cierto
trabajo anterior, y que por otra parte tampoco le puede ofrecer un número tan variado de producciones, que por no estar sujetas á variacion son siempre las mas prontas á venderse, cuyo ahorro de tiempo es tambien una parte muy principal de
ganancia. Por lo mismo no se necesitan tantos fondos para producir lino en rama por la cantidad de un millon de pesos
como para fabricar telas de lino por el valor de la misma
cantidad. Por esta razon en todas las Naciones perjudican extraordinariamente las grandes propiedades, porque quando la
ley las autoriza, el mayor número de ciudadanos queda privado de un instrumento ó capital tan ventajoso, y jamas se
verá, que haga grandes progresos en su industria, y comercio una Nacion, que, teniendo un suelo feraz, mantenga la agricultura atrasada, como forzosamente lo estará, hallándose la
propiedad repartida en un corto número de individuos, pues
mal acudirán los ciudadanos á buscar otro instrumento, ó capital, que no pueden adquirir sino por una continuacion de
trabajo fundado en un instrumento extrangero, quando este
podia ser nacional, y de valde.

Aunque se reconoce como un principio innegable que para que una Nacion camine á su perfeccion debe cuidar mas
de su agricultura que de sus fábricas, todos los Gobiernos
incurren en la contradiccion de poner mas trabas á la agricultura que á las fábricas. No hay uno solo en toda la Europa, que no prohiba la exportacion de las primeras materias,
persuadiendose que vale mas manufacturar que producir. Una

libra de lana en bruto , suelen decir , vale una peseta, y manufacturada vale treinta ó quarenta pesetas ; mayor pues es
la ganancia de manufacturar que de producir. Mas este cal-
culo nada hace al caso para manifestar lo contrario de nuestra asercion. Una vara de encaxe fino vale mas de quatrocien-
tas pesetas , y una vara de paño ordinario vale solo cinco
pesetas , y tanto el fabricante como el artesano de este paño
suelen ganar mas que el fabricante y artesano de encaxe. En
España mismo mas lucro tienen los ganaderos ó productores
de lana, aunque la venden en bruto que los fabricantes de
esta materia , aunque la venden despues manufacturada á un
precio aun mayor que el Extrangero; y si el individuo Español saca mayor interes de ser productor que fabricante,
no sé porque la Nacion en general no ha de tener el mismo interes, quando lo que conviene al Individuo, regularmente es lo que conviene á la Nacion en masa. Es pues evidente que este cálculo es disparatado. Para regular la ventaja del lucro entre el fabricante y el productor del género
no debe atenderse al precio de este en las dos épocas diferentes. Debe atenderse unicamente al rédito del capital empleado en producir, y al rédito del capital empleado en fabricar
el mismo género. Aunque todos los diferentes ramos así de una
Nacion como de diversas tienen una tendencia forzosa á estar nivelados, sin embargo como quanto mas disten al tiempo de la
venta de su origen, mas riesgos debieron haber corrido , y como
la mayor seguridad debe tambien contarse como una parte de lucro, quando menos negativo, es evidente que á toda Nacion, que
lo pueda verificar, debe serle mas ventajoso producir que manufacturar. Por otra parte como el genero en bruto tiene forzosamente mas aplicaciones que despues de manufacturado, debe
tambien tener forzosamente mayor número de compradores,
pues qué en qualquiera forma en que se venda, y en que
sea buscado, todos vienen á ser compradores del género en
su primitivo estado, y como de esta sola circunstancia depende con precision la mayor ganancia , es constante que
siempre ganará mas el productor que el fabricante. Como nada puede manifestar mejor el trabajo que conviene á una Nacion, que lo que influye en el aumento mayor de su poblacion,
diré que la experiencia acredita se debe preferir la agricultura á la industria. A pesar de ser mucho mayor la indus-

tria actual de la Inglaterra y la que en mejor época tubieron Venecia, y Holanda, sin embargo en ninguna de estas Naciones se aumento la poblacion en igual proporcion que en los Estados Americanos, por haberse esta Nacion dedicado con preferencia á ser agricultora, y este solo dato es una prueba convincente que todas las Naciones de buen terreno deben preferir ser agricolas á ser fabricantes.

Es pues indudable que siempre es mas apreciable para una Nacion igual valor de una primera produccion que igual valor de ella misma manufacturada. Por lo mismo debemos confesar que es un absurdo atacar la agricultura con el objeto de fomentar fábricas, y que es un error muy perjudicial sostener un Establecimiento tan costoso como el de las Aduanas con el objeto de evitar la exportacion de primeras materias, quando su fomento es el mas ventajoso que puede tener un pais. Sobre todo es el colmo de la irreflexion que España conserve un Establecimiento, por una parte tan costoso, y por otra parte tan inútil, quando su suelo ofrece tanto trabajo á los moradores, y quando las producciones por su excelente calidad merecerán siempre entre todas las de la Europa una preferencia exclusiva, y jamas defraudada sin necesidad de sacrificios inútiles para el intento, y ruinosos en su resultado. El sobrante de estas producciones, quando no se conozcan las infinitas trabas, y obstáculos, que se conocen en el dia, seria el género mas seguro, mas independiente, y mas lucrativo para adquirir en cambio toda la cantidad que pudiesemos necesitar de los géneros de las demas Naciones. ¿Y de qué serviria esta ventaja de poder producir primeras materias con mayor facilidad que otra Nacion, si es prohibida su exportacion? Quando mas serviria para convertir el trabajo de un labrador en trabajo de un artesano, y abandonar el principal instrumento para adquirir las riquezas, qual es un terreno feraz; mas sobre no poder conseguirse semejante intento por este medio, como la experiencia nos lo demuestra con la prohibicion en España de la seda en rama, se lograria solo cambiar un trabajo mas seguro y mas independiente por otro menos lucrativo, mas precario, y mas dependiente. La prosperidad de una Nacion no depende de aplicarse á fabricar con preferencia á producir; depende unicamente de tener con respecto á su po-

blacion mayor número de brazos empleados en trabajar, y este mayor número de trabajadores no puede dexar de aumentarse con la mayor libertad, pues que el interés, que será
siempre la única guia que consulte el individuo, es incompatible con un trabajo forzado, y menos lucrativo, quando
aquel puede dedicarse á otro mas ventajoso. Pero aun quando con la prohibicion de exportar primeras materias manufacturables se privase al Extrangero de la utilidad de ma-
nufacturarlas, tambien se privaria al Nacional de la utilidad
de producirlas, sin conseguir que en el pais se manufacture
en lo sucesivo mayor cantidad.

En la Provincia de Guipúzcoa, que tiene 43 leguas quadradas, la poblacion es de 110⊃ almas, que corresponde á
2400 por cada legua. Todas subsisten de la agricultura pues
no se conocen allí otras fábricas mas que de fierro en bruto,
cuyas producciones pertenecen al ramo de agricultura. A este solo respecto, aunque en el resto de la Península es de
mejor calidad el terreno, la España sola sin Portugal en 15,400
leguas quadradas de terreno podia dar subsistencia en el ramo solo de agricultura á 60,960,000 almas. ¿A qué pues
suspirar por fábricas, ni por otro trabajo que el de la agricultura, quando es este el mas ventajoso de todos, y quando ofrece subsistencia á un número tan crecido de poblacion? ¿A qué el empeño no solo de abandonar tan útil trabajo sino el de proscribirlo á costa de un Establecimiento,
que causa todas las guerras, y todos los males, que sufren
las Naciones modernas? Quando el terreno inculto de
la América ofrece trabajo á mas que triple poblacion que la
actual de toda la Europa, ¿á qué el ridiculo empeño de impedir el producto de este trabajo por la locura de no fomentar la industria extrangera quando el progreso de esta ha
de fomentar nuestra agricultura, y nuestra poblacion? Si pues
el trabajo aplicado á la produccion de primeras materias es
el mas ventajoso que se conoce, contemplo un absurdo conservar
las Aduanas con el objeto de prohibir la exportacion de aquellas.
Si el labrador dedicandose al cultivo de la seda gana mas que
el artesano que la texe, será una ventaja convertir los texe-
dores de seda en cosecheros de esta primera materia y convidar al Extrangero con una libertad absoluta á que la ven-
ga á comprar. Finalmente es un error creer que la prohi-

bicion de exportar primeras materias, ni la absoluta libertad de introducir artículos manufacturados pueda jamas contribuir al fomento de las fábricas nacionales. Prescindiendo de las razones anunciadas en el Capitulo anterior, sirvanos de desengaño lo sucedido desde Carlos V, ó desde el fatal Establecimiento de Aduanas, que hizo desaparecer nuestras hermosas fábricas, que en todos ramos eran las mejores de la Europa. Si queremos hacer que renazcan, concedase una libertad absoluta de comerciar, y asegurese la libertad civil, y tanto la Península como la América verán prosperar su agricultura, comercio, é industria igualmente que sucedió en Inglaterra quando la Reyna Isabel concedió su proteccion á los artesanos de la Flandes amedrentados del despotismo de Felipe II. Es un delirio persuadirse que no progresen las artes en un pais privilegiado por la naturaleza para producir todas las primeras materias. Haya la libertad civil, y la libertad de comerciar, y quando entre los Españoles no se hallasen genios capaces de hacer florecer las artes, nuestros Capitalistas, y los mismos Capitalistas extrangeros los traerian, y se establecerian en un punto, en que indudablemente debian tener mayores ventajas que en parte alguna. Prescindamos una sola vez de preocupaciones, y abusos, que tanto nos degradan entre las Naciones mas ilustradas, y la España será la tierra de Promision.

Legisladores de todas las Naciones Européas, persuadios de una sola verdad infalible. La felicidad jamas puede estar aislada ni en un individuo, ni en un pueblo, ni en una provincia, ni en una Nacion. Creer lo contrario es una necedad, y una necedad, de la qual nacen todos los males, que sufren las Naciones. Tanto en el mundo fisico, como en el mundo político todo es dependencias, todo es trabazon; el órden y la felicidad depende del equilibrio general; el desórden, la infelicidad, y la decadencia de todos los Imperios es el resultado constante del desnivel ocasionado por la falta de libertad y por los obstaculos, con que pretendeis alterar el equilibrio de la prosperidad general. El verdadero amante de su Patria es el amante de todos los paises, y de todos los hombres. El que aisla este amor á un pueblo, ó á una Nacion, no entiende sus verdaderos intereses; precisamente es conducido por un espiritu de partido, de orgullo, ó

de injusticia. Si quereis conseguir , y fixar la prospéridad
de los Pueblos, que gobernais, poned en armonia y acordes sus intereses con los de las otras Sociedades. Si quereis hacer la reforma mas útil , mas grande, mas justa, y mas sabia que se ha hecho jamas, abolid por el pie
el fatal Establecimiento de las Aduanas, cuya conservacion,
aunque tenga por pretexto la mejora de la industria nacional, tiene solo por objeto la decadencia de las demas Naciones, y por único, y forzoso efecto la desolacion de todas.
Los que os hablan en otros terminos, ó no entienden lo que
dicen, ó pretenden seduciros, ó que seduzcais á los Gobiernos de otras naciones, como si la felicidad pudiese estar aislada, ó como si el comercio se pudiese hacer sin un recíproco, é igual beneficio. Si las Naciones, que comercian con
vosotros aumentan su riqueza verdadera, y su poblacion, con
esa misma proporcion tendreis vosotros mayor número de compradores, que pagarán á un precio mas subido vuestras producciones, y mayor será tambien el número de vendedores,
que os ofrecerán á un precio mas bajo las que necesiteis
comprarles. Con esa misma proporcion progresará vuestra industria, y vuestra poblacion. Las necesidades de los hombres
solo se satisfacen en razon de la cantidad de artículos de
subsistencia tanto nacionales como extrangeros , y estos solo
se aumentan en razon de los brazos destinados á cultivar la
tierra, y manufacturar sus producciones, y en razon inversa de los empleados en Establecimientos formados con el
objeto de disminuir estas producciones. Vuestra conducta en
la conservacion de las Aduanas se asemeja á la que usan los
Salvages de la Luisiana, que para coger con mas comodidad,
y por entero la fruta de un arbol, lo cortan por el pie, y
de este modo cada año tienen menos fruta, y mas distante
del lugar de su morada. La libertad absoluta de la industria y
del comercio es el unico plan ventajoso, con que podeis asegurar vuestra prosperidad ; es el unico tratado de comercio, que
ofrece ventajas exâctamente iguales á todas las Naciones; es
finalmente el unico util á cada una mas que no sea adoptado por las otras Naciones.

CAPITULO XII.

Los Estancamientos ocasionan siempre perjuicios muy considerables á las Naciones. Son ademas injustos, y contrarios á los derechos, que tienen los ciudadanos.

Todas las leyes prohibitivas, inventadas para contener los progresos del comercio de otra Nacion, ó producen efectos directamente opuestos á los que se proponen sus autores; ó dañan igualmente á Naturales y Extrangeros, y son un motivo perpetuo de guerra entre los individuos de diferentes Sociedades. Mas todo Estancamiento es una declaracion formal de guerra no contra una Nacion extraña, sino contra los individuos de aquella misma Sociedad, cuya prosperidad, y seguridad de enriquecerse está encargada á los que se oponen abiertamente con semejantes disposiciones á tan necesario, y loable objeto. Es la restriccion mas nociva, mas antisocial, y mas injusta, que un Gobierno puede oponer al progreso de la agricultura, industria, y comercio nacional. Semejante disposicion no es ya con el objeto mal entendido de impedir los progresos de otra Nacion, y de fomentar la industria del país. Se reduce á disminuir los medios de enriquecerse los ciudadanos, y á tratar como delinqüentes á los que contravengan á tan violenta, ó injusta disposicion. Se reduce á formar un patrimonio escandaloso para una clase ociosa, baxo del aparente pretexto de formarlo para el Gobierno á costa solo de los ciudadanos mas pobres, y que menos debian contribuir á las cargas del Estado. Sin duda todo Gobierno se halla autorizado para reclamar de la Nacion el salario correspondiente á los altos, y dificiles trabajos, que tiene que desempeñar. Lo está igualmente para reclamar todos los gastos indispensables á asegurar la tranquilidad pública, tanto contra los enemigos exteriores, como los interiores. Pero nunca puede estarlo para privar al mas infeliz individuo de un solo medio de proporcionar á costa del trabajo, que quiera elegir, las comodidades y riquezas posibles. Mas siempre que se estanque un género, con precision quedan muchos honrados ciudadanos privados de los recursos, que les ofre-

cia con su cultivo, manufacturacion, ó venta el articulo estancado.

Una Contribucion de esta naturaleza forzosamente recarga
con mucha desigualdad sobre una parte de la Sociedad, ya se
atienda á los consumidores, ya se atienda á los que debian
cultivar el género estancado, y por lo mismo no puede menos de ser muy injusta. Como los géneros estancados con precision han de ser los de mayor consumo, pues de otro modo no sufragarian para los gastos de los Empleados, una
Contribucion tal ha de recargar mas sobre el pobre que sobre el rico. ¿Qué principio de justicia podrá dictar que el
infeliz marinero, el artesano, y el labrador, que son los
mayores consumidores de los artículos, que forman las principales rentas estancadas en España, como son la sal, el tabaco, y el aguardiente, contribuyan mucho mas que el Grande mas poderoso? ¿No es un motivo suficiente para abominar un Gobierno injusto hasta este punto? ¿No es un justo fundamento para detestár á aquellos Ministros, que insultando la miseria pública pretenden persuadir que es un
crimen de alta traicion resistir, y contrariar tan horrorosa
determinacion? ¿No es haber llegado al último grado de corrupcion el que Autores venales sostengan tan pernicioso sistema? ¿Qué Español habrá que ignore la historia de varios
conciudadanos, que sin otro crimen que el de proporcionár
un pedazo de pan para alimentar á sus hijos hambrientos,
determinaron cultivar ó vender un género estancado, por no
tener facilidad de dedicarse á otro trabajo, y conducidos de
accion en accion, se vieron precisados á arrostrar aquella por
la que despues se les impuso la pena capital? Horrible cosa
es convertir las facultades del Gobierno en crimenes forzados
del ciudadano, y delirio de efectos atroces y sanguinarios
querer que los hombres se sometan voluntariamente á privaciones, y sacrificios, cuyo resultado les es mas insoportable
aun que la misma pena impuesta al contraventor.

Por otra parte, como el género estancado no puede menos de ser una produccion privativa de un terreno determinado, ó convertirse en la única produccion permitida en un
pais, forzosamente los propietarios de aquel terreno, ó los naturales de aquel pais, privados quando menos de la libre
eleccion de trabajos, que tiene el resto de la Sociedad, con

precision han de sufrir mucho mas el peso de una Contri-ción semejante. Aun quando por este medio se pudiese sub-venir á todas las cargas del Estado, debiendo sufrirlas con la proporcion mas igual todos los ciudadanos, ¿cómo un Go-bierto justo, y libre podrá decidirse por un método, qué des-concierta por el todo esta igualdad, y como podrá detenerse un momento en abolir hasta el recuerdo de un sistema tan injusto, y tan opresor? Exija la patria, si es forzoso para su salvacion, quanto tenga cada individuo. Contribuya á las necesidades del Estado todo, el que vive baxo de su pro-teccion; pero que sea con una justa proporcion; de otro mo-do la Sociedad será una reunion, en que no se encuentren mas que opresores, y oprimidos. De otro modo ninguno es-tará ligado con las condiciones del pacto social, cuyo ob-jeto forzoso es la prosperidad igualmente de unos que de otros, y cuyas obligaciones individuales son las de contri-buir cada uno en razon de sus facultades á la defensa, y con-servacion de la Comunidad.

Si se conviene en la máxima fundamental que ningun Go-bierno debe tratar de formarse un patrimonio aislado, ni con-tar con mas rentas que con una parte de las de todos los ciudadanos, no debe ser indiferente á los que gobier-nan la suerte del individuo. Quando un Gobierno estanca un artículo priva á muchos ciudadados de la ganancia, que les ofrecia su cultivo, elaboracion, ó comercio, y sobre to-do despoja á todos los individuos de la propiedad mas apre-ciable, cuya calidad depende de la libre eleccion de su tra-bajo, circunstancia inherente á todo hombre libre, pues jamas la ley justa puede prohibir lo que no perjudique á un ter-cero. No me detendré en manifestar los males, y atrocidades que forzosamente se deben seguir del método de estancar un género para imponer una Contribucion, quando es reconor-cido por todos los Gobiernos sabios como sumamente ruino-so. Baste saber que sobre ser injusto, y el mas desigual que es posible inventar, con precision es el que arranca mas bra-zos á todos los ramos de pública prosperidad no solo impi-diendo dedicarse á este trabajo los que cultivarian el gene-ro estancado, sino tambien manteniendo forzosamente á un número muy crecido de ciudadanos sin mas ocupacion que la de velar en que no se cultive, manufacture, ni venda un género, quando la mayor prosperidad del Estado con precisión debe resultar de todo lo contrario, esto es de cultivar, manufacturar, y vender mayor cantidad de producciones.

Tal vez se dirá, que no es facil substituir una Contribución equivalente al producto de las Aduanas y de las rentas estancadas, ó que no debe emprenderse esta reforma en circunstancias tan apuradas como las actuales. Los principios de Economía, como los de todas las otras ciencias, no están sujetos á las vicisitudes de las Naciones. Siempre son unos mismos, y seguramente nunca hay mayor necesidad de adoptarlos, ni mayor facilidad de executarlos, que quando los males son mas graves, y sus resultados mas peligrosos. Si se reconoce que el sistema seguido hasta aqui es el que arruinó la Nacion, ¿por qué no se desecha quanto antes, y se establece el que se crea fundadamente que debia haber causado su prosperidad? ¿Qué razon podrá dictar que lo que durante trescientos años no ha producido mas que males, podrá producir otra cosa en lo sucesivo? En el Tratado de *Contribuciones,* que tal vez podré dar luego al Público, me persuado manifestar el método sencillo, y benéfico, que debe adoptarse por todas las Naciones, y que debe substituir al sistema ruinoso de Aduanas, de Estancamientos, y de Impuestos sobre la industria, y los consumos. Quando se exâmine este punto tan interesante, y el unico de Economia, en que debe mezclarse un Gobierno, creo que descubriré las principales bases del único Sistema fixo, y seguro, que hay que seguir para no hacer incompatible la prosperidad de los Pueblos con los gastos forzosos de toda Sociedad. La simple reflexion de que todos los Gobiernos han recargado los pueblos con una multitud de Impuestos de clases muy diferentes, que por lo mismo forzosamente han de producir efectos muy distintos, es en mi concepto una prueba evidente, de que todos han errado el verdadero camino, pues, como dice un gran filosofo, la verdad en todas las ciencias no presenta mas que una ruta recta, y estrecha, fuera de la qual todo es error, y extravio.

Sin embargo me parece que los fundamentos, y datos expuestos son un testimonio evidente de que desde ahora deben abolirse quantas leyes se opongan á la libertad absoluta de todo gènero de comercio. ¿A quién podrá perjudicar semejante libertad? ¿Quién podrá resistirse á tan justa determinacion, á no ser hom-

bres ilusos, ó habituados á sacar sus riquezas de las vexaciones,
y trabas puestas á sus conciudadanos? ¿Qué individuo de la Sociedad quedará privado de enriquecerse porque le sea permitido trabajar lo que quiera, y comprar, y vender á quien, y
de quien le acomode? Si las riquezas del Individuo deben
formar el patrimonio de los Gobiernos, y si aquel no puede
progresar sin esta absoluta libertad, y con ella no puede menos de prosperar, pues que ningun hombre, que no esté de-
mente, puede dexar de dirigirse en este caso por la guia
de su interes, ¿á qué pretender los Gobiernos formarse por
medio de monopolios, y de estancamientos vergonzosos un patrimonio diferente? ¿A qué dedicarse á un tráfico indecente
tan ageno de su instituto? No nos dexemos embelesar con proyectos alhagüeños; no hay otro medio de asegurar la prosperidad de una Nacion que el de aumentar el número de trabajadores, y para que se verifique, es de absoluta necesidad
conceder á sus individuos una total libertad de producir, fabricar, comprar, y vender. Para que la España pueda contar
con la union de la América, es forzoso concederle esta misma libertad. No hay otro medio de conciliar los intereses de todos los individuos de una Sociedad, ni otro medio de atraer
brazos á todos los ramos de pública prosperidad, de cuyo mayor número, y no de ninguna otra medida resulta la mayor
riqueza nacional.

Breve apendice acerca de la conducta é intereses de nuestros
Aliados los Ingleses.

Al exâminar rapidamente la conducta é intereses de
nuestros Aliados en las disensiones de la América, procuraré no dexarme arrastrar del amor Nacional injustamente aja-
do, sin embargo de que ninguna deuda es mas puntualmen-
mente satisfecha que la del desprecio, ó insulto hecho por una
Nacion á otra, igualmente que por un individuo á otro individuo. Seguiré en esta parte el exemplo de aquellos Ingleses
sensatos, que jamas han dexado de exâminar nuestra causa con toda la imparcialidad propia de hombres libres, y
sabios. Seré muy breve, pues el plan presentado para conciliar los intereses, y la felicidad de Americanos, y Españo-

les de la Península, es el mismo que conviene para conciliar
los intereses, y la prosperidad de la Gran Bretaña. Por mas
que filósofos de la mayor ilustracion miren como una idea
Platonica la conciliacion del interes universal de las Naciones, sin embargo el plan del sistema anunciado en toda
esta Obra persuade lo contrario, y en mi concepto, quando
sus fundamentos pudiesen ser quiméricos, no podrán pasar por
parciales ni aun en opinion de los mismos Ingleses, quando
ningun privilegio, ni desigualdad procuro en favor del comercio Español. Los intereses de las Naciones solo están en
contradiccion, y solo son dificiles de conciliar, porque todas pretenden obrar injustamente. Por mas comunes que sean
las vexaciones cometidas por los Gobiernos á los pueblos sometidos á su autoridad, igualmente que á los individuos de
diferentes Naciones; por mas que se persuadan que tanto su
política interior como exterior no debe tener por base otra
moral, ni otra regla que su conveniencia aislada, y la debilidad, y miseria de los demas, á fin de que tanto los ciudadanos, como las diferentes Naciones no puedan oponerse á
sus injustos caprichos; y por mas finalmente que á esta sola idea Maquiabelica sacrifiquen siempre la utilidad que á
todos resultaria de respetarse recíprocamente; se puede asegurar que se engañan de una manera muy grosera, y que,
aunque momentaneamente alguna vez salgan ciertos sus cálculos, al fin las revoluciones intestinas, y las guerras exteriores causarán la ruina de todas las Dinastias, y de todos
los Imperios.

Exâminado politicamente el interes de nuestros Aliados en
la pacificacion de las Américas, á la Inglaterra no puede ofre-
cersele otra dificultad justa que la de que la España no trastorne el equilibrio público en las Naciones del Continente.
Mientras la Península con su excesivo poder no desconcier-
te este nivel, la Inglaterra, y todas las Naciones interesadas en conservar su existencia política cometerán un error,
que les será muy perjudicial, en permitir su desmembracion,
pues de la mayor igualdad de fuerzas de todas depende su
conservacion. El engrandecimiento excesivo de una Nacion,
sea la que fuere, no puede menos de ser temible á las demas, pues que, mientras los hombres esten sujetos á pasiones,
abusarán de su poder. Por mas que el espíritu de rivalidad

y de zelos, dirija la conducta recíproca de unas con otras en política es un principio no menos falso que injusto el que las Naciones poderosas miren con indiferencia la decadencia de otra, cuya ruina ha de desconcertar notablemente el equilibrio establecido. Esta política errada fue la que ocasionó el trastorno de todos los grandes Imperios de la antigüedad. Esta misma conducta ofrece á todos los Gobiernos actuales en el desmedido poder de Napoleón repetidas lecciones, que manifiestan los resultados mas tristes, y la necesidad que tienen de enmendarla, los que aun no se hallen en el caso de ser ya víctimas. Pasiones rateras, y mezquinas, ó tal vez intereses privados de un Ministro favorito fueron causa de que todas las Naciones olvidasen su principal objeto, y que no se reuniesen, ó no se conservasen reunidas para oponerse al poder colosal de la Francia, y luego despues á la ilimitada ambicion de su nuevo Gefe, que astutamente supo introducir, y mantener entre ellas la discordia para subyugar con facilidad una en pos de otra á todas.

Napoleon sin duda habia vencido ya casi todos los obstáculos, que los Gabinetes podian oponerle para llevar al cabo la atroz, pero bien combinada empresa de esclavizar la Europa. Para decirlo de una vez, ó dominaba ya los países, ó tenia una influencia tal, que ningun Gabinete del Continente manifestaba energia para contrariar sus órdenes, por indecorosas que fuesen. Sus Decretos de Berlin, y Milan acerca del bloqueo de la Inglaterra, tan ruinosos para todas las Naciones, y sin embargo tan escrupulosamente obedecidos por todos los Gobiernos, manifiestan tal vez mejor que nada el poder fascinante de este Conquistador, y el trastorno, que habia causado en el equilibrio político de la Europa. La Inglaterra era la unica Nacion, que gloriosamente se mantenia en la lucha, y que por su situacion tenia vigor para sostenerla sin someterse á una paz vergonzosa. Asegurado Napoleon con la paz de Tilsitz de todas sus enormes usurpaciones, y de la tranquilidad del Norte, se ocupa principalmente de realizar los planes, que desde un principio habia meditado con respecto á la España, y para que su conquista fuese menos costosa de hombres, tiempo, y dinero, no se detuvo en los medios mas costosos á la delicadeza, y en efecto no dudó en apoderarse de este Imperio del modo indecoroso que es notorio.

Mm

El pueblo Español, entonces sin atender á la política vacilante, y tímida de su Gobierno, conducido unicamente por los sentimientos de su rectitud, sin arredrarse de los mayores peligros, y sin tiempo para detenerse á combinar los planes indispensables para perfeccionar la empresa mas grandiosa, que jamas se ha visto, no puede sufrir un ultrage tan ignominioso, y se resuelve á todos los sacrificios primero que á someterse á tan insolente usurpacion. Qualesquiera que fuesen los motivos de tan heroica determinacion, parece que no podian menos de merecer la aprobacion general, y que debian estar esentos de toda amarga critica. En efecto si las primeras nuevas de tan noble empeño admiran á los que no pueden persuadirse de que hubiese aun una Nacion tan virtuosa, los resultados de los primeros sucesos de los Españoles sorprenden á la Europa entera, sin exceptuar á los que creian en la omnipotencia del Tirano, á quienes hacen vacilar, al mismo tiempo que llenan de gozo á todos los amantes de la libertad de los hombres; y la Inglaterra, que era la única Nacion libre, debia tambien ser por esta misma razon la primera, que se apresurase á manifestar su entusiásmo. La causa de la España era la causa de la Gran Bretaña. Por lo mismo esta vuela á su socorro con auxilios poderosos. Sin duda el que hace su deber es acreedor á la estimacion de todos, y principalmente al agradecimiento del socorrido. La Nacion Inglesa merece el tributo de nuestros mayores elogios por una conducta tan franca. Pero no nos dexemos alucinar, ni seducir por un espiritu de Nacion. Ni los Españoles deben satisfacer su gratitud con los servicios de unos pordioseros; ni los auxilios concedidos por sus Aliados son del todo gratuitos. Si el exército Britanico resiste en la Peninsula al enemigo de los Españoles, estos allí mismo destruyen al enemigo de la Gran Bretaña. ¿Qual seria á estas horas la suerte del Imperio Británico si Napoleon mas político, ó los Españoles menos heróicos no hubiesen impedido que la España se hubiese sometido? Si Napoleon se hubiese apoderado de la Península, ¿qué Potencia del Continente hubiera detenido el curso de sus conquistas, quando sin este aumento de fuerzas, y de recursos las otras Naciones se hallaban servilmente sometidas á su voluntad? ¿Cómo entonces la Inglaterra podria ya resistir su dominacion? En épocas, en que la existencia de la Gran Bretaña no corria un riesgo tan inminente, no habia en toda ella un solo individuo juicioso, que no se estremeciese al reflexionar en el lote futuro de su Patria. Por mas que Autores irreflexivos arrastrados de un estúpido orgullo nacional, hagan cálculos quiméricos, la existencia de la Gran Bretaña seria muy precaria, si tubiese que luchar sola contra el Continente entero. Muy dificil le seria impedir que Napoleon hiciese todos los desembarcos que intentase. Mas aun suponiendo que las Esquadras Inglesas fuesen capaces de hacer malograrse quantas empresas de esta naturaleza meditase su enemigo, cerrados todos los puertos de la Europa á los buques Ingleses la Gran Bretaña infaliblemente pereceria. Su industria sin comercio decaeria muy pronto; sus individuos no podrian sufrir las Contribuciones actuales, ni aun subsistir sin ellas; y el Gobierno en muy pocos años se hallaria sin recursos para mantener su Armada, y su Exército.

El único recurso, que en este caso restaria á la Inglaterra, seria una paz vergonzosa, ó por mejor decir un Tratado de treguas, mientras su enemigo con muchos mas recursos se ponia en estado de atacarla con toda la superioridad que quisiese. ¿Quién no conoce que serian insidiosos, y arriesgados quantos Tratados se hiciesen con un Conquistador ambicioso, y de un poder casi sin límites? ¿Qué confianza, ni seguridad podria tener la Inglaterra en la fe de un Conquistador sin pudor, y resentido de que esta hubiese estrellado el curso de sus temerarios proyectos, quando aquel habia hecho todos los esfuerzos por conquistar la Nacion, que se habia arruinado por engrandecerle, y quando no dudó tratar de imponerle del modo mas insidioso las cadenas de una esclavitud ignominiosa? Aun quando fuesen sinceros sus Tratados, ¿quién podrá dudar que se ocuparia en reunir, y preparar todos los medios necesarios para adquirir el Imperio de los mares, y unirlo al de la tierra? La historia no presenta un solo exemplar de Nacion alguna, que no hubiese abusado de su poder, para prometernos que el Ambicioso mas inmoral; y mas poderoso no abusase del suyo. En esta parte no hay motivos de quejas de la reserva de Napoleon, pues varias veces ha declarado que en toda la Europa no debe haber mas que dos Imperios, aunque si se verificase, luego los reduciria á un solo Imperio. La Inglaterra solo podrá contar segura su independencia, quando en el Continente se halle establecido el equilibrio político, ó quando haya una, ó muchas Naciones capaces de contrarrestar el inmenso poder de la Francia. Todo lo demas es un absurdo, y una política del todo equivocada. Quando tan necesaria es la pacificacion de las Américas, y su reunion á la España para aproximarla á una igualdad de fuerzas con la Francia, en no contribuir á ello la Inglaterra con todos los esfuerzos posibles es cooperar abiertamente á su misma ruina, arrastrada de pasiones mezquinas, y de la política Gotica inventada en los tiempos de antaño, y en los siglos de la barbarie. Es necesario que los Gobiernos esétn obcecados para no conocer que su existencia depende unicamente de la conservacion de este mayor equilibrio posible. Vano es el cálculo de considerar que á la muerte de Napoleon todo variará, pues no es facil que se halle un hombre tan ambicioso. No basta que perezca Napoleon; su sucesor tendrá igual ambicion, si tiene igual poder. Todas las Naciones, igualmente que los individuos, son ambiciosas, quando lo pueden ser, y si el engrandecimiento excesivo de una no es contenido por el equilibrio de fuerza de otra Nacion, la seguridad de todas será muy precaria, y muy accidental.

La España no hace la guerra con el objeto de emprender conquistas, ni de entablar Tratados exclusivos de comercio; la hace unicamente para asegurar su existencia política, y con ella su libertad, y la de todas las demas Potencias, que quieran ser independientes, pues la de todas de tal modo se halla trabada, que ninguna podrá ser libre aisladamente. Es un sueño todo quanto se oponga á esta gran verdad. La Inglaterra obraria contra su independencia si no coadyuvase á la independencia de la España, y si no fuese asi ¿á qué perder inutilmente los sacrificios, que hace en su auxilio? Y si quiere procurar la independencia de la España, ¿cómo podrá aprobarse la contradiccion, que manifestaria en no coadyuvar á la pacificacion, y reunion de las Américas, la unica porcion de la Monarquia Española en disposicion de ofrecer actualmente parte de los muchos recursos indispensables á la guerra? Los primeros sucesos de los Españoles en el principio de su revolucion les dan una confianza prematura, que tal vez les perjudicó demasiado, pues es causa de que no se dispongan para riesgos continuados. Sea por errores, ó por su inexperiencia en el arte de la guerra, ó porque, lo que es mas cierto, todas las antiguas Autoridades, que no podian ser virtuosas colocadas en sus destinos por un Favorito el mas corrompido; vuelven á tomar el mando, y desde entonces pierde toda su influencia el partido, que habia formado la Revolucion, esta época es muy pasagera. Los desastres inevitables, que por estas razones debian sufrir los Españoles en una lucha tan desigual, principian á sentirse inmediatamente que Napoleon refuerza sus exercitos en la Península. Sin embargo la masa general de la Nacion, tan constante como el primer dia en su empeño, cada dia acredita mas su patriotismo. Los progresos del exercito enemigo son entonces tan rapidos como el rayo; las tropas inexpertas, que defienden la buena causa, se dispersan en un momento, y el exercito de sus Aliados abandona sus posiciones ventajosas para reembarcarse precipitadamente. Hasta entonces no se habia oido en boca de los Ingleses otra cosa que elogios de los Españoles, pero desde aquel momento de nuevo se vuelve á confirmar la opinion general de creer omnipotente á Napoleon, y á mirar como una temeridad que los Españoles traten de oponersele. Desde entonces, los mas de los Escritores Ingleses ó por preocupacion, ó por corresponder á cierta clase, á la que Napoleon ha sabido seducir, creen hallar razones poderosas para persuadir á su Gobierno á no seguir en el auxilio de una causa, que no puede sostenerse. "Los Españoles ya no son dignos, se dice, de ningun socorro; son dirigidos por el fanatismo, por la superstición, y por el despotismo; es imposible que puedan progresar." En apoyo de todo esto acontecen, y se alegan los sucesos de la invasion de Galicia, cuyas desgracias el General Moore atribuye á la falta absoluta de patriotismo. La experiencia desmintió el concepto errado, que este General habia formado de los Españoles, y que alegó como la única causa de su retirada, pues aquellos mismos Españoles, que él suponia sin patriotismo, abandonados á su suerte en circunstancias tan apuradas, resistieron, y casi aniquilaron ellos solos el exército, que tanto habia arredrado al General Británico.

Estos datos ciertos, y la constancia, con que despues de quatro años los Españoles siguen en la lucha, por mas reveses que experimenten, parece que debian ya hacer callar á los que no querian favorecer su causa por desconfianza. Los Españoles no habian prometido no sufrir reveses; habian solo ofrecido ser constantes en oponerse á la dominacion vergonzosa; cumplieron siempre con tan noble resolucion, y por lo mismo era injusto baldonarlos en sus infortunios. Sin embargo desde la primera época de las desgracias de los Españoles se aumenta el número de los Ingleses, que se oponen á favorecer una causa tan grande, y que tanto interesa á la Gran Bretaña, y á todo el género humano. Se verifica la insurreccion de las Americas caracterizada con todos los síntomas de una guerra civil, y de una verdadera faccion, y entonces se aumenta considerablemente en Inglaterra el número de los que se oponen á defender la causa Española. El espiritu de discordia principia entonces á desenvolverse mas descubiertamente. Es la situacion mas critica, y mas expuesta, porque amenaza, y prepara la desunion de las dos Naciones, tan interesadas en unirse para resistir al enemigo comun. Bastaria saber que la insurreccion de las Americas era conforme á los planes de Napoleon para que nuestros Aliados procurasen extinguirla, mas por el espiritu de rivalidad, y las ideas erradas de Economia y de Política, con que sedirigen siempre los Gobiernos, estos sacrifican á intereses tan injustos, como quiméricos, ó mal entendidos, el interés universal que no conocen, y su verdadera felicidad, que con precision depende del mayor equilibrio político en la fuerza de las Naciones y no de la debilidad, ó disminucion del poder de una que no lo tenga excesivo. Todos los Gobiernos deben dirigirse unicamente por lo que contribuya á su conveniencia, y utilidad individual. Predicar lo contrario seria en vano, aunque no fuese incierto; pero la sana política halla que jamas pueden estar encontrados los verdaderos intereses de diferentes Naciones, y á los ojos de una sana razon solo pudiera ser util á la Gran Bretaña la separacion de las Américas quando el poder de la España fuese tal que trastornase el equilibrio político del Continente por exceso de fuerza, pero mientras no sea asi esta separacion debe ser muy perniciosa á la Gran Bretaña.

Nada mas justo, y prudente que advertirse recíprocamente dos Gobiernos Aliados los defectos, y errores de quanto puede influir en sus disposiciones, y objetos comunes, pero nada mas impolítico, y arriesgado que baldonarse publicamente los Autores de las dos Naciones para echarse en cara defectos ciertos, ó falsos, no con el objeto de que se enmienden, sino para acriminarse mutuamente. Napoleon nada puede apetecer tanto como introducir de este modo la rivalidad, y la division. Tanto Inglaterra como España tienen bastante de que gloriarse, y bastante de que corregirse. La Nacion á la que de justicia se le deben confesar elogios de virtud, y de gloria, parece que los desmiente quando aspira á que se le concedan los que verdaderamente no merece. La moderacion de su parte, en vez de contribuir á rebajarlos, los ralzaria, y contribuiria á conservar la armonía tan necesaria entre dos Potencias aliadas. Lo que conviene á todos es obrar con decoro, y con generosidad, y ahogar todo espiritu de ambicion, y de zelos.

Si se exâmina sin prevencion lo que en política dicta una sana razon, tales son los principios, que deben dirigir á nuestros Aliados en la pacificacion de las Américas. Exâminado el asunto economicamente me creo dispensado de hacer ver que el interes de todos no puede ser otro que una libertad absoluta de comerciar, pues lo expuesto en esta obra prueba suficientemente esta verdad. Concluiré por lo tanto haciendo una observacion acerca de lo mucho que interesa á la Inglaterra la amistad de la Península solo por lo que mira á sus intereses mercantiles, el principal movil, que dirige en su conducta al Gabinete, y á la gran masa de la Nacion Británica. En el año de 1809 á pesar de estar cerrados á los buques Ingleses todos los puertos del Continente á excepcion de los de la Peninsula, la suma de las exportaciones, que hizo la Inglaterra, segun resulta del Estado oficial de sus Aduanas, ascendió á la cantidad de 50,301,763 libras de valores oficiales, quando en el quinquenio anterior, en que tenia abiertos todos los Puertos del Continente á excepcion de los de Francia y de España solo en el año de 186 en que exportó mas que en ningun otro, ascendió esta suma al importe de 36,527,184 libras de valores oficiales. Es decir la España consume á la Inglaterra mucho mas que ninguna otra Nacion de la Europa. Se debe advertir tambien que las Américas todas de la dominacion Española no consupen de artículos Ingleses la quarta parte que la Península. Una amistad pues de esta importancia exige, que la Gran Bretaña, aun quando no tenga otra consideracion que al fomento de su comercio, no desconozca de tál modo sus verdaderos intereses que prefiera la separacion de las Américas á la amistad de la Península. Ademas las Américas unidas, ó separadas de la Metrópoli consumirán á la Inglaterra sus generos, á menos que lo impida la Francia, la que solamente lo podrá estorbar si domina la Península, pues esta jamas puede dexar de ser el amigo natural de la Inglaterra, y el enemigo natural de la Francia. La localidad únicamente es la que constituye á las Naciones amigos, ó enemigos naturales.

CONCLUSION.

Representantes del Pueblo Español : la justicia, que jamas está en contradiccion con los intereses de ningun ciudadano, de ningun pueblo, y de ninguna Nacion; la justicia, la única conciliadora capaz de reunir los intereses de todos, no puede ver sin horror el germen de disension, que arruina á todos. Ella es la única Deidad, que tiene derecho para determinar soberanamente en las disensiones suscitadas entre los ciudadanos, entre los pueblos, y entre las Sociedades. Ella es el oráculo, que dicta á todos los Gobernantes, que la consultan de buena fe, reglas fixas, é invariables para asegurar la felicidad de todos los hombres, y de todos los Estados. Vosotros no podeis ser mas que los interpretes de esta Deidad; vosotros, cuyo sagrado ministerio está limitado á expresar la voluntad de esta Deidad; vosotros, digo, debeis saber que esta Diosa benéfica no quiere que sus dones sean distribuidos con exclusion, ni con mas preferencia que la del merito. Todos los pueblos, que forman una Sociedad, son igualmente acreedores á sus beneficios. Aunque no fuese un error persuadirse que el comercio exclusivo de la América era ventajoso á los Españoles de la Península, á vosotros os bastaria saber que era injusto, para que no dudaseis aun momento en abolirlo. Americanos, y Españoles todos son individuos de una misma sociedad; todos deben gozar de unas mismas· prerrogativas, sean las que fueren. Aunque no fuese un absurdo persuadirse que, para hacer ricos á los ciudadanos, ó al Gobierno, era necesario privar á aquellos de la absoluta libertad de disponer del fruto de su sudor, á vosotros os bastaria saber que era injusto, para que sin ulterior exâmen no vacilaseis en establecerla. Vosotros no ignorais que en la historia de los Estancos, y de las Aduanas no se halla un solo trozo, que no ofrezca un quadro horroroso de vexaciones, de injusticias, de robos, y de crueldades, para que, aunque tan opresivos, y barbaros Establecimientos proporcionasen al Gobierno los recursos, que se procura abultar, vuestra opinion no se detuviese un instante en darles por el pie, y derrocarlos para siempre. La prerrogativa mas preciosa, que puede disfrutar el hombre, despues del derecho de su libertad personal, es la seguridad de su propiedad, derecho que no existe á menos que el ciudadano tenga absoluta libertad de disponer del fruto de su trabajo, libertad de que no se le puede despojar sin romper los vinculos, que ligan á los hombres reunidos en Sociedad. Quando Americanos, y Españoles de la Península gozen de este derecho en toda su plenitud, entonces progresarán unos, y otros, quanto es posible; entonces se aumentará rápidamente el numero de defensores, y de contribuyentes del Estado. Entonces en vez de la indigencia, del descontento, y del despotismo, que reynaron hasta aquí, reynarán la opulencia, la union, y la justicia, compañeras inseparables de la libertad. Padres de la Patria: conceded á todos los individuos de la Nacion esta absoluta libertad, de que solo el despotismo, y la ignorancia los pudieron despojar en los siglos de la barbarie, y del Feudalismo, y los espiritus sediciosos luego se calmarán, pues su interes será entonces el mismo que el del Gobierno.

Pueblos Americanos: no os dexeis seducir por hombres, que con la apariencia de vuestra felicidad solo aspiran á satisfacer su ambicion, su orgullo, y sus resentimientos personales. No os dexeis seducir con voces vacias de sentido, quales son las palabras *libertad, é independencia*, quando son mal entendidas. Sabed que el hombre libre, y que mas debe preciarse de serlo, es el que mas pronto se somete á la ley, y el que mas procura por el bien de la Patria. Sabed

Nn

que, para adquirir, y conservar la libertad, es necesaria una fuerza, y que la division en vez de producir esta fuerza la destruye, y aniquila. Sabed que ningun hombre, y mas en Sociedad, puede ser independiente, porque depender es lo mismo que necesitar, y el hombre social necesita estár sujeto á leyes, que arreglen las disensiones de los ciudadanos; necesita de un Gobierno, en donde se halle depositada una fuerza suficiente para hacer executar estas leyes; necesita finalmente contribuir á formar una fuerza destinada á defenderle, y á defender su propiedad de enemigos interiores, y exteriores; y de consiguiente necesitando de todas estas cosas no puede ser independiente, y lo será tanto menos, quanto mas debil sea el Estado, ó lo que es lo mismo, quanto menor sea el número de individuos, que lo componen. Por lo mismo los que, pretextando vuestra independencia, os predican que os separeis de la Metrópoli, os aconsejan que abrazeis el partido, que os hace mas dependientes Os aconsejan lo que les conviene á ellos para poder despues dominaros con mas facilidad. Desconfiad de su lenguage, que está en contradiccion manifiesta con su conducta, pues que jamas hablan asi á sus conciudadanos, quando se hallan en igual caso que vosotros. Para ser libres y felices todos los individuos de una Sociedad no necesitan dividirse, ni formar pequeños Estados, antes bien seria exponerse á grandes riesgos, pues que todas las Naciones abusan de su poder quando este es superior al de las demas, y el vuestro con precision, si os separaseis, quedaría muy inferior al de las principales Naciones de la Europa. Escuchad por un momento vuestro corazon, y no dudo os penetrareis de los mismos sentimientos, que os manifiesta el que cree que es imposible aislar ni la felicidad, ni la infelicidad de un individuo, de un pueblo, ni de una Nacion.

Aliados de la gran causa de la Península: aunque una mala política os pudiese autorizar en otra situacion para ver con indiferencia la guerra civil de los Americanos y Españoles, las circunstancias presentes exigen que con todos vuestros esfuerzos contribuyais á apagarla, pues lo contrario es oponeros á vuestra misma conducta en auxiliar la Península; es destruir vosotros mismos con una mano lo que edificais con la otra; es trabajar por su independencia, al mismo tiempo que contribuis á privarla de su poder. No trabajar en esta pacificacion es lo mismo que cooperar directamente á promover la insurreccion; es finalmente una contradiccion la mas monstruosa, que desdice mucho de la sabiduría, de que os gloriais. Examinad la historia de todos los tiempos, y de todas las Naciones, y no hallareis un solo exemplo, de que una tubiese que arrepentirse de haber sido justa, y generosa. Una alianza franca, qual debe ser la de dos Naciones demasiado grandes para que se dexen arrastrar de pasiones mezquinas, pero que necesitan aun mas poder del que tienen para resistir al Coloso, que amenaza muy de cerca la independencia de ambas, exige que sacrifiqueis á este objeto qualquiera otro interés bien, ó mal entendido, que pueda oponerse.

Gobiernos del Globo entero: el interés público de todas las Naciones no puede estar sujeto á reglas caprichosas dictadas por las pasiones, y por las circunstancias. La prosperidad de todos vosotros solo es quimerica, porque son errados los medios, de que os valeis para realizarla. El siglo de oro, y la piedra filosofal, que buscais, solo son ideas Platónicas, porque no habeis trabajado sino en razon inversa para hacerlo renacer, y para descubrirla. El interes universal de las Naciones no es una quimera, es un proyecto realizable, y una sana razon, quando la consulteis para practicar lo que os dicte, os hará ver que: *solo lo justo es útil;* que: *solo puede ser util, lo que aprovecha á alguno sin perjudicar á nadie.*

TABLA DE LOS CAPITULOS CONTENIDOS EN
ESTE LIBRO

PARTE PRIMERA.

PARTE SEGUNDA.

PARTE TERCERA.

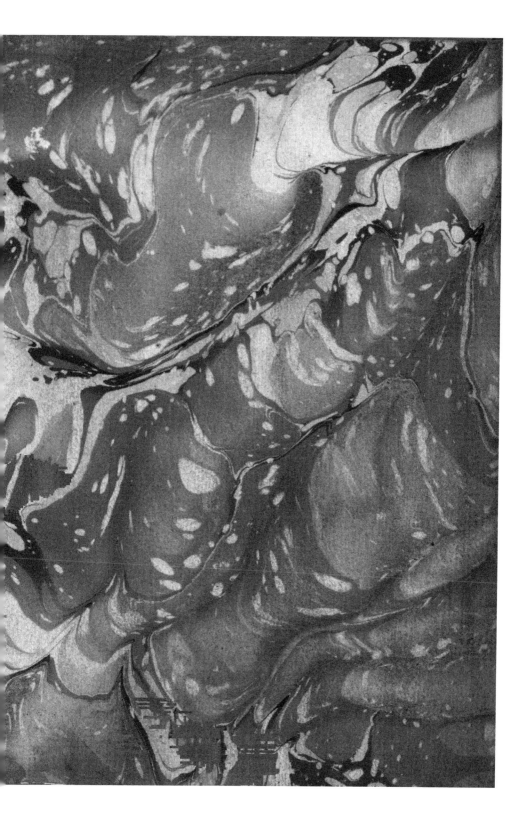

CPSIA information can be obtained
at www.ICGtesting.com
Printed in the USA
BVHW031219170822
644801BV00002B/90